KB107696

미술관
에서 만난
심리학

미술관에서 만난 심리학

미술과 문학에 숨은
심리학 코드 읽기

박홍순 지음

북스코프

저자의 말

미술과 문학으로 심리학을 만나다

심리학에 대한 관심이 뜨겁다. 서점에 가면 유행이라는 말이 실감이 날 정도로 심리 관련 책이 많다. 그만큼 최근에 많은 사람이 내적 갈등을 겪고 있으며, 내밀한 마음을 들여다보고자 하는 절실함이 커졌기 때문이리라. 부초처럼 뿌리 없이 떠도는 삶이 강요되는 현실에서 자기가 누구인지 찾고자 하는 욕구가 자라는 것은 당연하다.

다른 면으로 보면 자연스럽게 타인과 소통할 길이 막혀 있다는 반증이기도 하다. 경쟁력과 효율성을 거의 종교적 수준으로 숭배하는 한국 사회에서 마음을 열어놓고 타인과 만나는 일은 기대하기가 어렵다. 누구에게도 말 못할 번민을 끌어안고 고뇌의 근원을 홀로 찾아야만 하기에 심리학 서적을 뒤적거린다.

그러나 기존에 나온 심리 관련 서적에서 적지 않은 아쉬움을 느꼈다. 먼저 심리학을 처세를 위한 도구 정도로 생각하는 비뚤어진 접근이 너무나 많다. 마음의 기술을 습득하고, 타인의 마음을 움직여 자신의 영향력을 높이기 위한 용도에 맞춰져 있는 경우다. 처세술의 심리학은 대부분 '이렇게 저렇게 살아라' 하는 충고로 가득하다.

또는 심리학을 개인의 높은 벽 안에 지나치게 가두는 듯한 책들도 많다. 마치 복잡하고 골치 아픈 세상에서 벗어나 자기 마음속에 외부의 침입을 막을 수 있는 깊은 방공호를 파는 듯한 내용으로 채워져 있다. 자기만의 방공호 안에서 세상으로부터 받은 상처를 핥는, 힐링과 도피의 심리학이다. 사회적 요인과 상대적으로 거리를 두는, 최근 부쩍 늘어난, 이른바 개인심리학 조류의 글들이 여기에 해당한다. 정신분석학이나 철학적 · 사회적 기반이 부족한 심리학은 그저 개인의 '고급스러운' 취향이거나 잡다한 수다로 전락하기 십상이다.

이 책은 심리학의 뿌리에 해당하는 프로이트를 비롯한 정신분석의 토양을 놓치지 않으려 했다. 아울러 프로이트 이후에 새롭게 형성된 현대 심리학의 성과를 적극적으로 담아내 비교할 수 있도록 했다. 많은 사람이 관심을 두는 내밀한 심리상의 쟁점을 매개로 하되 심리학과 맞물려 있는 철학적 · 사회적 기반을 놓치지 않도록 주의했다.

심리학과 관련된 전체 내용을 구분하자면 1부는 심리학과 만나기 위해 반드시 필요한 기본 내용을, 2부는 개인의 마음을 흔들어대는 다양한 감정 영역을, 3부는 우리의 사회적 행동을 조종하는 심리를 다룬다.

이 책의 내용은 미술과 문학을 동반자로 삼되 각 작품 속에 숨겨진 심리학의 코드가 실마리가 되어 전개된다. 미술과 문학을 심리학 산책의 길동무로 삼은 이유는 내용의 생생함과 풍부함, 친근함에 있다. 미술작품이나 소설 등의 문학작품에는 작가와 주인공의 살아 숨 쉬는 삶의 궤적과 마음이 가득하다. 정신의학자의 상담실에서 만나는 특수한 사례보다는 미술과 문학에 담긴 경험이 훨씬 더 깊은 공감을 불러일으키고 우리 자신의 이야기로 연결시키는 데 수월하다. 특히 미술작품은 이미지를 통해 한결 친근하고 쉽게 심리학과의 대화로 안내한다.

각 장은 프루스트의 소설《잃어버린 시간을 찾아서》로 실마리를 잡고, 해당 주제와 관련된 문학작품을 통해 문제의식을 확장했다. 우리에게 친근한 문학작품을 중심으로 서술해서 독자들의 풍부한 이해에 도움이 되리라 생각한다. 이어서 정신분석학과 심리학 고전으로 들어가 쟁점에 대한 이해를 한층 더 심화시키는 방식으로 풀었다. 될 수 있으면 오늘날 현실에서 생생하게 경험하는 심리 현상과 밀착하여 살아 있는 논의가 되도록 했다.

프루스트의 소설을 전체 내용 전개의 실마리로 잡은 것은 20세기 전반의 소설 중 최고의 작품일 뿐만 아니라 문학 작품으로 완성된, 심리학의 대서사이기 때문이다. 유년기에서 현재에 이르기까지 작가 자신의 마음을 섬세하게 추적하는 과정도 그렇거니와 심리 탐구에서 만나는 고민과 쟁점이 구체적 인물의 삶과 내적 탐험 속에 고스란히 담겨 있어서 더할 나위 없이 좋은 안내자 역할을 한다.

앙드레 말로는 "세상에는 두 종류의 사람, 프루스트를 읽은 사람과 읽지 않은 사람만 있다."고 했고, 시몬 드 보부아르는 "내가 한없이 다시 읽고 또 읽고 싶어 하는 두 작품이 있다. 하나는 루소의《참회록》이고 다른 하나는 프루스트의《잃어버린 시간을 찾아서》"라고 했다. 들뢰즈를 비롯한 수많은 현대 철학자들이 철학적 영감을 얻은 이 소설은 20세기 문학, 나아가서 현대적 인간 이해의 새 장을 열었다고 해도 과언이 아니다. 다만 총 11권에 이르는 방대한 분량으로 쉽게 손에 잡기 힘들다. 심리 탐구와 관련된 내용을 뽑아내어 분석했기에 이 책에서 만나는 프루스트가 독자들에게 의미 있는 경험이 되리라 생각한다.

이 책이 심리학에 막 관심을 가진 독자에게는 친절한 안내자 역할을 해주고, 몇몇 심리학 서적을 접한 독자에게는 지식을 좀 더 체계화하고 심화하는 계기가 되었으면 하는 바람이다.

차례

2부 무의식이 개인의 마음을 흔들다

일러두기

- 별도로 출전을 표기하지 않은 인용문은 바로 앞에 표기한 출전에서 이어진 것이다.
- '중략'에 해당하는 부분은 '…'로 표시하였다.
- 인용에 사용한 책은 뒤의 참고문헌으로 일괄 정리해놓았고, 교양서적인 점을 감안하여 별도의 쪽수 표기는 생략했다.
- 인용 내용은 경우에 따라서 독자가 읽기 편하도록 문장을 다듬어 사용했다.

1부

심리학이란 무엇인가?

1장

의식으로 사는가, 무의식으로 사는가?

퓌슬리 〈침묵〉, 카프카 《변신》, 프로이트 《정신분석강의》

퓌슬리, 〈침묵〉, 1799년

인간이란 무엇인가?

영국에서 활약한 스위스 출신의 낭만주의 화가, 요한 하인리히 퓌슬리 Johann Heinrich Fuseli의 〈침묵〉은 생각하게 하는 그림이다. 한 여인이 어둠 속에 앉아 있다. 아니, 웅크리고 있다고 해야 적합할 듯하다. 몸에 어떠한 공간도 허락하지 않겠다는 듯이 머리부터 발에 이르기까지 몸의 각 기관이 밀착해 있다. 늘어진 팔도 힘겨운 듯 몸에 달려 있다. 고개를 숙였다기보다는 떨어뜨리고 있다고 해야 제대로 느낌이 전달된다. 아무리 내려가도 딱딱한 바닥이 디뎌지지 않을 한없이 깊은 늪으로 빠져든다.

마치 그림자가 사람의 자리를 차지하고 있는 것처럼 보인다. 얼굴은 보이지 않는다. 표정을 확인할 길이 없지만, 설사 고개를 들어도 짐작을 하기 어려울 분위기다. 눈꺼풀 안에서 동공이 열린 채 초점을 잃은 눈이 흔들리고 있으리라. 기쁨이나 환희는 생각할 수도 없지만 그렇다고 해서 격정이나 분노, 회의나 실망의 표정도 아니리라. 아마 이 여인 스스로도 자신이 어떤 감정에 있는지 분명하게 가늠하고 있지 못한 상태가 아닐까 싶기도 하다.

아주 특별한 사람만이 겪는 예외적인 감정은 아닐 것이다. 누구나 때

때로 자기 마음속에 이 그림이 들어 있는 순간을 확인한다. 무언지 모를 불안과 심연 속에 우울함이 버무려진, 감정이 복잡하게 뒤얽힌 상태에 빠져 허우적댄다. 자신을 스스로 통제하지 못하는 무력함이 지배한다.

프루스트Proust의 소설 《잃어버린 시간을 찾아서》의 시작도 그렇다. 소설 첫 권인 〈스완네 집 쪽으로〉는 의식과 무의식의 경계에서 서성인다.

> 내 정신은 잠이 든 장소에 대한 모든 감각을 상실했다. … 정신은 내가 어디 있는지 알려고 뒤척거리지만 결국 알지 못한 채, 사물이며 고장이며 세월이며 이 모든 것이 어둠 속에서 주위를 빙빙 돌았다. … 몸의 기억, 즉 갈비뼈와 무릎과 어깨의 기억이 예전에 그 몸이 잤던 여러 방을 차례차례 보여 주었다.

꿈도 아니고 현실도 아닌 그 경계에서 뒤척이며 끊임없이 자기가 누구인지 찾으려 하지만 자꾸 의식의 이면으로 미끄러진다. 자신이 누구인지 알기 위해서라도 시간과 공간에 대한 감각이 살아나야 하는데, 이조차도 뚜렷하지 않다. 일단 누워 있는 장소에 대한 공간 감각에 장애가 생긴다. 벽과 가구, 침대의 위치와 거리도 제대로 가늠이 되지 않는다. 그저 짙은 어둠의 귀퉁이에서 사물의 흔적이 어렴풋이 떠오를 뿐이다.

현재의 시간과 장소를 시각과 촉각 등 감각을 통해 확인해보려고 하지만 실마리는 과거로 거슬러 올라가는 기억에서 찾아진다. 그러나 기억은 의식에서 비롯되지 않는다. 몸이 그 방을 기억해낸다. 퓌슬리의 〈침묵〉에서도 떨어뜨린 고개와 함께 말이 사라졌지만 몸이 그녀의 상태를 기억하고 전달해준다. 정신이 아니라 몸이, 현재가 아니라 과거가 문제에 접근하고 풀어나가는 열쇠라는 점이 의미심장하다. 오랜 기간 우리를 지배하는 통념으로 보면 반대로 몸보다는 정신, 과거보다는 현재가 우월한 것일 텐데 말이다. 과거의 충실한 수호자인 몸의 각 기관이 더듬더듬 사물의 위치와 크기를 가늠하여 재구성을 시도한다. 하지만 이조차도 확신을 심어주기에는 턱없이 부족하다. 현실인지 아닌지 불분명한 상태에서 재구성이든 판단이든 어느 것 하나 자신 있게 해볼 수가 없다.

소설을 읽는 사람이 답답해서 조바심을 낼 정도로 정신 안에서 불확실성과 무력감이 지배하는 상태가 지속된다. 오죽했으면 출간 당시 프루스트가 보낸 소설의 첫 권 원고를 받아 읽은 출판인이 "내가 이해할 수 없는 것은 한 신사가 잠들기 전에 침대에서 이리저리 뒤척이는 장면을 묘사하기 위하여 30쪽이나 사용할 수 있는지 하는 것"이라고 했겠는가.

누구나 잠이 밀려올 때, 혹은 잠에서 막 깨어날 때 현실과 꿈의 경계에서 서성댄 기억이 많을 것이다. 꿈인지 현실인지 구분이 되지 않는 상태로 시간이 흘러가기도 하고, 혹은 꿈이라고 생각하면서도 좀처럼 벗어나지 못하는 경우도 있다. 이런 날은 잠에서 깬 후에도 한참 찝찝한 기분을 느껴야 한다.

꿈이나 비몽사몽인 상태에서 일정한 시간이 지나고 나면 현실의 조각들이 어느 정도는 짜 맞춰지고 시간과 공간 감각도 되돌아온다.

아침 햇살이 어둠 속에서 분필로 그리듯 하얀 광선을 그려 수정을 시도하자, 창문은 커튼과 더불어 내가 잘못 배치해 놓았던 문틀에서 사라졌으며, 한편 내 기억이 서투르게 놓아둔 책상은 창문에서 자리를 내주려고 벽난로 앞쪽으로 밀어내면서 복도 경계 벽을 허물고 전속력으로 도주했다.

몸이 반응하는 기억에 의존하여 재구성했던 방의 구조, 사물의 방향과 거리는 아침 햇살이 창문을 비집고 들어와 환하게 방을 비추고 의식이 깨어나면서 점차 본래 있던 곳으로 자리를 내준다. 마찬가지로 대부분의 사람이 현실과 꿈의 경계에서 겪는 미로 여행도 점차 의식에 의해 대체된다. 만약 이렇게 자연스럽게 교대가 이루어지지 않는다면? 완전히 현실과 명료한 의식의 상태로 돌아왔다고 느끼는 그 순간에도 사실은 형태를 바꾸며 의식의 이면에서 꿈틀대던 것이 완강하게 자신을 유지하고 있다면?

사실 프루스트에게도 잠에서 깨어나 방의 구조가 본래대로 돌아왔다는 것이 곧바로 온전한 의식으로의 복귀를 의미하지는 않는다. 그의 기억에서도 시간의 순서가 허물어지며 더 깊은 경험의 조각들이 산만하게 끼어든다. 현재의 의식과 행동이 냉철한 판단에 의존하기보다는 자기도 모르게 스며들어 왔던 의식 이면의 무엇에 의해 끊임없이 침범당한다.

가장 확실하게 깨어있다고 느끼는 순간에도, 오직 현실만을 직시하고 있다고 확신하는 순간에도 자기도 모르는 무의식의 흔적이 꿈틀대며 수면 위로 고개를 내밀곤 한다. 의식이 우리 마음의 주인처럼 보이지만, 사실은 그 배후에서 의식을 조종하거나 최소한 교란 작용을 일으키는 요인이 똬리를 틀고 있다. 정신분석에 기초한 심리학은 이를 진짜 주인으로 여긴다. 무의식이 숨겨진 주인이다.

무의식의 힘

카프카Kafka의 《변신》에서 주인공 그레고르는 프루스트보다 훨씬 극적인 설정을 통해 무의식의 힘을 보여준다. 의식의 지배를 완강하게 거부하며 자신의 괴력을 유감없이 발휘한다. 외판사원인 그레고르는 어느 날 아침, 뒤숭숭한 꿈자리에서 깨어나자 자신이 침대 속에서 한 마리의 흉측한 벌레로 변해 있는 것을 발견한다. 처음에는 단지 꿈에 불과하니 대수로운 일이 아니라고 여긴다. '잠이나 좀 더 자 두기로 하고 더 이상 이런 허튼 생각은 하지 말아야지.'라고 생각한다. 그저 사람이 너무 일찍 일어나면 멍청해지는 법이니, 충분히 수면을 취하면 모든 게 정상으로 돌아오리라 확신한다. 하지만 시간이 지나도 여전히 벌레 모습 그대로다.

> 그는 갑옷처럼 딱딱한 등을 대고 벌렁 누워있었다. 고개를 쳐들고 보니 껍데기에 활 모양으로 불룩한 갈색무늬가 보였다. … 다른 부분에 비해 비참할 정도로 가는 수많은 다리가 그의 눈앞에서 불안스럽게 꿈틀거리고 있었다.

한참 동안 몸을 뒤척이다가 언뜻 자명종 시계를 쳐다보고 소스라치게 놀란다. 시계가 벌써 6시 30분을 가리키고 있기 때문이다. 외판원이었던 그가 타는 기차가 5시에 떠나니까 벌써 큰 일이 난 터다. 어머니, 누이, 아버지도 걱정이 되어 밖에서 소리를 질러 그를 깨우기 시작한다. 걱정하지 말라고 대답했으나 그의 음성도 벌레 소리로 이상하게 변한 상태다. 침대에서 일어나려고 갖은 애를 쓰는 사이에 직장 상사인 지배인이 찾아온다. 분노하는 지배인의 목소리를 듣고 해고당할 위험을 느낀 그는 필사적으로 방바닥에 몸을 던져 문 쪽으로 기어 입에 열쇠를 물고 가까스로 몸을 세우고는 간신히 문을 열고 나간다. 그의 기대와는 달리 상사는 벌레로 변한 모습을 보고 기겁한 채 도망가고, 가족마저도 흉측한 모습에 두려워한다.

왜 그는 벌레로 변한 걸까? 우리는 그가 벌레로 변한 이유, 변신한 이후의 생각 속에서 의식을 흔들어대는 무의식의 힘을 발견한다. 먼저 우리는 그레고르가 이날 아침 벌레로 변신하기 전에도 이미 사실상 벌레와 다를 바 없는 상태에 있었음을 알 수 있다. 가족의 생계가 전적으로 자신에게 달려 있기 때문에 인간 이하의 생활, 동물이나 다름없는 일상을 보내야 했다.

가족들은 전적으로 자신의 수입에 의존하고 있었다. 개인의 자유로운 선택이라든가 개인의 행복은 호사가 되어버린 채 오직 가족의 생계를 책임져야 한다는 의무감만이 지배하는 상태였다. 오직 먹이를 구하는 일만이 허용된 벌레나 다름없었다. 외판사원으로서의 일 자체도 마찬가지였다. 날이면 날마다 출장을 다니고, 기차 시간에 대한 걱정과 불규칙하고 무성의한 식사, 그리고 끊임없이 계속되는 대인 관계도 마찬가지였다. "일 년 내내 상대가 바뀌고, 어느 하나의 교제도 오래 지속되지 않고 진정으로 가까워지는 사람은 하나도 없다. 이 얼마나 끔찍한 일인가!"

게다가 직장도 그에게 불안을 안겨주는 장소였다. 벌레로 변한 날 집으로 찾아온 지배인의 날카로운 말에서 확인할 수 있다. "말해 둘 것은 자네의 지위가 그다지 안전한 것이 아니라는 것일세. … 또한 자네의 최근 판매 실적은 별로 신통치가 못했네." 집이든, 직장이든 외줄타기를 하듯 위태로운 하루하루가 이어지던 중이었다.

벌레로 변신한 모습은 그의 무의식을 반영한다. 점원에서 외판원으로의 승진한 그가, 가족을 먹여 살려온 일에 자부심을 갖고, 이미 벌레로 변한 상태에서도 출근을 걱정하는 것은 의식의 상태를 보여준다. 하지만 짐승과 다를 바 없는 자신의 모습에 대한 환멸, 벌레가 되어서 출근을 할 수 없는 상황은 무의식에 숨어 있는 바를 드러내준다. 왜 하필이면 수많은 발을 가진 벌레로 변신했을까? "그 팔과 손 대신에 현재 있는 것은 쉴 새 없이 제멋대로 움직여대는 수많은 작고 가냘픈 다리들뿐이었다." 집과 직장에서 온갖 의무를 감내해야 했던 자신을 무의식 속에서 비추는 형상이 아닐까? 매일 똑같이 반복되는 일 속에서 무력감을 느끼고 살아야 하는 처지가 무의식 속에서 가냘픈 다리로 나타난 게 아닐까?

여전히 의식은 빨리 사람으로 돌아와서 출근해야 한다고 보챈다. 벌레로 변한 몸은 의식에 저항하는 무의식적 욕구를 드러낸다. 그레고르가 동물로 변한 이후의 생활을 은근히 즐기는 구석은 이를 잘 보여준다. "어떤 때는 그냥 그 의자에 의지한 채 창에 기대어 예전에 창밖을 바라보면서 느꼈던 일종의 해방감을 막연하게 회상하기도 했다."

벌레로 변한 모습에 가족조차도 두려워하며 피하는 모습은 의식이 무의식을 대하는 경멸과 배제를 상징한다.

> 아버지는 발까지 구르면서 단장과 신문지를 휘둘러 그의 방으로 몰아넣으려고 했다. … 누이동생은 방에 들어서기가 바쁘게 급히 창가로 달려가서는 마치 질식이라도 할 것처럼 얼른 창문을 활짝 열어 놓고는, 아무리 추워도 잠시도 창가를 떠나지 않았다. … 그레고르는 누이동생이 방안에 있는 동안에는 항상 소파 밑에서 움츠려 있어야 했다.

가족들은 그를 방안으로 몰아넣고는 밖으로 나오지 못하도록 했다. 한두 차례 밖으로 기어 나온 것에 기겁한 다음에는 아예 모든 자물쇠를 밖에서 채워버렸다. 의식의 이면에서 무언가가 고개를 내밀지 못하도록 봉쇄하고자 했던 인류의 경험이 그대로 녹아 있다. 인류는 적어도 고대 문명이 확립된 이후 의식을 흐리는 무의식의 반기를 비정상적이거나 열등한 상태로 규정하고 어떻게 해서든 몰아내려 했다.

단순히 무의식이 모습을 드러내지 못하도록 막는 정도에 머물지 않고 나아가 광기나 정신병으로 규정하고 폭력적인 대응으로 일관했다. 《변신》에서도 비슷한 양상이 나타난다. 누이동생은 "저는 이 흉측한 괴물을 오빠라는 이름으로 입에 담고 싶지도 않아요. 그러니까 제가 말씀드리고 싶은 것은, 우리는 저것을 없애버릴 계획을 세우지 않으면 안 된다는 거예요."라며 다른 가족에게 호소한다. 아버지는 "그래, 네 말이 옳다."라며 동의한다.

아버지는 거실로 나온 그레고르에게, 찬장 위에서 사과를 꺼내 주머니에 가득 넣고는 던진다. 날아오던 사과 한 개가 등 위에 정통으로 박힌다. 한 달 이상이나 그를 괴롭힌 이 처참한 상처에서 누구도 감히 그 사과를 뽑아내는 사람이 없었음은 물론이다. 결국 등에 박힌 상처가 덧나고, 스스로 아무 것도 먹지 않아 죽음을 맞이한다.

가족들은 벌레로 변한 그레고르가 죽고 나서야 정상적인 삶의 즐거움을 만끽한다. 휴식과 산책을 위해 온 가족이 함께 집을 나선다. 무의식과의 소통을 거부하고, 아예 폭력으로 제거하려 했던 인류 정신의 역사를 고스란히 담고 있다.

의식과 이성만이 인간의 본질이라는 주장

프루스트가 현대적 인간 이해를 준비했다면 영국이 낳은 최고의 극작가 셰익스피어Shakespeare의 《햄릿》은 근대적 인간상을 준비했다. 격정적인 대사와 행동이 인상적인 햄릿이지만 그 아래에는 기본적으로 의식과 이성에 대한 확고한 믿음이 깔려 있다.

인간이란 참으로 걸작 아닌가! 이성은 얼마나 고귀하고, 능력은 얼마나 무한하며, 생김새와 움직임은 얼마나 깔끔하고 놀라우며, 행동은 얼마나 천사 같고, 이해력은 얼마나 신 같은가!

인간은 자연에 존재하는 모든 생명체 가운데 최고의 걸작이다. 그만큼 어떤 생명과도 비교할 수 없을 정도로 우월하다. 인간의 우월한 지위는 특별한 능력으로부터 온다. 바로 이성 능력이다. 이성이 발휘할 수 있는 힘은 무한한 듯 보인다. 사물이나 상황을 이해하고 냉정한 판단과 단호한 행동을 이끌어내는 원동력이 바로 이성이다. 인간이 신과 연결되거나 비견될 수 있는 가능성도 여기에서 비롯된다.

햄릿의 대사 가운데 가장 잘 알려진 다음 내용도 그 연장선상에 있다. 《햄릿》을 읽지 않았어도 아마 대부분의 사람이 다음 대사의 첫 문장은 어디선가 접해봤을 것이다.

있음이냐 없음이냐, 그것이 문제로다. 어느 게 더 고귀한가. 난폭한 운명의 돌팔매와 화살을 맞는 건가, 아니면 무기 들고 고해와 대항하여 싸우다가 끝장을 내는 건가. 죽은 건 자는 것뿐일지니, 잠 한 번에 육신이 물려받은 가슴앓이와 수천 가지 타고난 갈등이 끝난다 말하면, 그건 간절히 바라야 할 결말이다.

햄릿이 처한 상황에서 산다는 것은 숙부가 햄릿의 아버지를 독살하고 왕이 된 후 어머니와 결혼한 사실을 인정하는 선택이나 다름이 없다. 이미 부왕의 영혼에게서 사건의 전말을 전해들은 햄릿은 충격과 분노로 마음의 평정을 잃은 상태다. 그에게 이성의 명령은 진실과 올바름의 실현이다. 이성의 명령을 실현하기 위해서는 자신의 목숨을 내놓아야 한다. 만약 살고자 한다면 숙부의 추악한 욕망을 인정하는 꼴이 되고 결과적으로 자신도 여기에 영합하는 셈이다. 육체의 욕망에서 벗어나 이성이 요구하는 정의와 올바름을 위해서는 죽음조차도 감수하겠다는 결의다.

윌리엄 블레이크William Blake의 〈뉴턴〉은 이성을 상징하는 인물인 뉴턴Newton을 소재로 한다. 블레이크의 그림에서 어렵지 않게 퓌슬리의 영향을 발견할 수 있다. 실제로 두 사람은 비슷한 시대를 살아가면서 친분을 맺고 있었다. 퓌슬리는 8년 동안 이탈리아에 머물면서 고대 로마 조각과 미켈란젤로 작품의 영향을 받았다. 그리스·로마의 조각과 미켈란젤로의 작품은 공통적으로 인체의 건강함과 역동성을 찬미하며 균형 잡힌 인체를 통해 인간의 위대함을 표현한다. 퓌슬리 역시 완강한 힘을 지닌 뼈와 근육을 통해 인간을 묘사했고, 블레이크도 그 영향을 많이 받았다. 〈뉴턴〉에서도 마치 미켈란젤로의 조각이나 회화 속의 인물처럼 근육이 꿈틀댄다.

그림 속에서 균형 잡힌 몸과 튼튼한 근육을 가진 사람은 단지 특정한 한 개인이 아니라 인간의 전형적인 모습을 상징한다. 인간의 본질적 형상을 담은 모습이다. 뉴턴이 곧 인간의 표상인 것이다. 그의 손에 들린 컴퍼스는 수학적·과학적 사고방식을 의미한다. 뉴턴은 미적분학, 빛에 관한 이론, 만유인력의 기본 체계 등을 만들었다. 그의 영향은 단순히 몇몇 과학 분야에서 새로운 이론적 발견을 한 것에 머물지 않는다.

블레이크, 〈뉴턴〉, 1795년

기독교가 지배하던 중세 천 년에 이르는 기간 동안 유럽에는 신에 의한 신비적인 원리와 사물의 세계를 움직이는 원리가 뒤죽박죽 섞여 있었다. 고작 이 둘을 구분하려는 시도가 있었을 뿐 단일한 과학적 체계 안에서 설명할 엄두를 못 냈다. 하지만 뉴턴의 만유인력 법칙은 과학적 이론으로서 지상에서 벌어지는 사물의 현상만이 아니라 우주를 포함하여 세계 전체를 바라볼 수 있게 해주었다. 더 이상 이해할 수 없는 신비적인 힘이 아니라, 중력 · 관성 · 가속도 · 작용 · 반작용 등의 물질적인 힘과 운동을 통해 현상을 설명하는 길을 열었다.

이러한 의미에서 뉴턴은 주술적 · 미신적 사고방식에서 벗어나 수학적 · 과학적 사고방식으로의 전환을 이루어내는 기점 역할을 했다. 이제 인간이라는 존재를 설명하는 데 신의 입김이나 혼령을 동원해야 할 필요성이 급격히 줄어들었다. 대신 주술적 · 종교적 이해가 사라진 자리에 이성이 새로운 권위를 부여받았다.

특히 데카르트Descartes에 이르러서는 이성에 대한 믿음이 철학적으로 확고하게 자리 잡는다. 그는《성찰》에서 인간의 본질을 이성, 그것도 수학적 · 과학적 사고방법이라는 협소한 의미에서의 이성으로 규정한다.

> 나는 여기서 생각이야말로 나에게 속하는 것임을 발견한다. 이것만은 나에게서 떼어낼 수 없다. 나는 있다, 나는 현존한다. 이것은 확실하다. … 만일 내가 생각하기를 아주 그친다면, 그 순간 나는 또한 존재하기를 즉 현존하기를 그치겠기 때문이다. 지금 내가 승인하는 것은 필연적으로 참된 것 만이다. 그러므로 엄밀히 말한다면 나는 다만 하나의 생각하는 것, 즉 하나의 정신, 하나의 오성 혹은 이성일 따름이다.

데카르트는 일체의 자연적인 요소나 감각적인 사고를 의심한다. 인간에게서 육체적인 요소나 그 육체를 통한 행동을 배제하고, 오직 "생각이야말로 나에게 속하는 것"이라는 결론에 도달한다. 감각이나 자연적인 요소, 즉 육체적인 요소는 떼어낼 수 있지만 생각, 즉 정신적인 것은 떼어낼 수 없다. 인간이라는 존재는 오직 '하나의 이성'일 따름이다. 데카르트의 유명한 명제인 "나는 생각한다. 고로 존재한다."가 의미하는 바를 명확히 알 수 있는 대목이다. 인간을 정신과 육체로 분리시킨 다음에 인간의 본질적 특성을 오직 정신, 즉 이성에서 찾는다. 육체의 세계, 자연의 세계는 일종의 기계적인 세계로서, 인간 정신에 의한 수학적 · 과학적 탐구에 종속된다.

이성을 근간으로 하는 의식에서 벗어난 일체의 요소는 망상이나 광기로서 정신 외적인, 비정상적 영역에 불과하다. 연구 대상이기보다는 거의 전적으로 배제 대상이 된다. 모든 인간 행위는 의식에 따른 계획적 성격을 지녀야 한다. 데카르트에 의해 이성이 예측과 계산 가능한 합리적 사고방식으로 확립되면서 의식의 절대성은 더욱 분명해진다. 합리적 사고에 기초한 근대적 주체라는 발상은 학문을 규정하는 기준의 지위를 얻는다.

데카르트는 정신에서 감정과 감각의 역할을 사실상 배제하기에 심리학이 끼어들 자리가 없다. 이에 비해 칸트Kant는 감정과 감각의 역할을 보다 적극적으로 인정한다는 점에서 그의 '인간학'은 일정하게 심리학을 포괄할 가능성을 갖는다. 하지만 《실용적 관점에서의 인간학》에서 확인할 수 있듯이, 의식 영역을 중심으로 한 자기 완결성을 시도한다는 점에서는 데카르트와 질적인 차이를 갖는다고 보기는 어렵다.

> 인간이 자기의 표상 안에 '나'를 가질 수 있다는 사실은 그를 지상의 여타의 모든 생물 위로 무한히 높이 세운다. 그로 인해 인간은 하나의 인격이며, 그에게 닥치는 모든 변화에도 불구하고 의식의 통일성에 의해 하나의 동일한 인격이다.

인간만이 자기 안에서 '나'에 대한 인식, 즉 자아의 확인이 가능하다. 인간은 그 자신의 최종 목적이기 때문에 이 세계에서 가장 중요한 대상은 인간이다. 이로 인해 동물을 비롯한 지상의 어떤 생명체보다 우월한 위치에 선다. 그리고 자아는 의식을 중심으로 하여 통일적인 모습으로 나타난다.

의식 형성 과정에서 감정이나 감각은 나름대로 역할을 수행한다. 어린아이는 생후 3개월까지 자기 앞에 놓여 있는 반짝거리는 대상을 눈으로 따라잡기 시작한다. 순수한 감각은 경험을 통해 대상을 인식하는 데로 확장해가기 위한 소박한 단초다. 여기에서 사고능력이 출발한다. 의식의 능력은 감각적 경험을 통해 들어온 다양한 정보에 체계성 · 통일성을 부여함으로써 질서를 만든다.

경험을 통해 나름의 질서를 만드는 것은 감성적 인식능력에 속하고, 여기에서 심리학의 가능성이 열린다. "지각의 연결에 의해 합성된 내적 경험은 인간학적인 것일 뿐만 아니라, 심리학적인 것이기도 하다." 특히 이 과정에서 기억이 중요한 역할을 한다. 하지만 칸트에게 기억은 프루스트가 말하는, 의식 이면의 몽롱한 기억과 전혀 다른 차원이다.

> 기억이 순전히 재생적인 상상력과 구별되는 것은 이전의 표상을 자의적으로 재생할 수가 있고, 그러므로 마음은 상상력의 한갓된 유희가 아니라는 점이다. 상상력이 섞여 들어오면 기억은 불충실한 것이 되기 때문이다. 기억 속에 붙잡아두고, 쉽사리 생각해내고, 오랫동안 보존하는 것은 기억의 형식적 완전성이다.

기억은 언제든지 의식이 자유자재로 꺼낼 쓸 수 있는 수단이며 감각을 통한 경험으로 획득한 정보를 모아 놓는 저장고다. 평소에 축적해 두고 있다가 필요에 의해 이성으로 나아가는 낮은 차원의 자료로서 기여한다. 불확실하거나 유동적인 면이 섞이면 그 기억은 신뢰할 수 없는 상태가 되므로 진정한 기억이 아니다. 오래 보존되고 수월하게 이용할 수 있는 특성을 지닌다는 점에서 나름대로의 완결성을 가질 때 기억의 의미가 인정된다. 칸트에게 기억은 의식과의 연관성 속에서만 생명력을 얻을 수 있다.

무의식이 마음의 주인이다

하지만 현실에서 인간의 기억은 에른스트 퍼디난드 움Ernst Ferdinand Oehme의 〈안개속의 행렬〉처럼 희미하고 경계가 불분명한 모습으로 나타나기 일쑤다. 자욱하게 안개가 낀 산길을 한 무리의 사람들이 걷고 있다. 작은 종탑이나 머리와 몸을 덮은 옷으로 봐서 수도사들의 행렬인 듯하다. 아주 가까운 사물 말고는 전체적으로 경계가 불분명하다. 앞 사람의 실루엣과 흔적을 따라서 더듬거리며 발걸음을 옮겨야 할 정도로 희미하다.

우리의 기억이나 정신, 나아가서는 삶도 그림 속의 안개 낀 풍경과 비슷하지 않을까? 정신의 상당 부분이 축적된 기억에 의존하는 것은 분명하다. 만약 기억의 작용이 중단된다면 무언가를 생각할 수 있는 재료가 고갈된다.

인간은 자기가 원하는 방향으로 기억하는 경향이 다분하다. 몇 사람

움, 〈안개속의 행렬〉, 1828년

이 동일한 사물을 보거나 사건을 겪었지만 전혀 다른 방식으로 기억하곤 한다. 유년 시절의 친구들이 오랜 세월이 흐른 후에 만나 일이십 년 전의 경험을 이야기할 때 완전히 다른 방식으로 기억하는 경우를 흔히 볼 수 있다. 내 머릿 속에서는 선명하다고 여겨졌던 사건의 줄거리조차 다른 이는 판이하게 기억한다. 여러 사람의 기억을 조합하다보면 결국 뒤죽박죽 뒤섞여 본래의 기억은 와해되어 버린다.

게다가 기억은 일정하지가 않아서 어느 순간 기존의 기억과 다른 모습으로 나타나기도 한다. 그래서 세월과 함께 기억이 변형되는 과정을 겪는 경우가 많다. 자기가 의식하지 못하는 사이에 무의식적인 욕구가 조금씩 기억에 영향을 미치기 때문이다.

예를 들어 많은 사람이 갖고 있는 아련한 첫사랑의 기억만 해도 그렇다. 원래 헤어진 데는 다 그만한 이유가 있기 마련이다. 연애를 하던 당시에 첨예한 갈등을 겪고, 도저히 관계가 유지되기 어려울 정도로 환멸감을 느끼기도 한다. 관계를 이어갈 수 없을 만큼 감정의 골이 깊어지거나, 혹은 처음의 감정이 메말랐을 때 서로 이별을 통보한다. 그리고 헤어진 후 일정한 기간 동안, 적어도 헤어지자고 결심한 측에서는 기억의 공간 여기저기에 불쾌함이 자리 잡는다.

하지만 세월이 상당히 지나면서 무의식적인 자기 변론과정이 기억에 작용한다. 만약 이별이 자신의 과오나 변심 때문이었다면 자기도 모르는 사이에 상대방의 잘못 때문에 문제가 생겼다는 식의 왜곡이 개입한다. 혹은 자신의 과거를 아름답게 꾸미고 싶은 무의식적인 욕구가 아픔을 지우고 화려한 색으로 기억을 포장하기 시작한다. 그리하여 마치 자신의 가장 찬란했던 시간인 듯한 착각이 생겨난다.

서로의 기억이 다르고, 한 사람 내에서도 기억의 변형 과정이 나타난다는 점을 고려할 때 기억은 희미한 안개 속을 걷는 발걸음과 별반 다르지 않다. 정신의 재료인 기억이 처한 상황이 불확실하기에, 정신을 확고한 의식의 틀 안에서만 규정하려는 시도도 의심의 대상이 된다.

프로이트Freud는 의식을 중심으로 인간을 이해하는 서구식 사고방식 전체를 뒤집어엎은, 이른바 코페르니쿠스적 발상의 전환을 이루어낸

인물이다. 오직 의식 영역만을 학문적 탐구 대상으로 삼고 있던 서구의 전통적 사고방식을 뒤흔들고 인간의 정신이 욕망 · 충동 등 무의식적 요소에 의해 상당부분 규정받는다는 점을 규명하고자 했다. 단지 이론적인 설명만이 아니라 꿈의 해석을 통해, 또한 신경증 환자에 대한 임상 실험을 통해 다방면에 걸쳐 실천적으로 접근했다. 《정신분석강의》는 무의식의 적극적인 역할을 다음과 같이 설명한다.

> 정신적 과정은 그 자체가 무의식적이며, 의식적인 것은 정신활동 전체 중에서 단지 일부분에 지나지 않는다. … 우리는 그동안 심리학을 의식의 내용에 관한 학문으로 여겨왔다. … 정신분석은 의식과 정신의 통일성을 인정할 수 없다. 정신을 감정 · 사고 · 의지와 같은 과정으로 정의하며 무의식적 사고나 무의식적 의지가 있다는 입장이다.

우리는 흔히 '정신'이라는 단어를 자동적으로 '의식'이라는 단어와 연결시킨다. 정신과 의식을 거의 동의어로 쓴다. 이런 통념은 서양 철학사를 관통하는 상식이기도 했다. 서양철학의 전통은 의식 영역, 즉 이성 문제에 대한 고찰에 한정되어 왔다고 해도 과언이 아니다. 소크라테스를 중심으로 한 고대철학 이후 데카르트를 필두로 한 근대철학에 이르기까지 의식의 세계만을 철학적 탐구 대상으로 삼았다. 무의식은 쓸모없는 한 순간의 감정이거나 심지어 광기로 치부되었다. 프로이트는 바로 여기에 도전장을 던진다. 정신의 중심은 의식, 즉 이성 영역이 아니다.

확고한 이성이라는 믿음이야말로 환상이다. 데카르트는 의식과 이성을 중심으로 하는 '생각'으로부터 인간 '존재'의 본질을 이끌어냈지만 이는 실제 현실과 너무나 거리가 멀다. 자기 행동이 의식적 · 합리적 선택에 의해 이루어진다고 믿지만, 실제로는 무의식이 작용하는 경우가 적지 않다. 정신은 이성에 한정되지 않고, 감정 · 사고 · 의지와 같은 과정을 포함하기 때문이다. 그런데 감정이나 의지는 일정하지 않고 변덕쟁이 기질을 발휘한다. 야스퍼스Jaspers도 《정신병리학 총론》에서 정신을 감정을 비롯한 다양한 대상 속에서 복잡하게 일어나는 현상으로 설명한다.

> 정신은 그 자체로는 결코 대상이 아니다. 정신은 인간이 이 세계에서 지각할 수 있는 형태로 나타날 때 비로소 대상이 된다. 정신은 신체적 수반 현상, 이해할 만한 표현, 태도, 행동, 나아가 언어를 통한 의사 전달 등을 통해 드러난다.

정신은 감정과 신체적 증상, 행동과 언어를 통한 표현 등 다양한 수단이나 대상과 연결되면서 형성된다. 다른 요소와 섞이지 않은 순수한 정신은 애초에 불가능하다. 정신은 생성되고, 전개되며, 분화되는 것이지 궁극적이거나 완성되는 것은 아니다. 자신과 타인의 체험이 섞이고 이에 대한 감정적 반응이 축적되면서 정신활동을 구성한다. 그렇기 때문에 정신은 자체로서 탐구 대상이 되기 어렵다. 엄밀하게 말하자면 '정신'이라는 표현으로 언급하는 것조차도 벌써 오해의 여지가 있다.

게다가 누구나 겪는 바이지만, 감정과 행동, 언어표현은 즉흥적이고 변화가 심하다. 또한 감정은 내 안에 있는 욕구의 발로와 연결된다. 문제는 그 욕구가 평상시의 생각이나 행동과 다르게 의식 이면에서 뚫고 올라오는 경우도 많다는 점이다. 사회적인 관계나 규범 속에서 억압되거나 간과되었던 것, 평소에는 원하거나 의도하지 않았던 욕구가 불시에 솟아오른다. 어떤 경우에는 전혀 자기의 기억 속에 없던 것이 불쑥 머리를 디밀고 올라와 충동적 욕구를 자극한다. 심지어 말로 표현하기 힘든 어떤 충동 앞에서 당황하는 적도 있다. 우리는 이러한 것을 감정 · 사고 · 의지에 섞여 들어와 있는 무의식적인 부분이라고 할 수 있다.

정신활동의 재료인 기억이 일정하지 않고 무의식에 의해 왜곡되는 이유도 여기에 있다. 감정에 따라 기억은 서로 다르게 취사선택되고 변형된다. 아들러Adler도 《심리학이란 무엇인가》에서 이 점에 주목한다.

> 만약 그가 우울하다면 기억도 모두 우울하다. 기분이 좋고 용기로 꽉 차 있을 때는 즐거우며 그의 낙천주의를 확인해주는 기억을 선택한다. … 기억이 정확한지 아닌지는 별로 중요하지 않다. 중요한 것은 그런 기억이 그 개인의 판단을 보여준다는 점이다.

감정과 기억이 한 방향으로만 작용하지 않고 서로 뒤섞인다는 점이 상황을 더 복잡하게 만든다. 무의식 속에 남아 있는 아주 오래 전의 아련한 기억이 지금의 감정과 판단, 행동을 합리성과는 전혀 다른 방향으로 이끌어가기도 한다.

감정적으로 아버지에게 반항하는 데 쏠려 있는 사람은 무의식 속에 어린 시절 아버지에 의해 억압된 감정의 기억을 갖고 있는 경우가 많다. 예를 들어 자신이 아기였을 때 레스토랑에서 아버지가 자신에게 보인 행동을 생각해볼 수 있다. 그는 접시를 함부로 다루고 여러 테이블을 오가며 장난을 쳤다. 접시를 만지작거리며 다니는 행동은 아버지를 화나게 만들었다. 아버지는 손님들 앞에서 그를 나무랐다. 무의식 속에 남아 있는 기억이 성인이 돼서도 아버지는 그의 적이며, 갈등이 불가피하다는 증거로 사용된다. 아버지에게 상처를 입힐 수 있는 일이라면 무슨 일이든 하고 싶은 감정을 만든다.

학교 선생님이 학생을 매질하는 경우, 자신이 의식하는 합리적 목적과 다르게 무의식이 지배하는 경우를 생각해볼 수도 있다. 학생을 때리는 교사는 적어도 자신의 의식 안에서는 그게 다 애들 잘되라고 하는 일이라고 생각한다. 하지만 자기도 모르는 사이에 스스로를 속이고 있는 중일 수도 있다. 자신의 가학적 욕망을 충족시키려는 것이 실질적인 동기인 경우가 적지 않을 것이다. 학창시절에 사나운 교사에게 호되게 맞았던 기억을 갖고 있는 사람이라면 그 교사가 교육적 목적보다는 감정을 앞세웠던 게 아닐까라는 의심을 지우지 못하리라. 그리고 가학 성향은 그 교사가 어린 시절에 가정에서 겪은 어떤 잠재적 기억이 작용하고 있음을 예상하는 게 가능하다.

그렇기 때문에 프로이트는 의식적 사고는 무의식에 의해 유발된 행동을 합리화시키기 위한 구실에 지나지 않는다고 주장한다. 그에 의하면 무의식의 형성 요인은 욕망, 그중에서도 성적 욕망에 직결된다.

에른스트Ernst의 〈인간은 그것에 관해 아무것도 알 수 없으리라〉는 본능과 무의식에 조종당하는 현실을 담아냈다. 대지에는 신체 장기 모양

에른스트, 〈인간은 그것에 관해 아무것도 알 수 없으리라〉, 1923년

의 것들이 펼쳐져 있고, 위로는 큼지막한 달이 걸려 있다. 달 아래로 남녀의 섹스 장면이 나온다. 중간에 손이 있고 이 모든 장치가 여러 개의 끈으로 연결되어 있다. 달은 이성 중심의 낮에 대비되는, 본능과 감정이 충만한 밤의 세계를 상징한다. 섹스와 장기도 성적 충동과 근원적 욕구를 의미한다. 이 모두를 관통하는 끈이 보여주듯이 성적 본능과 욕구에 근거한 무의식이 사고와 행동을 조종하는 숨겨진 힘이라는 메시지를 담고 있다.

에른스트의 그림은 상당 부분 프로이트의 문제의식을 회화적으로 구현하고 있는 작품이다. 프로이트는《정신분석강의》에서 성이 어떻게 원초적으로 무의식의 수원지 역할을 하는지를 설명한다.

> 정신분석의 명제는 성적인 것으로 지칭할 수 있는 본능 충동이 신경증이나 정신질환을 불러일으키는 데 커다란 역할을 한다는 주장이다. … 아동의 성생활을 인정하지 않고 성 기관이 성숙해지는 사춘기에 이르러서야 시작된다는 가정은 전혀 근거 없는 오류다.

욕망은 소멸될 수 없다. 욕망이 없다면 이미 유기체의 파멸을 의미한다. 그런데 욕망은 상당부분 성적 요소와 직결되는 유아기 경험으로부터 영향을 받는다. 아동은 처음부터 풍부한 성생활을 갖는다. 우리의 성장 과정을 되돌아봐도 아동의 성적인 욕구와 성생활은 상당 부분 부정할 수 없는 사실이다.

서너 살 무렵 이전부터 대부분 자기 성기에 대한 관심이 집중되었던 경험을 갖고 있다. 자기 성기를 만지작거리며 놀다가 우연히 묘한 느낌이 신경을 건드리며 지나가는 것을 경험한다. 다시 시도했을 때 한 번의 우연이 아니라, 몸에 자기를 지속적으로 기쁘게 하는 신체 기관이 있다는 사실을 알게 된다.

하지만 지속적인 기쁨은 걸림돌을 만나게 된다. 부모와 주위 어른으로부터 성기를 만지는 행위는 제재를 받는다. 남자 아이는 고추가 떨어져 나가고, 여자 아이는 병에 걸린다는 위협을 받는다. 아이가 받을 수 있는 가장 강한 억압을 받는 것이다. 본능적 욕구가 클수록 억압도 크게 다가오기 때문이다. 성적 충동은 훨씬 완강하게 자유로운 충족을 요구하는 경향이 있다.

> 리비도는 배고픔과 마찬가지로 본능을 드러내는 힘이다. 배고픔이 영양 섭취 충동을 불러일으키는 힘이듯이 리비도는 성적 충동을 불러일으키는 힘이다.

자기 성기에 대한 관심은 동시에 다른 아이의 성기에 대한 관심을 자연스럽게 불러일으킨다. 어린 시절에 아이들이 가장 재미있어 하는 놀이 중의 하나가 의사놀이다. 의사와 간호사, 환자로 역할 분담을 한다. 그리고 놀이의 구성은 환자의 몸을 만지거나 옷을 벗기는 행위를 포함한다. 은밀한 부위를 보거나 만질 수 있는 나름의 '합법적인' 절차를 서로가 용인하는 방식이다. 진료를 하는 아이도, 받는 아이도 그 나이에서 얻을 수 있는 흥분을 기대하고 또한 충족한다. 하지만 이 역시 어른들의 감시와 제재를 받는다는 점을 알기에 결정적인 행위, 즉 성기를 드러내거나 만지는 행위는 부모가 없는 시간에 이루어진다. 그와 함께 흥분이 고조된다. 몇 번 들키고 나서는 다시는 해서는 안 되는 놀이로 규제 대상이 된다.

가장 동물적이고 원시적인 충동이기에 문명은 성적인 자유에 대해 더욱 체계적으로 억압한다. 서유럽 문명에서 전형적으로 나타나듯이 유아 성욕 발현은 우선적으로 금지된다. 유년 시절에 기반이 마련되지 않으면, 어른의 성욕을 제한할 수 있는 가능성이 없기 때문이다.

프로이트는 이러한 억압이 무의식 속에 그대로 잠겨 있다가 성인이 돼서도 감정과 판단에 상당히 중대한 영향을 준다고 주장한다. 그렇기 때문에 정신분석에 기초한 심리학은 유아기의 성적 욕구와 이에 대한 억압 문제를 중요하게 추적한다. 욕구를 억압당하는 주체는 본질적으로 결핍을 경험한다. 욕망은 잃어버린 것에 대한 갈구에서 시작된다.

카프카의 《변신》에서 나타나는 그레고르의 행동에도 무의식의 저변에서 꿈틀거리는 성적인 욕망과 현실적 억압이 보인다. 어느 날 여동생이 어머니를 졸라 그의 방에 있는 온갖 물건을 치워버린다. 침대든 옷장이든 방에 있던 모든 물건이 사라지는 걸 지켜보기만 하던 그레고르는 오직 하나, 벽에 걸려 있는 여인의 초상화만은 없애지 못하도록 필사적으로 저항한다.

> 이제 방은 텅 비어 단지, 모피로 감싼 여인의 초상화만이 눈에 띄었다. 급히 기어 올라가 유리 위에 몸을 바짝 붙였다. 유리는 그의 몸을 시원하게

했다. 이 그림만은 아무도 가져가지 못하게 감추리라고 생각했다. … '좋아, 쫓을 수 있으면 쫓아보라지.' 그림을 둘러싸고, 결코 내주지 않겠다고 결심했다. 그림을 내주느니 차라리 싸울 태세였다.

벽의 초상화는 얼마 전에 화보에서 오려내어 예쁜 금박 액자에 넣어서 걸어 놓은 그림이었다. 모피 모자와 목도리를 두르고 양팔을 보는 이를 향하여 추켜든 자세로 단정하게 의자에 앉아 있는 부인의 자태가 담긴 그림이다. 다른 모든 것은 빼앗겨도 이 여인만은 반드시 지키겠다는 결의가 분명하다. 그녀를 지키기 위해 벽으로 기어 올라가 액자에 달라붙는다.

유리 위에 몸을 바짝 붙이는 행동은 상징적으로 해석할 여지가 다분하다. 마치 여성과 성행위를 하는 듯한 분위기고, 몸으로 느끼는 쾌감도 성적인 분위기를 연상하게 만든다. 벌레로 변신한 이후 하루하루 지날수록 온갖 욕망을 포기해야 했지만, 정작 아무것도 아닌 것처럼 여겨지던 성적인 욕망만은 무섭게 힘을 발휘한다. 가족 전체의 생계를 책임지느라 오랜 기간 억눌러야 했던 성적인 욕망이 사라지기는커녕 완강하게 원초적 본능의 자리를 지키고 있었던 것이다. 그만큼 성적 욕망과 이에 대한 억압은 무의식의 중요한 기반 역할을 한다.

문제는 억눌린 욕망이 무의식 상태에 액면 그대로의 내용과 형태로 드러나지 않는다는 점이다. 굴절되고 왜곡된 형태로 발현된다. 그렇기 때문에 기존 철학은 무의식을 인간 본질을 규정하는 핵심 영역으로 삼지 않았다. 그들에게 무의식은 신비로운 것, 정신과의 관계가 불투명하게 남아 있는, 이해할 수 없고 증명 불가능한 것이었다. 그래서 정신과 의식을 동일시하고, 무의식은 정신의 통로일 수 없다는 전제에서 출발했다. 하지만 보이지 않는다고 해서 활동하지 않거나 확인 불가능한 것은 아니다.

프로이트의 문제의식은 단순히 심리학이라는 학문의 한 분야, 혹은 정신 치료라는 의학 영역으로 한정되지 않는 큰 영향력을 발휘한다.

> 정신이 의식과 동일한지, 아니면 의식 너머로 확장되는지를 둘러싼 논란은 공허한 말장난처럼 들릴 지도 모른다. 그러나 무의식을 설정함으로써 이 세상과 학문 세계에 결정적으로 새로운 방향이 확립되었음이 확실하다. — 《정신분석강의》

서구의 역사에서 '의식이 곧 정신'이라는 사고방식이 단지 철학적인 영역만이 아니라 정치나 사회, 문화와 예술을 이해하는 데 있어서, 더 나아가서는 질병을 이해하는 데 있어서도 결정적인 작용을 해왔기 때문에 프로이트의 영향은 전 영역에 걸쳐서 나타난다. 현대 문학은 물론이고 현대 미술이나 음악을 19세기까지의 예술과 구분하는 가장 중요한 기준점에 프로이트가 서 있다고 해도 과언이 아닐 정도다.

무의식의 발견은 일차적으로 철학의 기반 자체를 흔들어버렸다. 의식이 수면 위에 떠있는 빙산의 일부분, 마음의 얇은 표면에 불과하고, 표면 아래에 있는 무의식이 정신의 대부분을 차지할 때 전통적인 정신 이해는 전반적으로 동요하게 된다. 무의식이 의식과 갈등하면서 사고와 행위를 규정한다는 문제의식은 인간에게 접근하는 새로운 길을 열었다.

그러한 면에서 알베르 카뮈Albert Camus가 《시지프의 신화》에서 지적한 다음 내용은 충분한 의미를 지닌다.

> 내 자신의 마음조차도 영영 정의할 수 없는 것으로 남게 된다. 나의 존재에 대해 가지고 있는 확실성과 이 확실성에 부여하고자 하는 내용 사이에 있는 도랑은 결코 메워질 수 없다. 영원히 나는 자신에 대해 이방인이리라.

정신의 역사를 의미 있게 추적하고자 한다면, 희미한 무의식으로 인해 무력함에 봉착하게 된다. 무의식이 일상적으로 의식에 개입하고 판단과 행위에 영향을 미치는 한, 의식에 의존하려는 현실의 우리는 스스로에 대해 확실히 영원한 이방인이다. 무의식 앞에서 내 모든 지식은 멈춘다. 확실하다고 생각했던 자아도 이를 분명하게 찾으려 하면 할수록 손가락 사이로 물이 빠져나가듯이 흘러내린다.

프로이트의 문제의식이 인간은 무의식에 무력하게 끌려 다니기만 하는 수동적 존재에 불과하다는 결론으로만 향하는가? 무의식을 자유 일반에 대한 전면적인 부정으로 간주해버린다면 섣부른 일이다. 무의식 분석으로 심리적 현실이 어떻게 작동하는지를 인식하고 내면의 정신적 갈등과 장애를 치유할 수 있다면, 주체는 선택과 행위의 범위를 더욱 넓힐 수 있다. 그러므로 무의식의 작동은 어떤 면에서는 자유의 확장일 수 있다.

2장

무의식은 어떻게 생겨먹었는가?

피츠제럴드 〈꿈의 재료〉, 프루스트 《잃어버린 시간을 찾아서》, 프로이트 《자아와 이드》

피츠제럴드, 〈꿈의 재료〉, 1858년

무의식을 찾아 떠나는 프루스트의 길

존 앤스터 피츠제럴드John Anster Fitzgerald의 〈꿈의 재료〉는 무의식 세계의 미묘하고 복잡한 단면을 보여준다. 빅토리아 시대의 영국 화가로, 시인인 아버지의 감수성을 물려받고, 정규적인 미술교육은 거의 받지 않았기 때문인지 전통적인 틀에 얽매이지 않는 자유분방한 표현이 인상적이다. 그녀는 캔버스 위에 자신의 자유롭고 환상적인 상상력을 펼쳐놓는다. 현실에서는 찾아볼 수 없는 기묘한 이미지가 여러 작품에 등장한다.

이 그림도 예외가 아니다. 꿈의 세계가 온 방안에 펼쳐진다. 창문으로 이제 막 고개를 내민 햇빛이 스며드는 이른 아침, 침대 위의 여성은 아직 꿈에서 헤어 나오지 못하고 있다. 어떤 남성과의 만남 장면이 환하게 떠오르는 중이다. 한 눈에 보기에도 멋진 남성과 예의 바르게 격식을 차린 대화를 하는 장면이다. 당연히 화사한 분위기 속에서 가슴을 두근거리게 하는 설렘이 비친다.

하지만 꼼꼼하게 잘 살펴보면 겉으로 드러난 순수한 만남 이면에 무의식적 욕구가 숨어 있음을 알 수 있다. 왼편으로 남자와 부둥켜안고 춤을 추는 듯한 모습이 나온다. 또한 무언가 괴물처럼 생긴 남성이 여인에게 손을 내미는 장면도 보인다. 괴물의 형상을 한 남성과의 신체 접촉은 사회적으로 강제하는 도덕률에서 벗어난 일탈 행위를 반영한다. 게다가 그 바로 밑으로 쟁반에 술을 들고 오는 괴물도 있다. 술은 틀이 잡힌 의식의 세계를 허물어뜨리는 역할을 한다. 침대 위의 여인은 겉으로 청순함을 가득 담고 있지만, 꿈을 매개로 내면의 한 구석에서 꿈틀거리는 육체적 욕망을 무의식을 통해 풀어낸다.

물론 육체적 욕망만 드러나는 것은 아니다. 침대 주변으로 정체를 알 수 없는 온갖 종류의 이미지와 잔상이 펼쳐진다. 악몽처럼 뇌리에 달라붙어 괴롭히는 조각이 있고, 나팔을 불고 드럼을 치며 기분을 흥겹게 북돋아주는 조각도 있다. 그 외에도 도무지 정체를 알 수 없고, 움직임의 잔상처럼 보이는 조각들도 공중에 둥둥 떠다닌다.

무의식의 조각들이다보니 자기 스스로도 무엇을 의미하는지 분명하게 구별하기 힘들다. 또한 각각의 조각과 조각 사이의 관계가 무엇인지를 구분하는 일은 더욱 어렵다. 무의식 내에서도 어느 것이 상대적으로 표면에 떠 있고, 더 깊은 곳에서 표면의 조각을 움직이는 근원적인 작용을 하는지도 잘 모른다. 마음은 도대체 어떻게 생겨먹었는가?

프루스트의 《잃어버린 시간을 찾아서》는 자기 심리의 근원을 찾아 떠나는 여행이다 보니 무의식의 심층을 건드리는 내용이 곳곳에 나온다. 무의식의 구조를 이해할 수 있는 단서가 될 만한 계기를 제공한다.

그런데 마들렌 과자 조각이 섞인 홍차 한 모금이 내 입천장에 닿는 순간, 나는 깜짝 놀라 내 몸속에서 뭔가 특별한 일이 일어나고 있다는 사실에 주목했다. 이유를 알 수 없는 어떤 감미로운 기쁨이 나를 사로잡으며 고립시켰다. … 내가 찾는 진실은 홍차에 있는 것이 아니라 바로 내 안에 있는 것이 분명하다. – 〈스완네 집 쪽으로〉

무의식을 향한 여행은 기억의 밑바닥을 찾아나서는 일이다. 문제는 앞에서도 확인했듯이 기억이 의식의 영역에서 시간의 순서에 따라 나열되어 떠오르지 않는다는 점이다. 도서관의 책 분류나 사무실의 서류 파일처럼 체계적으로 정리되어 언제든지 자유자재로 꺼내 쓸 수 있도록 정돈되어 있지 않다. 정돈은 고사하고 기억의 창고 안에 아무런 흔적도 남기지 않고 있던 조각이 불현듯 떠오르는 경우도 많다. 또한 기억의 작용이 언제 시작하는지도 내 의식과 무관한 경우도 많다.

프루스트가 어느 날 우연하게 입에 댄 마들렌 과자 조각과 홍차의 맛이 까맣게 잊고 있던 기억의 끄트머리를 들추어낸다. 무의식은 의식이나 이성, 논리적인 방식으로 드러나지 않는다. "나는 도대체 이 알 수 없는 상태가 무엇인지 아무런 논리적인 근거를 대지 못한다." 미각과 후각으로 촉발된 감각이 일으킨 자극 앞에서 당황하는 수밖에 없다.

우리는 그동안 이해 못할 어떤 현상이나 사건을 마주했을 때, 이를 해명하기 위해 내가 요구하면 마음대로 처분하는 기능을 이성과 논리가 담당한다고 믿어 왔다. 하지만 무의식 앞에서 이 무기는 무력하다. 그래서 "정신이 뜻을 이루지 못하고 피곤해하는 것을 느끼자" 프루스트는 "정신 앞에서 모든 것을 비우고, 아직도 생생한 그 첫 번째 모금의 맛을 정신 앞에 내민다." 감각에, 그리고 이를 담고 있는 몸에 자신을 맡긴다.

의식의 작용을 비우고 몸에 의존하자, 자기 안에서 무엇인가가 꿈틀하며 위로 올라오려고 움직이는 것을 느낀다. 마들렌 과자나 홍차의 맛에서 시작됐지만, 이는 매개일 뿐 내 안에 있는 무언가가 올라온다. 처음에는 어리둥절할 뿐 그것이 지나간 과거의 어떤 특별한 상황이나 어떤 시기와 관련 있는지 분명하지가 않다. 그러다 갑자기 너무나 오랜 기간 기억에서 자취를 감췄던 추억이 떠오른다.

> 그 맛은 내가 콩브레에서 일요일 아침마다 에로니 아주머니 방으로 아침 인사를 하러 갈 때면, 아주머니가 곧잘 홍차나 보리수차에 적셔서 주던 마들렌 과자 조각의 맛이었다. … 정원의 모든 꽃, 냇가의 수련과 선량한 마을사람, 작은 집들과 성당, 이 모든 것이 형태와 견고함을 갖추며 찻잔에서 솟아 나왔다.

과자와 홍차의 맛에 온몸을 맡기는 순간 어렴풋이 유년시절의 작은 호흡이 살아난다. 너무도 오랜 세월이 지나 폐허가 되어버린 기억, 형체를 알 수 없이 무너져 잊힌 기억이 냄새가 만들어준 좁은 길을 따라, 연약하지만 집요하게 따라 나온다. 급기야 유년 생활을 둘러싸고 있는 공간, 즉 자신이 살던 집, 마을의 풍경, 마을을 둘러싸고 있던 산과 냇가 등이 구석구석 세부를 놓치지 않고 견고하게 펼쳐진다.

심지어 자기 머리를 손질해 주던 이발사의 고데기 냄새, 그해 봄 자주 쏟아지던 소나기, 마차를 타고 달빛을 받으며 돌아오던 추운 귀갓길도 이어진다. 한번 물꼬가 트인 기억은 단순히 공간적인 외형에 머물지 않는다. 자신과 어머니 사이에 설렘으로 가득했던 감정, 아버지에 대한 거리감과 두려움, 아련한 첫사랑의 기억에 이르기까지 인간관계에서 비롯된 섬세한 감정까지 들쑤셔댄다.

사실 우리도 어느 날 문득 경험하는 순간이있다. 예를 들어 종종 먹던 자장면이지만 특정한 분위기 속에서 묘한 맛을 접하자 무언가가 주마등처럼 스쳤던 경험 말이다. 아직 초등학교도 들어가기 전에 부모와 집을 나섰던 어린이날의 기억이 떠오른다. 집의 구조는 물론이고 대문의 색깔, 지금 다시 찾아가면 상당히 좁은 길이지만, 기억 속에서는 매우 넓게 남아 있던 집 근처의 길이 모습을 드러낸다.

초등학교 입학식과 함께 일부러 생각하려면 도무지 단서도 찾지 못할 만한, 당시 친구들과의 사이에서 얽힌 일화가 선명하게 되살아난다. 즐겁거나 훈훈한 기억만 있는 것은 아니다. 내가 원하지 않은 이야기까지 줄줄이 엮여 나온다. 부모든 친구든 다시는 생각하고 싶지 않았던 사건, 부끄럽거나 슬픈 혹은 상처를 주었던 일도 포함된다.

감각 중에서 미각이 사라졌던 기억을 일깨우는 경우가 많지만, 그렇다고 해서 여기에 한정되는 것은 아니다. 감각은 우리의 몸 전체를 생생하게 둘러싸고 있거나, 또는 여러 감각이 복합적으로 섞여 기억의 원형을 구성하기도 한다. 의식의 저장소 바깥에서는 무의식을 형성하는 기억의 조각이 기어 나온다. 의도적이든 아니든 불필요해서 방치하거나 불쾌해서 기피했던 데서 불현듯 솟아난다.

사랑의 추억도 마찬가지다. 길거리를 걷다가 희미하게 들려오는 옛

노래의 멜로디 한 마디에서 그 사람과의 관계 전체가 다시 살아나기도 한다. 현실에 밀착해 있는 일상의 습관은 과거를 약화시키므로, 우리가 망각했던 부분이 바로 우리에게 어떤 존재를 가장 잘 생각나게 한다. 그때 현재의 우리가 아닌 무의식에 잠겨 있던 예전의 존재로서 기억과 마주한다.

대신 감각에 의존해 되살아난 기억, 어느새 선명하고 견고한 모습을 갖춘 기억이라고 해서 정확하다고 믿을 근거는 어디에도 없다. 더욱이 이를 단서로 삼아 곧바로 무의식 구조를 설명할 수도 없는 노릇이다. 기억 조직은 상당 부분 이미지화 되어 있고, 굴절되고 왜곡된 상태로 무의식에 남아 있다가 드러난 경우라서 자기 본 모습이 아니다.

> 이미지가 너무 단순화되었기 때문인데, 내 상상력이 열망하고, 감각이 불완전하고도 즉각적인 기쁨 없이 지각한 것을 이름이라는 은신처에 가두었으며, 내가 그 이름에 꿈을 쌓아 놓아, 욕망에 자기磁氣를 띠게 했기 때문인지 모른다.

피츠제럴드의 〈꿈의 재료〉에서도 보듯이 꿈의 재료들은 평소의 의식으로는 전혀 상상하지 못한 이상하고 기괴한 모습이나 상황으로 나타나는 경우가 많다. 비현실적인 형상과 사건이라고 해서 우리와 무관하다고 무시하는 순간 무의식에 접근할 수 있는 길은 막힌다. 예를 들어 꿈에 소나 돼지 등의 가축, 뱀이나 쥐와 같은 동물이 나타날 때 동물은 우리 외부의 그 무엇에 불과하고 개꿈이려니 생각한다. 하지만 프루스트는 그 동물이 바로 인간 자신의 반영이라고 한다. "우리는 꿈에서 자주 동물을 본다고 말하지만, 우리 자신이 확실성의 빛을 사물에 투사하는 이성 없는 동물이라는 점은 거의 망각한다." 이성에 대한 자기 확신이 지나친 나머지 우리는 스스로가 동물의 하나라는 점을 잊어버린다. 이성은 사회적으로 훈련된 것이고, 본래 동물과 마찬가지로 감각에 의존하는 존재다. 꿈은 우리 안의 동물성을 겉으로 드러내 이미지로 제조한다. 그렇기 때문에 꿈은 삶의 광경에 대해 모호한 시각만을 제공한다.

무의식을 구성하는 기억도 마찬가지다. 복잡한 현실의 경험은 기억 속에 단순화된 이미지형태로 숨어 있다가 불쑥 솟는다. 우리의 감각은 어떤 현상이나 경험을 자신이 희망하는 방식으로 받아들이기 때문에 일차적으로 굴절된다. 평소에 감각 기관이 아는 것과 전혀 다른 방식으로 저장된다. 특히 그 희망이 사회에서 금기로 규정하거나 최소한 부정적인 딱지를 붙이는 것이라면 굴절의 정도는 더 심해진다. 성적인 욕망이나 인간관계에 대한 도덕률이 그러하다. 또한 인간은 감각을 통해 들어온 인상을 언어라는 매개를 통해 흡수하기 때문에 다시 한 번 왜곡의 과정을 겪는다.

그러므로 꿈이나 무의식 속의 어떤 이미지들의 현실을 환기해 주고 내 욕망을 더욱 타오르게 했더라도 곧바로 진실에 접근했다고 좋아한다면 순진한 발상이다. 그 이미지가 지극히 매혹적이라 해서 환희를 의미한다고 자신할 수 없다. 반대로 식은땀을 흘릴 정도로 끔찍한 기억이라고 해서 반드시 우리에게 해를 끼치는 조각이라고 던져버려서도 안

된다. 마음과 무의식의 구조를 이해하는 작업은 보다 신중하고 집요한 노력을 요구한다.

마음의 구조를 이해하면 무의식이 보인다

존 앳킨슨 그림쇼John Atkinson Grimshaw의 〈공원 벽의 나무 그림자〉는 우리로 하여금 깊이를 알 수 없는 어떤 지점을 향해 끊임없이 걸어가는 상상을 불러일으킨다. 나무로 빽빽하게 둘러싸인 숲속 길이다. 나무 그림자로 봐서 해가 측면에 걸린 시각인데, 아침나절인지 저녁 무렵인지는 알 길이 없다. 워낙 숲이 울창해서 짙은 그늘이 어둡게 드리우고 있지만, 그 사이를 비집고 들어오는 햇빛은 선명하다.

그림쇼는 숲속 길이 주는 정취와 명암대비, 원근 감각이 주는 깊이를 즐긴 듯하다. 혹은 인생이란 길 위에서 펼쳐지는 과정이라고 생각했는지도 모르겠다. 유난히 나무와 숲으로 두터운 경계가 만들어진 공원 산책로나 동네 골목길을 즐겨 그렸다. 대부분의 그림에서 사람은 그저 숲과 길의 한 부분을 아주 조그맣게 차지할 뿐이다. 공통적으로 녹음이 짙게 끼어 있어서 사람의 형태도 불분명한 특징을 갖는다.

근대 서양 회화에서 화가들을 매료시킨, 하나의 점을 기점으로 한 전통적인 원근법의 전형적인 모습을 띠고 있어서 평면 캔버스지만 길을 따라 한 없이 깊은 공간 감각을 느끼게 해준다. 길 중간쯤에 검은 실루엣으로 남은, 남자인지 여자인지도 모를 한 사람이 걷는다. 길에는 마

그림쇼, 〈공원 벽의 나무 그림자〉, 1872년

차 바퀴 자국이 길게 이어져 있고, 이를 가로지르며 나무 그림자가 난마처럼 얽혀 있다. 사람이 지나간 벽으로도 나무 그림자가 어른댄다.

인간의 마음이 어떻게 생겼는지를 찾는 작업은 한 꺼풀만 벗기면 그 안에 담긴 내용물이 금방 드러나는 과자 봉지를 벗기는 일과 차원이 다르다. 의식에서 사라진 기억을 거슬러 찾아내야 하고, 그 기억조차 수많은 굴절과 왜곡된 상태로 나타나기에 그림쇼의 그림 속 나그네처럼 집요하게 들어가고 또 들어가는 작업을 동반한다. 원근의 기점을 찾아가듯이 미지의 어떤 점을 향해 한발 한발 걸어 들어가는 일이다. 이 과정에서 길 위에 이리저리 얽혀 있는 마차 바퀴나 나무 그늘처럼 기억의 흔적들을 헤치고 의미를 재해석하는 작업이 필요하다.

그래서 현대 철학을 대표하는 몇 사람 중의 하나인 들뢰즈Deleuze는 《프루스트와 기호들》에서 프루스트가 심리를 추적하는 작업을 고고학자의 일에 비유한다.

> 어떤 꽃의 냄새와 어떤 살롱의 광경을 연결시키는 것, 마들렌의 맛과 사랑의 감정을 연결시키는 것, 그것은 바로 기호이며, 배움이란 이 기호를 배우는 것이다. 기호로서의 꽃의 향기는 물질의 법칙과 정신의 범주를 동시에 뛰어넘는다. 우리는 물리학자도 형이상학자도 아니다. 우리는 이집트 학자가 되어야 한다. 왜냐하면 사물 사이에는 기계적인 법칙이 없고 정신 사이에는 자발적인 소통이 없기 때문이다.

기억의 재료는 서사적인 줄거리를 갖고 다가오지 않는다. 전후 맥락이 일목요연하게 연결되어 있지 않다. 지극히 단편적인 조각으로만 접근을 허용한다. 게다가 단순화된 형태의 이미지로 드러나기 때문에 해석 과정을 필요로 한다. 들뢰즈는 이를 일종의 기호로 설명한다. 프루스트가 어느 날 접한 마들렌 과자 조각이나 홍차의 맛은 기호화된 형태의 열쇠다.

이는 과학에서 접하는 물질의 법칙으로는 해결이 안 된다. 물리학은 애매성이 없는 객관적 물질을 전제로 하고, 실험 조건 아래서 움직인다. 뉴턴 물리학이 시간과 공간, 인과율 등의 제약에 물질이 순응한다는 것을 전제하고서 출발하듯이 말이다. 무의식에는 사물도 정신도 존재하지 않으며 육체와 감각이 오래 전에 접했던 기억이 있을 뿐이다.

더군다나 기호로 나타나는 기억의 조각은 항상 불분명하고 함축적이며 내포적인 의미를 담고 있다. "모든 것은 함축되어 있고 모든 것은 복합되어 있다." 그래서 이집트 학자가 피라미드나 신전의 벽, 파피루스에 적혀 있는 상형문자를 해석하고 그림의 의미를 찾아내듯이 파고 들어가야 한다. 때로는 이미 드러난 기억의 조각만이 아니라 숨겨진 원재료를 찾아, 마치 고고학자가 수천 년 동안 세상에 모습을 드러내지 않는 무덤을 발굴하듯이 어두운 지하로 내려가야 한다. 그림쇼의 그림에서 산책하는 사람은 그나마 만들어진 길이라도 걷지만 마음의 구조를 확인하는 일은 눈에 보이지 않는 길을 만들어가면서 더듬어야 한다.

과학의 성과를 적극 반영하는 진화심리학에서도 기억은 체계적으로 분류될 수 없는 것으로 본다. 뇌인지과학 연구자이자 현대 진화심리학의 권위자 중 한 사람으로 통하는 스티븐 핑커Steven Pinker는 《마음은 어떻게 작동하는가》에서 마음은 기억의 구조에 의존한다는 점을 지적한다. 문제는 기억을 체계적으로 저장하고 활용하기가 어렵다는 점이다.

심상은 기억의 구조에 속박되어 있다. 세계에 대한 우리의 지식은 한 장의 큰 그림이나 지도에 들어맞지 않는다. 일정한 입자 크기를 가진 하나의 매개에 들어맞기에는 산부터 벼룩에 이르기까지 너무나 많은 척도가 존재한다. 그리고 시각 기억은 사진을 가득 담아 놓은 구두 상자가 아니다.

필요한 사진이 구두 상자에 모두 담겨 있어서 언제든지 각각의 사진을 펼쳐놓고 손쉽게 시간대별로 순서를 정하거나 혹은 중요한 사건별로 재배치할 수 있는 것이 아니다. 게다가 감각을 통해 획득된 기억 재료는 본래의 모습 그대로 들어오지도 않는다. 이를 체스 선수들의 기억을 통해 설명하자면 체스 선수들은 체스판의 말에 대한 뛰어난 기억력으로 유명하지만 순수한 의미에서 개별 사물에 대한 기억이 월등하지는 않다. 기억력 테스트를 해보면 일반적인 사람보다 나을 게 없다. 그들은 수많은 경험을 통해 다양하게 나타나는 특정한 형국 속에서 체스판의 말들 사이의 관계를 인위적으로 조합하는 방식으로 기억할 뿐이다.

우리는 흔히 언어라는 무기가 있기 때문에 기억의 분류 작업이 체계적으로 진행될 수 있다고 생각한다. 개별 현상에서 출발해 기초 범주로 묶어세우고, 다시 중간 단계의 범주, 나아가서는 큰 범주로 일반화하는 이성 능력과 언어 기능을 통해 가능하다고 확신한다. 하지만 핑커에 의하면 "언어로 규정된 순수한 범주란 허구에 불과하다."

핑커는 우리에게 이 세계에서 날카로운 테두리를 가진 범주를 찾아보라고 묻는다. 그러나 눈으로 보기에는 너무나 분명하게 보이는 가는 선도 현미경으로 보면 경계가 불분명하다. 너무나 확실하다고 여겨지는 '어머니'라는 범주는 또 어떤가? 보통은 직접 아이를 낳은 여성 부모를 어머니라 부른다. 하지만 대리모나 양어머니, 유모는 그 범주에서 벗어난 것일까? 그토록 명확해 보이는 개념과 범주가 흐릿해진다. 너무나 친숙하고 간단한 개념 하나만 놓고 봐도 이러한 판이니 보다 예민하고 복잡한 범주로 들어가면 더 말할 나위도 없다. 인간의 기억이 처음에는 감각으로 시작되지만 저장되는 과정에서 언어 기능에 절대적으로 의존하기에 기억의 명확성은 결정적인 한계를 갖는다.

언어의 지배적 역할을 무의식 구조에 초점을 맞춰 규명한 자크 라캉 Jacques Lacan도 또 다른 측면에서 언어에 의해 휘둘리는 기억과 무의식에 주목한다.

> 주체가 언어에 의존함으로써만 스스로를 드러낼 수 있다면 그의 위치는 태어나기도 전에 보편적 운동으로서의 담론 속에 주어져 있는 셈이다. 주체는 사회가 아닌 언어 구조에 의해 종속되어 있다. – 〈무의식에서 문자가 갖는 권위〉

언어를 통한 기억이나 사용에서 기표(시니피앙)와 기의(시니피에) 관계는 중요한 역할을 한다. 인간은 언어를 통하지 않고는 기억하거나 사고할 수 없는 존재인데, 언어 자체가 확실성을 지닐 수 없다. 이를 기표와 기의 관계를 통해 규명한다. 기표란 언어의 형식이고, 기의는 그 형식을 통해 부여되는 의미다. "기표가 기의를 지배한다. … 기의는 기표로서만 존재할 수 있다." 우리의 정신을 지배하는 것은 기표다.

예를 들어 어느 두 개의 문 위에 '남'이라는 단어와 '여'라는 단어가 있을 때 우리는 거의 자동적으로 남자 화장실과 여자 화장실을 떠올린다. '남'이나 '여'가 갖는 본래적 의미, 즉 기의는 뒤로 젖혀지고 형식으로서의 기표가 우리의 무의식과 의식을 지배한다. 기의와의 대응관계를 벗어나 기표가 절대적 지위를 차지한다. 인간을 기표에 의해 움직이는 존재로 굳어버리게 한다.

우리의 의도와 무관하게 만들어진 언어 형식, 그것도 사회 내의 이해관계에 의해 굴절되거나 왜곡된 기표에 의해 기억은 흔들린다. 실제의 의미는 감추어지거나 왜곡되고, 변질된 형식이 이를 대신한다. 그러므로 기표에 의해 지배당하는 이상, 그만큼 자율적이고 확고한 의식이나 무의식이라는 설정 자체가 성립할 수 없다. 문제의 해결은 언제 어디에서 어떻게 기억과 무의식에 대한 억압이 이루어졌는지를 분석하여 현실의 욕망과 차이가 나타나는 지점을 찾아내는 일 즉, 정신분석에서 시작된다.

마음의 구조를 찾아서

무의식과 의식의 관계, 무의식의 구조를 이해하기 위해서는 우선 억압에 대한 이해가 필요하다. 무의식은 의식에 직선으로 연결되지 않는다. 마음속의 억압을 파악해야 눈에 보이지 않는 길을 더듬거리며 무의식으로 다가갈 수 있다. 프로이트는《자아와 이드》에서 무의식과 연관된 억압과 저항을 설명한다.

어떤 관념이 의식화되기 전에 존재한 상태를 우리는 '억압'이라고 부른다. 그리고 그 억압을 만들고 유지시키는 힘을 분석 작업 중에 나타나는 '저항'이라고 생각한다. 이와 같이 우리는 억압의 이론에서 무의식의 개념을 얻는다. 억압된 것이 무의식의 원형이다.

이 저항 때문에 쉽사리 무의식과 대화를 나누지 못한다. 《정신분석 강의》에서는 이를 두 개의 방으로 설명한다. 정신 안에는 무의식과 의식이 각각 거처하는 방이 있다. "두 방 사이의 문턱쯤에서 한 문지기가 심리적 충동을 걸러내고 검열하는데, 자기 마음에 들지 않으면 두 번째 방에 들어서지 못하게 한다." 만약 무의식적 충동이 방문턱까지 왔는데 문지기에게 제동 당하면, 즉 '방어기제'가 작동하면 의식할 수 없다. 억압은 관념이 의식화되기 전에 존재한다. 억압된 무의식은 의식적 정신 분석 작업에 저항한다.

저항으로 인해 무의식은 두 종류로 나뉜다. 잠재되어 있으나 의식화할 수 있는 것을 전의식이라 부른다. 다음으로 억압되어 있어서 자체로는 의식화할 수 없거나 어려운 것을 무의식이라고 부른다. 개념으로 구분했지만 전의식과 무의식은 모두 기본적으로 무의식에 속한다. 무의식을 두 종류로 구별함으로써 정신 구조를 3개의 층으로 구분할 수 있다. 의식과 전의식, 무의식이다.

의식, 전의식 그리고 그 의미가 더 이상 순전히 서술적이지만은 않은 무의식이라는 세 용어를 갖게 되었다, 전의식은 무의식보다는 의식 쪽에 훨씬 가까이 있다. … 서술적 의미로는 두 종류의 무의식이 있고 역동적 의미로는 하나의 무의식밖에 없음을 잊지 않는다면, 의식 · 전의식 · 무의식이라는 용어를 자유자재로 구사할 수 있다. – 《자아와 이드》

전의식은 쉽게 의식에 접근할 수 있고, 일시적으로만 무의식적이다. 무의식은 전의식으로 자유롭게 흐르지 않는다. 둘 사이에 검열이 작동하기 때문이다. 전의식은 무의식과 의식 사이에 있기 때문에 한편으로 성적 본능을 비롯한 일차적 요소에 영향을 받지만, 다른 한편으로 의식처럼 언어와 논리적 사고를 사용하는 이차적 과정에 의해 작용하는 경향이 있다.

그러므로 어떤 본능적 욕망을 성취하고자 하는 원동력은 무의식에 있고, 이를 비판하고 검열하는 기능은 전의식이 담당한다. 정신활동 방향은 무의식에서 전의식을 거쳐 의식으로 나아간다. 무의식은 주로 소원 성취, 전의식은 검열 기능에 작용한다. 무의식은 끊임없이 의식으로 나아가는 통로를 확보하려는 경향을 갖는다. 그런데 전의식은 무의식이 의식에 이르지 못하도록 통로를 병풍처럼 가로막고 저항 · 검열하는 역할을 한다. 그렇기 때문에 꿈에서는 무의식이 그대로 드러나지 않고 상징화되거나 왜곡 · 굴절된 형태로 나타난다.

의식이 언어와 논리적 사고를 사용한다고 해서 감각이나 감정과 다른, 별도의 독립적 통로를 통해 스스로를 완성한다는 의미는 아니다. 기본적으로 의식도 무의식과 마찬가지로 경험과 감정에 의존한다. 의식도 외부세계의 자극을 감각적 경험을 통해 접촉하는 과정에 의해 형성된다. 이때 즐거움과 불쾌감이라는 감정이 중요한 역할을 한다.

어떤 사물이나 현상을 접했을 때 우리 몸과 감정은 일차적으로 쾌감과 불쾌감의 방식으로 반응한다. 예를 들어 뜨겁거나 따가운 물건을 만졌을 때 감각으로 전달되는 불쾌한 느낌이 그에 대한 감정과 기억을 형성한다. 반대로 감각에 즐거움을 전달하는 사물이나 현상에 대해서는 다른 감정의 형태로 기억된다. 단순히 사물만이 아니라 부모나 다른 사람과의 관계에서도 비슷한 과정을 거쳐 특정한 감정이 기억으로 저장된다.

무의식은 보다 거칠고 정돈되지 않은 감각과 감정을 직접 담아내는 경향이 있다. 쾌감과 불쾌감을 보다 본래적 느낌 그대로 접했기 때문에 쉽사리 없어지지 않는다. 의식은 다만 감각과 감정을 통해 걸러진 정보를 언어를 사용하여 논리적으로 재구성하는 특성을 지닌다.

그러므로 무의식의 근원에는 쾌와 불쾌 감정을 통해 만들어진 기억조직이 있다. 그리고 그 안으로 더 파고 들어가면 기억조직을 가능케 한, 감각이 받아들인 신체적 정보 상태 그대로의 지각조직이 있다. 무의식을 확인할 수 있는 우리의 꿈은 본래의 근원으로 되돌아가는 과정으로 나타난다. 프로이트는 이를 퇴행이라고 부른다.

> 퇴행적 사고 변화에서 억압되었거나 무의식적이고 대부분 유아기에서 비롯된 기억의 영향을 간과하지 말아야 한다. … 그러한 기억은 자신과 결합되어 있으며 검열 때문에 표현이 제한된 사고를 묘사 형식으로 퇴행에 끌어들인다. 기억 자체는 이러한 묘사 형식 속에 심리적으로 존재한다.
>
> ―《꿈의 해석》

꿈은 의식을 떠나 그 의식을 이루어왔던 이전 요소로 거슬러 돌아가는 과정이다. 의식이 '전의식→무의식→기억조직들→지각조직'의 4단계를 거쳐 역행한다. 퇴행은 무의식이 점차 근원적 요소로, 나아가서는 감각적 재료로 해체되는 과정이다. 전의식에서 무의식으로 가는 동안 무의식의 검열이라는 방어기제가 작동하기 때문에 왜곡된 방식으로 꿈이 만들어진다. 심지어 무의식의 원래 재료인 기억조직과 지각조직으로까지 내려간다. 기억조직은 무의식을 형성하는 여러 기억의 조각이다. 지각 조직은 기억을 가능케 했던 감각적 경험을 의미한다.

초현실주의 화가로 잘 알려진 살바도르 달리Salvador Dali의 〈기억의 고집〉은 그림 자체만으로는 보는 이를 어리둥절하게 만든다. 강인지 바다인지 모를 물과 경계 지점에 솟아 있는 절벽이 배경으로 등장한다. 앞에서 시계가 녹아내리듯이 휘어지고 처진 모습으로 널려 있다. 우리를 더 당황스럽게 하는 것은 중앙에 있는, 시계 밑에 널브러져 있는 이상한 물체다. 물고기 같기도 하고, 무슨 밀가루 반죽 같기도 한데, 무어라고 지칭하기가 어렵다. 그래서 어떤 사람은 이런 그림이 왜 유명한지 모르겠다며 고개를 갸우뚱거린다.

하지만 프로이트의 논리와 연관시켜 보면 한결 이해하기가 쉽다. 전의식의 검열 작용으로 인하여 꿈에 나타나는 무의식은 변형된다. 기억조직도 처음에 생성됐을 때의 그대로가 아니라 변형된 형태로 나타난다. 달리의 그림에서 사물이 왜곡된 형태로 나타나는 것은 이 때문이다. 그런데 더 파고 들어가면 기억조직은 지각조직에 의존한다. 지각은 일차적으로 자연의 일부인 신체 감각을 출발로 한다. 달리의 그림에 등장

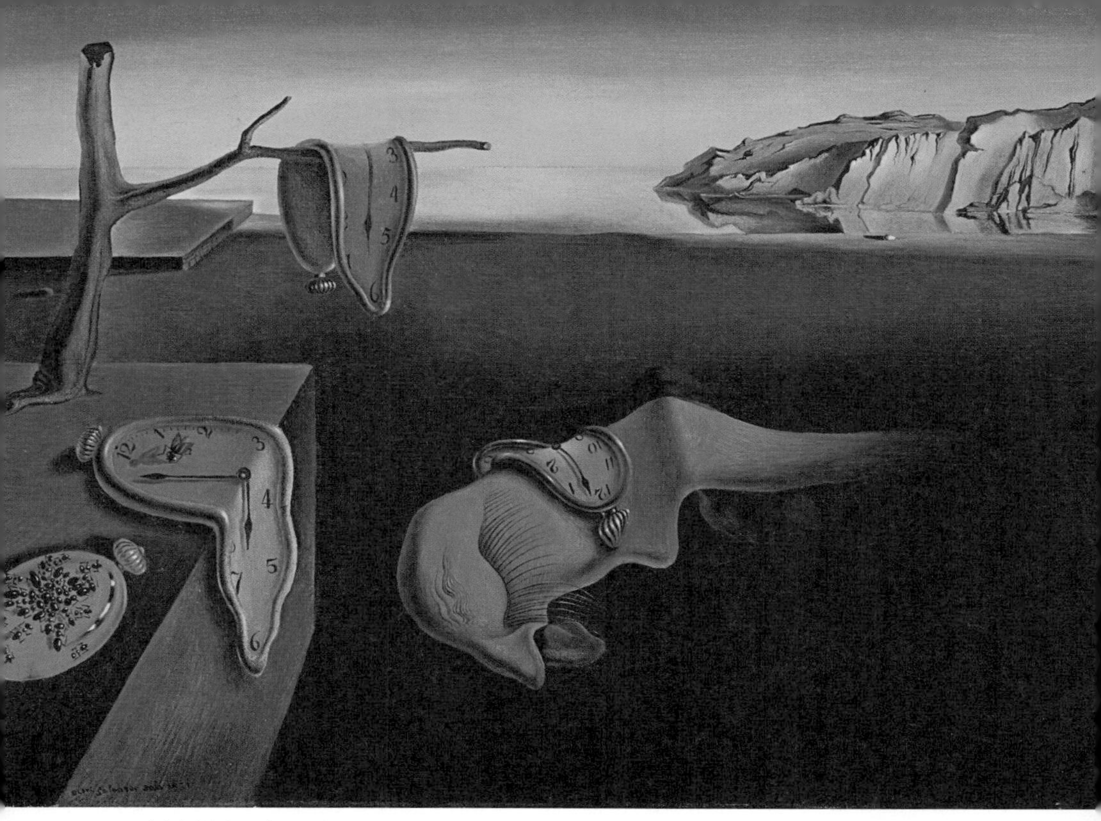

달리, 〈기억의 고집〉, 1931년

하는 산과 물은 자연으로서의 신체 감각 작용을 상징하는 듯하다. 그리고 시계 밑에 널브러져 있는 이상한 물체는 그 자체로는 어떠한 형태도 갖지 못하는 감각의 상태를 보여주려는 의도가 아닐까 싶다.

녹아내린 시계는 프로이트의 또 다른 문제의식과도 연관된다. 의식과 무의식은 시간과 맺는 관계에서도 구별된다. 의식은 현재의 시간과 공간에 긴밀하게 연결되어 있다. 하지만 의식과 달리 무의식은 시간의 제약에서 벗어나 있다.

정신분석적 발견의 결과로 오늘날 우리는 '시간과 공간이 사고의 불가결한 형식'이라는 칸트의 법칙을 논해야 할 입장에 있다. 무의식적 정신 과정은 무시간적이다. – 〈쾌락원칙을 넘어서〉

이성을 중심으로 한 의식 작용은 시간과 공간이라는 기본적 틀 내에서 이루어지는 활동이다. 하지만 무의식은 무시간적이다. 우선 무의식 내에 시간적 질서가 없다는 의미에서 그러하다. 무의식을 형성하는 억압된 욕구는 시간의 순서에 따라 나열되거나 나타나지 않는다. 기억도 못할 만큼 아득한 과거에 강제된 억압이 최근의 불안을 형성하는 가장 중요한 요인으로 등장할 수 있다. 또한 시간이 무의식을 변화시키지 못한다는 점에서도 무의식은 시간에서 벗어나 있다. 시간이 흘러 나이가 든다고 해서 무의식의 힘이 옅어지거나 사라지는 것은 아니다. 그만큼 무의식에 논리적 시간과 공간 개념이 들어설 자리가 없다.

무의식에서 시간의 경계가 무너지는 현상은 프루스트의 《잃어버린 시간을 찾아서》의 〈소돔과 고모라〉편에서 드물지 않게 등장한다. 시간의 의미는 무의식의 계기로 극명하게 드러나는 꿈을 매개로 전혀 다른 국면을 맞이한다.

그는 시간 바깥에, 시간의 한계를 넘은 곳에 있다. 잠을 잤는지, 몇 시간이나 잤는지 모르니까, 며칠 동안이 아닐까 생각한다. 물론 하루라고 여긴 게 시계를 보니 15분에 지나지 않는다는 이유 때문에 지난 게 한때에 지나지 않는다고 우기는 사람도 있다. … 또 하나의 시간이라기보다 어쩌면 그 이상의 것, 또 하나의 삶이라 하겠다. … 또 하나의 삶, 곧 잠든 때의 생활은 그 깊은 부분이 시간의 범주에 속하지 않을지도 모른다.

누구나 종종 겪는 일이다. 아침에 깨어나기 직전 몇 분에 불과한 시간이지만 그 꿈 안에서 여러 시간에 해당하는 일이 파노라마처럼 펼쳐지는 경우 말이다. 심지어 서로 연관성이 분명하지 않아 보이는 여러 공간이 겹쳐 나타나는 경우도 있다. 시간의 흐름이 논리적인 틀 안에서 작동하지 않는다. 가위에 눌린 경험이 있는 사람이라면 그 짧은 순간이 얼마나 한없이 긴 시간으로 편집되어 나타나는지 잘 안다. 과거에서 현재를 거쳐 미래로 가는 상식적인 순서조차 교란되곤 한다. 과거로 거슬러 올라가고, 서로 다른 시간이 뒤죽박죽 뒤섞이기도 한다.

그러한 의미에서 꿈, 그리고 무의식은 시간의 한계를 넘어서는 곳에 있다. 합리성의 세계 속 시간과는 다른 방식으로 흐르는 시간이다. 그리고 그 시간은 단순히 기계적인 의미에서 측정되는 의미에 머물지 않는다. 그 시간은 감정을 동반하기 때문이다. 현실에서는 무미건조한 감정이 지배하지만, 꿈속에서는 낮 동안 상상하지도 못한 육욕의 즐거움이 오래 지속되는 적이 있다. 잠에서 깨면 다시는 되풀이될 수 없는 즐거움이 사라져버린다. 다시 말해 여느 삶이 아닌 또 하나의 삶에서 즐거움을 가졌던 것이다. 그렇기 때문에 꿈이나 무의식에서 경험하는 또 하나의 시간은 또 하나의 삶이다.

달리의 〈기억의 고집〉은 시간의 논리성이 사라진 무의식 세계의 단면을 묘사했다. 흔히 시간은 정확성을 상징한다. 적어도 지구 안이라면 어디에서나 1분의 길이는 같고, 언제나 과거에서 현재를 거쳐 미래로 향한다. 말 그대로 규격화된 규칙성이 지배한다. 하지만 그림에서 시간은 정확성의 신화를 벗어던진다. 시계가 녹아내린다. 자연의 나무 위든, 인공적 사물 위든 흘러내리는 시계 속에서 시간은 본래의 규격화된 틀을 유지하지 못한다. 태곳적 모양을 간직한 듯한 감각의 상징 위에 널브러진 시계도 여지없이 흘러내린다. 인류가 생긴 이래 현재에 이르기까지 무의식 세계 안에 시간의 자리가 없음을 보여주려는 의도인 듯하다.

꿈을 꾸거나 무의식으로 다가서는 일은 아득한 과거 상황으로 돌아가는 일종의 퇴행이고, 어린 시절과 어린 시절을 지배했던 충동과 당시 사용했던 표현 방식의 재생이다. 기억조직과 지각조직으로까지 들어간다는 점에서 아주 오래 전으로 거슬러 올라가는 작업이다. 그렇기 때문에 비록 의식하지 못할지라도, 유년 시절에 강한 감각 자극과 인상을 남긴 체험과 사건은 정신 내부의 기억 조직에 여전히 흔적을 새겨 놓는다. 그러므로 유년기의 경험과 충격이 무의식의 형성에 결정적인 영향을 준다.

프로이트는 유년기에 가장 강렬하게 작용하는 에너지와 경험을 성본능이나 성충동에서 찾는다. 태어나면서부터 서서히 발달하는 성 에너지를 '리비도Libido'라고 부른다. 그리고 성을 중심으로 한 본능적 에너지, 즉 리비도의 저장고를 '이드id'라고 칭한다.

우리는 흔히 마음의 진정한 주인을 '자아'라고 여긴다. 자아가 자신을 다른 사람과 구별시켜주는 가장 중요한 정체성이라고 생각한다. 어떤 경우에는 자아가 정신이나 마음을 대신하는 말로 쓰이기도 한다. 하지만 프로이트에 의하면 이드가 마음의 주인이다.

> 마음의 구조를 이드 · 자아 · 초자아로 구분하는 것이 지식의 진보를 의미한다면, 마음속의 역동적 관계를 더 철저히 이해할 수 있게 해준다. … 본능이 이드에 대해서 갖는 것과 같은 의미를 지각이 자아에 대해 가질 수 있다. 그와 동시에 자아는 이드와 같이 본능의 영향에 종속된다. 자아는 특별히 변형된 이드의 일부분에 불과하다. —《자아와 이드》

자아는 이드와 초자아에 둘러싸여 있다. 초자아는 사회나 이상 측면과 관계를 맺는다. 인격의 사회적 가치와 양심 · 수치감 · 후회, 가족이나 그 밖의 집단이 추구하는 공동의 이상 등은 모두 초자아의 기능적 측면에 해당한다. 대부분의 심리학자와 철학자도 자아가 가족이나 사회적 관계와 상당히 연관되어 있다는 점에 공감한다. 생철학으로 잘 알려진 앙리 베르그송Henri Bergson도《도덕과 종교의 두 원천》에서 이 점을 강조한다.

> 우리 각자는 자신에게 속하는 만큼 사회에도 속한다. … 자아가 매달리는 곳은 사회화된 인격체로 구성된 조직 안에 들어가는 지점이다. 그 지점의 견고성은 상호 연대성의 정도에 달려 있다. 그리고 자아가 매달리는 지점에 사회화된 자아가 있다.

우리는 가족이나 사회적 관계 속에서 다른 사람과 상로 의존 관계를 형성한다. 그리고 개인에게 행위의 원칙으로 강제되는 사회적 가치와 양심 · 수치감 · 후회 등이 작용한다. 물위에 떠 있는 수생 식물은 끊임없이 물결에 흔들린다. 그런데도 그 잎은 수면 위에서 서로 결합하고 얽힘으로써 서로에게 안정을 준다. 뿌리는 수생 식물이 부유하며 떠다니지 못하도록 붙잡아주는 역할을 한다. 초자아에 작용하는 규범도 비슷한 역할을 한다. 그리고 초자아는 자아에 영향을 주는 방식으로 연결된다.

물론 구체적인 내용으로 들어가면 프로이트와 베르그송을 동일선상에 놓을 수는 없다. 프로이트는 가족 안에서 형성된 성적인 요인에 더 주목한다. 자아만이 아니라 초자아도 이드로부터 강한 영향을 받기 때문이다. 자아와 초자아는 모두 이드로부터 발전한 것이다.

> 자아는 특별히 변형된 이드의 일부분에 불과하다. … 초자아는 의식적 자아에서는 독립성을, 무의식적 이드와는 밀접한 관련성을 드러낸다. – 《자아와 이드》

초자아는 대부분 무의식적이다. 하지만 자아와 초자아가 모두 이드에 젖줄을 대고 있더라도 동일한 원리에 근거하지는 않는다. 자아는 현실 원리, 초자아는 도덕 원리의 지배를 받는다. 초자아는 내부로부터 선악 판단을 내려 행동을 촉진하거나 제약하는데, 그러한 선악판단과 도덕원리는 서양 주류철학의 견해와는 달리 의식에서 나오지 않는다. 성적 욕망과 연관된 오이디푸스 콤플렉스가 도덕 감정의 근원이다. 유아기에 부모를 사랑의 대상으로 집착하는 욕망과 이를 죄악으로 규정하는 금기 사이에서 도덕 감정이 시작된다. 그러므로 초자아는 부모의 목소리고 오이디푸스 콤플렉스의 후예다.

자아는 무의식의 영향을 받는 이드와 초자아 사이에서 부분적으로만 마음에 영향을 미칠 뿐이다. 이드는 리비도의 저장고로서 쾌락을 추구하고 불쾌함을 피하는 쾌락원리만을 따른다. 도덕도 선악도 없으며 논리적 사고도 작용하지 않는, 생물학적 과정과 밀접하게 연결되어 있는 무의식 영역으로서 성적 에너지의 지배 아래 있다.

> 이드는 충동에서 나온 에너지로 채워져 있다. 거기에는 어떤 조직 체계나 단일화된 의지도 없다. 오로지 쾌락원리에 따른 본능적 욕구 충족을 위한 충동만이 있을 뿐이다. – 〈심리적 인격 해부〉

결국 자아는 이드와 초자아에 둘러싸여 있다. "동시에 두 주인을 섬기지 말라는 속담이 있다. 불쌍한 자아는 훨씬 힘들다. 엄격한 주인 셋을 섬겨야 한다. … 자아가 섬기는 세 주인은 외부세계, 초자아, 그리고 이드다." 자아는 세 주인을 만족시키기 위해, 세 주인에게 동시에 복종하기 위해 애를 쓴다. 세 개의 서로 다른 방향에서 조여 들어오는 힘을 느끼면서 세 가지 위험에 노출되어 지나친 압박을 받으면 불안과 공포로 반응한다.

그렇다고 해서 자아가 이드에 비해 일방적으로 무력하다고 생각해서는 안 된다. 자아도 이드와 초자아에 영향을 준다. 그런 점에서 자아는 무력하지만은 않다. 이드의 욕구가 현실적으로 모두 충족될 수는 없기에, 자아는 에너지가 사회에서 받아들여질 수 있는 형태로 발산되도록 발전시킨다. '방어기제'를 통해 본능적 에너지가 받아들여질 수 있는 형태로 전환시킨다. 자아는 이드와 초자아의 요구를 중재하고 통제하는 역할을 한다.

그렇기 때문에 정신분석의 과제는 무의식에서 출발하되 의식으로 향한다. 프로이트는 무의식을 의식 차원으로 끌어올림으로써 억압과 함께 신경증의 조건을 제거할 수 있다고 주장한다. 나아가서 병의 원인으로 작용하는 갈등 역시 해결이 가능한 정상적 갈등으로 전환시킬 수 있다고 말한다. 이를 통해 이드가 지배하는 쾌락원칙에서 자아의 현실원칙으로 나아갈 수 있다. 이렇게 정신분석은 자아가 현실원칙을 따르도록 하는 데 초점을 맞춘다. 현실원칙도 근본적으로는 쾌락을 얻기 위해 노력한다. 다만 그때의 쾌락은 비록 지연되거나 감소된 것이지만 현실에 의해서 보장된 쾌락이다.

3장

무의식은 개인적인가, 사회적인가?

레핀 〈이반뇌제와 아들〉, 볼핀치 《그리스로마 신화》, 아들러 《심리학이란 무엇인가》

일리야 레핀, 〈이반뇌제와 아들〉, 1885년

광기는 어디에서 비롯되었는가?

러시아 사실주의를 대표하는 화가 일리야 레핀Ilya Repin의 〈이반뇌제와 아들〉은 19세기 중반에 일어난, 이반 4세의 끔찍한 사건을 담고 있다. 고작 세 살의 나이에 모스크바 대공국의 대공에 오른 후 러시아 최초의 차르가 된 이반 4세는 잔혹한 폭군 통치자로 유명했다. 친위부대를 조직해 '살인면허'를 주고 반대세력에 대한 무자비한 제거 작업에 나섰다. 게다가 친위부대가 자행하는 처형 광경의 관람을 즐기는 등 정신적으로 정상이라고 보기 어려울 정도로 잔인한 면모를 유감없이 보여준 인물이었다.

레핀의 그림은 그의 잔인성이 정치적 반대자만이 아니라 가장 가까운 가족에게까지 나타나는 장면을 보여준다. 사건의 발단은 임신한 며느리가 한 겹 치마를 입은 데서 비롯된다. 황실 전통에는 세 겹 이상의 치마를 입도록 되어 있는데, 임신한 몸이 불편해서인지 한 겹 치마를 입었는데, 이를 본 황제의 분노가 폭발했다. 황족의 품위에 먹칠을 했다며 쇠 지팡이를 휘둘렀다. 아내를 보호하기 위해 폭행을 만류하던 황태자가 아버지의 쇠 지팡이에 맞아 즉사한다. 황제가 정신을 차렸을 때

낭자하게 피를 흘리며 아들은 죽어 있었고, 이 사건의 충격으로 황태자비는 유산을 겪었다.

그림은 한바탕 광기가 휘몰아친 현장을 생생하게 담아내고 있다. 이반 4세가 숨통이 끊긴 아들의 시신을 끌어안고 있다. 한 손으로 머리에서 흐르는 피를 막아보지만 손가락 틈새로 쉴 새 없이 흘러나온다. 주변의 물건도 광기 어린 행동의 흔적을 담고 있다. 뒤로는 의자와 쿠션이 나뒹군다. 바닥의 양탄자도 심하게 헝클어져 있어서 긴박했던 순간을 암시한다.

이반 4세의 광기를 어떻게 봐야 하는가? 처형 장면을 보며 희열을 느끼고, 옷차림 하나 때문에 살기를 품고 며느리에게 쇠 지팡이를 휘두르고, 결국은 자기 아들을 직접 때려죽인 행위는 이른바 사이코패스라고 부르는 자의 행위와 다를 바가 없다. 심리의 밑바닥에 무엇이 꿈틀거렸기에 광기를 분출했을까? 순수하게 개인의 사정에서 비롯된 것인가, 아니면 사회적 요인이 만들어낸 결과인가? 광기의 정체를 제대로 이해하기 위해서는 그 뿌리가 어디에 있는지를 살펴야 한다. 정신분석을 포함한 심리학에 있어서 가장 중요한 쟁점은 무의식의 형성 원인을 개인과 사회 중에 어디에서 찾아야 하는가의 문제다.

많은 심리학자들은 신화를 통해 인간의 조건과 마음을 통찰할 수 있다고 여겼다. 그리스 · 로마 신화 중에 나르키소스Narcissus에 얽힌 이야기도 심리학 소재로 많이 사용되어 왔다. 정신분석학에서는 이 신화를 빌어, 자기 육체나 자아가 사랑 대상이 되는 상태인 자기애自己愛 경향을 나르시시즘Narcissism이라 부른다. 이 신화를 둘러싸고도 심리의 근저를 파악하는 데 개인과 사회 가운데 어디에 초점을 두느냐에 따라 서로 다른 견해로 나뉜다.

신화 줄거리는 대략 다음과 같다. 아름다운 청년 나르키소스는 수많은 여인의 구애를 받았지만 냉혹한 태도를 보였다. 헤라는 제우스의 외도를 도와준 괘씸죄로 에코에게 다른 사람의 말 가운데 마지막 음절만 반복하는 형벌을 내린다. 이 저주로 인해 나르키소스에게 사랑을 전하지 못하고 야위어만 가던 에코는 나르키소스도 자신과 똑같은 고통을 느끼게 해달라고 복수의 여신 네메시스에게 빈다. 그리하여 나르키소스는 자신과 사랑에 빠지고 만다.

어느 숲에 물이 은빛으로 반짝이는 맑은 연못이 있었다. 목자들도 그곳으로는 양 떼들을 몰지 않았고, 산양을 비롯해 숲 속에 사는 다른 짐승들도 다가가지 않아서, 수면이 더렵혀지는 일 없이 항상 물이 맑은 연못이었다.

> 어느 날 나르키소스가 사냥과 더위와 갈증으로 잔뜩 지쳐서 연못에 왔다. 몸을 굽혀 물을 마시려 할 때, 물속에 비친 자기 그림자가 눈에 들어왔다. 그는 연못에 사는 아름다운 물의 요정인 줄 알았다. 빛나는 두 눈과 디오니소스나 아폴론의 머리카락처럼 곱슬곱슬한 머리카락, 둥그스름한 볼, 상아 같은 목, 갈라진 입술, 그리고 이 모든 것에서 빛나는 건강하고 운동으로 단련된 모습이 못 견디게 좋아졌다.

나르키소스가 키스하려고 입을 대거나 포옹하려고 팔을 물속에 담그면 그 순간 연못에 물결이 일어 그 사람은 사라져버렸다. 하지만 조금 있으면 다시 돌아와 매력을 발산하기에 연못을 떠날 수 없었다. 먹거나 자는 것도 잊고 연못 주변에서 서성거리며 자기 그림자만 바라보는 시간을 보내게 되었다. 그러는 와중에 물의 요정이라고 착각하고 있는 자기 그림자에게 거듭 말을 걸었다.

> 아름다운 이여, 그대는 왜 나를 피하는가? 내 얼굴이 싫어할 정도로 못생기지는 않았을 텐데, 그대도 내게 무관심하지는 않은 것 같은데, 내가 팔을 내밀면 그대도 내밀고, 내게 미소를 짓고, 내가 손짓을 하면 그대도 손짓을 하니 말이야.

아무리 절절한 표정과 말로 구애를 해도 당연히 상황은 전혀 달라질 게 없었다. 식음을 전폐했기 때문에 날이 갈수록 나르키소스의 얼굴은 초췌해지고 힘은 쇠약해졌다. 수많은 님프나 에코를 설레게 했던 아름다움은 신체에서 사라지고 마침내 야위고 쇠약해지다가 탈진하여 죽고 말았다. 그의 망령은 지옥의 강을 건널 때도 물속에 비친 자기 모습을 찾으려고 뱃전에서 몸을 내밀었다고 한다. 그가 죽은 자리에 한 송이 꽃이 피어났는데, 속은 자줏빛이고 겉은 하얀 잎으로 둘러싸여 있었다. 그 꽃은 나르키소스(수선화)라 불리며 그의 추억을 영원히 간직하고 있다.

카라바지오Caravaggio의 〈나르키소스〉에서 물에 비친 자신의 모습에 매혹되어 있는 나르키소스의 간절함이 느껴진다. 수많은 화가가 이 신

카라바지오, 〈나르키소스〉, 1594년

화를 화폭에 담았다. 오랜 세월에 걸쳐 다양한 화풍이 유럽 미술계를 번갈아 풍미했지만 이 신화는 언제나 인기 소재였다. 화풍에 따라 다르게 각색되어 형상화되었을 뿐 그림의 기본 구성 요소는 한결같았다. 깊은 숲, 연못 주변의 돌과 풀, 연못과 그 안에 비친 자기 그림자에 빠진 나르키소스를 등장시키는 것은 공통적이었다. 다만 이러한 구성 요소를 어떻게 조합하고 묘사 방법을 다르게 선택하느냐, 나르키소스를 사랑한 에코가 조연으로 옆에 등장하느냐의 차이가 있었다.

카라바지오의 〈나르키소스〉는 이전의 그림에서 보이는 군더더기를 모두 걷어내고 오직 나르키소스에만 집중한다. 그림을 보면 물에 비친 자신을 하염없이 응시한다. 땅에 몸을 밀착하는 것은 물론이고, 물에 몸을 담가서라도 사랑하는 이에게 좀 더 가까이 다가가려는 듯하다. 물 안과 밖의 나르키소스가 대칭을 이루고 있어서 우리의 시선을 그에게 더 묶어세우는 효과가 극대화되고 있다. 응시를 넘어 물에 비친 자신과 일체화된 느낌이다.

이 그림에서 보이는 나르키소스의 절박함을 가장 잘 표현한 시가 한 편 있다. 《실낙원》의 저자이자, 셰익스피어에 버금가는 대시인으로 평가되는 영국 시인 존 밀턴John Milton의 가면극 〈코머스〉에 담긴 다음 대목은 나르키소스의 간절함을 피부로 느끼게 해준다.

맑고 매끄러운 호수, 하늘이 여기에 있다.
구부려 바라보았어.
저 깊이에, 물속 어슴푸레한 빛 속에 어떤 모습이 구부려 나를 보고 있어.
내가 뒤로 주춤하면 저쪽도 주춤,
즐거워 곧 다시와 보면 기쁜 모습으로 거기에 있고.
왠지 동정과 사랑의 모습인 것을,
꼼짝 않고 서서 움직이면 사라질 것을 보고 말았지.

왜 목소리가 이렇게 주의주지 않았죠?

'아름다운 이, 넌 이미 네가 본 그것을 가지고 있단다.'

그리스 · 로마 신화는 고대 그리스 시대만이 아니라 이후에도 학문이나 예술에서 상상력을 불러일으키는 좋은 소재로 쓰였다. 그리스 · 로마 신화가 다신교에 기초한 내용이기 때문에 확고한 유일신 체제인 기독교의 통제 아래 있던 중세시대에는 주춤한 면이 있었다. 하지만 중세의 엄혹한 눈초리 아래에서조차 드물긴 하지만 몇몇 중요한 신화는 명맥을 유지했다. 그러다가 르네상스를 기점으로 인간과 자연의 재발견의 매개를 그리스 · 로마 문화에서 찾으면서 신화도 일대 부활을 맞이하게 된다.

이후 근대를 거쳐 현대에 이르기까지 신화의 의미는 학문이나 예술에서 각각의 경향에 맞게 재조명되고 재해석되는 방식으로 끊임없이 되살아난다. 특히 그 가운데 몇몇 이야기는 정신분석을 비롯하여 심리학의 주요 주장을 펼치는 중요한 매개로 자주 사용된다. 나르키소스 신화도 대표적인 경우다. 사랑하는 이가 사랑받는 자이고, 구애하는 이가 구애받는 자가 된 상황인 나르시시즘은 프로이트가 정신분석 용어로 사용한 후에 대중적으로 널리 알려졌다. 이 신화에 대한 심리학적 해석을 놓고도 개인적 요인과 사회적 요인 가운데 무엇을 중심으로 접근할 것인지가 나뉜다.

성적인 요인의 나르시시즘

프로이트의 정신분석은 두 가지 요인이 혼재되는 방식으로 나타난다. 문제의식의 기본 출발점이 그러하듯이 나르시시즘도 리비도, 즉 성적인 에너지에서 비롯된다. 《정신분석강의》에서 나르시시즘은 소수의 특별한 사람에게 국한된 문제가 아니라 모든 사람에게 이미 가능성으로 주어진다.

> 리비도가 다른 대상이 아닌 자기 몸과 자신에 대해 집착한다면, 그런 현상은 예외적이거나 사소한 사태가 아닐 수 있다. 오히려 나르시시즘이 일반적이고 근원적인 상태다. 즉 나르시시즘이 먼저 나타나고 나중에 가서야 대상에 대한 사랑이 형성되는데, 그렇다고 해서 나르시시즘이 사라지는 것은 아니다.

리비도는 나 아닌 다른 사람을 대상으로만 획득된다고 생각하면 오해다. 대상을 포기하고 그 대신에 자기 자신을 설정할 수 있다는 생각에 익숙해져야 한다. 나르시시즘은 자기의 육체나 자아가 사랑의 대상이 되어 있는 상태다.

프로이트에 의하면 인간은 본래 유아기에 자신을 관심의 대상으로 하는 1차적 나르시시즘 단계에 있다가 점차 외부의 대상, 즉 어머니나 이성으로 향한다. 유아기에 성의 첫 단계는 1차적 나르시시즘, 즉 자기 몸에서 쾌감을 얻는 방식으로 나타난다. 성적 욕구는 최초에 입을 거쳐 항문으로 나아간다. "유아기에 어머니의 유방을 빠는 행위는 일생에 걸친 성생활의 단초다. … 유아기의 성적 대상은 자신의 신체다. 음식 섭취에서 볼 수 있는 현상은 부분적으로 배설 행위에서도 반복된다." 최초의 성적 욕구는 입에서 시작된다. 이후 항문과 성기로 나아가지만 입은 오랜 기간 무의식에 영향을 미친다. 사람들은 사랑하는 대상에 대해 맛있어 보인다고 한다. 좋아하는 사람을 사탕이라고 표현하기도 한다. 꿈에 나오는 단것이나 사탕 등은 항상 포옹이나 성적 만족을 나타낸다.

성적 욕구의 정상적인 발달 단계에 의하면 자신의 입 · 항문 · 성기에서 욕구를 느끼다가 나중에 다른 사람을 향해 나아간다. 하지만 모든 사람이 이 단계를 밟아서 대상으로 나아가는 것은 아니다. 1차적 나르시시즘 단계를 탈피하지 못하고 계속 묶여 있는 사람이 있는가 하면, 성장 과정에서 애정생활이 위기에 직면하여 상대를 사랑할 수 없게 될 때, 다시 자신을 사랑하는 상태로 돌아가는, 2차적 나르시시즘 단계에 들어간다.

2차 나르시시즘 단계는 누구나 겪는 자연스러운 과정인 1차 단계와는 판이한 성격을 지닌다. 정상적 과정에서 이탈하여 자아의 중요성이 너무 과장되어 장애에 이른 상태, 자아 감각의 인플레이션 상태라는 점에서 병리적 증상에 해당한다. 나르시시즘의 특징은 자신에 대한 집착에 머무는 것이 아니라 다른 사람에게 흥미나 관심을 보이지 않는 것으로 나타난다. 내 안에 내가 너무도 많기 때문에 외부 세계에 대한 현실 인식이 떨어진다. 특히 자기와 다른 성적 대상에 대한 흥미와 관심이 사라지기에 나르시시즘은 동성애와 아주 긴밀한 관련을 맺는다.

동성애자들이 성적 대상을 선택하는 방식은 원래 이성 사이의 사랑보다는 나르시시즘에 더 가깝습니다. 만약 원치 않는 강렬한 동성애 충동을 몰아내는 것이 문제일 때, 나르시시즘으로 돌아가는 과정은 아주 쉬워집니다.

나르시시즘과 동성애 모두 이성에 속하는 사람이나, 심지어 그 사람의 성 기관도 전혀 성적 대상물로 간주하지 않는다. 극단적인 경우에는 혐오 대상으로 받아들인다. 당연히 생식에 대한 참여를 포기한다. 프로이트는 레오나르도 다 빈치, 미켈란젤로 등 잘 알려진 예술가를 통해 구체적 분석을 시도한다. 《레오나르도 다 빈치의 유년의 기억》에서는 어린 시절에 형성된 성적 억압을 통해 작품에 나타난 동성애적 경향을 설명한다.

우리는 다 빈치를 동성애자로 볼 수 있다. 미모를 갖춘 준수한 소년과 청년만을 제자로 두었다. … 그들이 아프기라도 하면 마치 어머니가 자식을 돌볼 때처럼, 나아가 자신의 어머니가 그를 애지중지했던 것처럼 돌보았다.

다 빈치는 유년기에 형성된 상당한 양의 성충동을 성공적으로 자신의 직업 활동으로 우회시켰다. 프로이트는 그가 동성애자였다는 점에서 분석을 시작한다. 다 빈치는 재능이 아니라 외모를 기준으로 제자를 선택하고 돌보았다. 하지만 여성을 부정하지 않았다는 점에서 양성애 경향을 지녔다고 진단한다. 작품에 등장하는 인물의 상당 부분이 남성인지 여성인지 구분하기 어려울 정도로 양성의 특징을 모두 지닌다.

> 인물이 모두 부드러운 여성성을 지니고 있고 몸의 자태도 여성화되어 있는 미소년이라는 면에서 그렇다. 그들은 눈을 아래로 깔고 있지 않고, 마치 침묵을 지켜야만 하는 모종의 비밀을 간직한 행복감을 알고 있다는 듯이 의기양양한 시선을 보낸다.

여성을 묘사할 때는 남성 이미지, 남성의 경우는 여성 이미지를 섞어 놓는 경향이 나타난다. 특히 남성을 여성의 부드러운 신체와 동작 그리고 표정을 통해 표현하는 경우가 많다. 실제로 다 빈치의 작품을 보면 그런 경향을 어렵지 않게 발견할 수 있다.

다 빈치의 〈세례자 요한〉은 남녀 양성의 특징을 잘 보여준다. 세례자 요한은 들판의 예언자다. 사실주의적 표현을 추구했던 다 빈치로서는 요한을 당연히 들판의 풍파를 겪은 거친 모습으로 표현했어야 마땅하다. 하지만 그림 속의 요한은 전혀 다르다. 제목을 보지 않고 그림만 봤다면 대부분의 사람이 여성을 그린 누드화 정도로 여겼을 것이다. 매혹적 눈길은 남성 이미지와는 거리가 멀어도 한참 멀다. 입술꼬리가 요염하게 살짝 올라간 모습이나 가는 입술선이 영락없는 여성이다. 치켜든 손가락은 가녀린 여성의 손처럼 섬세하다. 가슴에 올려놓은 손의 모습 또한 전형적으로 여성을 묘사한 그림이나 사진에서 흔히 볼 수 있는 장면이다. 그 손 밑으로 봉긋 솟아오른 여성의 가슴이 있을 것만 같다. 긴 곱슬머리와 부드럽게 흐르는 어깨선 또한 마찬가지다.

다 빈치가 동성애자였다는 점을 몇 가지 기록으로 추측할 수는 있다. 그는 24세 때 17세의 소년 모델에게 '불경스러운 짓'을 저질렀다는 죄목으로 기소되어 견책을 받은 바 있다. 10세 남짓의 귀엽게 생긴 소년을 데리고 살기도 했다. 그의 비망록에는 도벽이 있는 이 소년을 '작은 악마'라고 부르면서 도둑질을 너그럽게 넘기는 기록도 나온다. 20년 동안 그 소년을 모델로 수많은 그림을 그렸다.

프로이트는 작품에서 나타나는 다 빈치의 억압된 성적 욕구를 어머니와의 관계를 통해 분석한다. "이 그림들 속에서 다 빈치는 아마도 불행한 애정 생활을 부인한 것이리라. 나아가 어머니의 유혹을 받은 한 사내아이의 욕망이 남성과 여성이 행복하게 혼융되어 있는 상태 속에서 충족되는 장면을 묘사함으로서 예술을 통해 불행한 애정생활을 넘어선 것이리라." 다 빈치는 사생아로서 어머니의 특별한 애정 속에서 성장했다. 이러한 성장 과정 때문에 성적 욕구가 정상적으로 다른 여성을 향해 나아가는 길이 가로막히고 일종의 나르시시즘과 동성애가 동반되는 형태로 나타났고, 이 성향이 예술을 통해 승화되어 나타났다는 것이다.

그의 관점에 따라서 보면 이반 4세를 비롯하여 광기 형태로 나타나는 태도나 행동도 일종의 나르시시즘, 다만 폭력적으로 변형된 나르시시즘의 영향으로 이해할 수 있다. 자아의 중요성이 너무 과장되어 장애, 자아 감각의 인플레이션에 이른 상태이기 때문에 타인에 대한 공감과 이해는 배제된다. 오직 자신에 대한 사랑만이 지배하던 그의 무의식이 특정한 상황 속에서 자식이든 며느리든, 아니면 다른 누구든 대상에

다 빈치, 〈세례자 요한〉, 1513년

대해 배타적이고 폭력적인 광기로 나타난다. 프로이트라면 이반 4세가 보인 광기의 원인을 유년기와 성장과정에서의 성적 장애를 통해 설명했을 것이다.

개인심리학의 관점

개인심리학을 개척한 알프레드 아들러Alfred Adler는 무의식에 대한 기본 문제의식은 받아들이되 몇 가지 점에서 프로이트와 전혀 다른 관점을 제시하면서 새로운 정신분석이론을 전개한다. 《심리학이란 무엇인가》에서 개인의 무의식과 의식에서 비롯되는 삶의 의미는 개개인에 따라 차이가 있고, 절대적인 의미를 갖는 무언가로 일반화할 수 없다고 한다.

> 신경증 환자와 정신병자, 범죄자, 알코올 중독자, 문제아, 자살자, 성도착자, 매춘부 등 모든 실패자는 동료의식과 사회적 관심이 결여되어 있기 때문에 실패한 것이다. … 그들이 인생에 부여하는 의미는 개인적인 의미다. 자기 목표를 달성하더라도 자신 이외에는 아무도 이익을 받지 못한다. 그들의 관심은 단지 자신에게만 한정되어 있다.

프로이트의 경우에는 성적 욕구를 사고와 행동 이해의 핵심 고리로 삼았지만, 아들러가 보기에 본능적 충동은 여러 차원으로 나타나고 작용한다. 특히 성적 욕구를 비롯해서 한두 가지 요인으로 일반화할 수 없는, 개인마다의 다양성을 특징으로 한다. 사람들은 누구나 자신만의 고유하고 개인적인 인생의 의미를 갖는다. 모든 행동과 표현방식, 야심, 습관 그리고 성격은 독특한 개인적 배경과 연관을 맺는다.

성이나 출산으로 인한 억압이 무의식에 미치는 영향 자체를 부정하지는 않는다. 하지만 절대적 요인이 아니라 개인적 · 부분적 소재에 불과하다. 성적 요인보다는 감정으로서의 사랑, 특히 유아기에 겪는 가족의 사랑을 중시한다. 가족의 사랑, 주변 사람들과의 협력 경험을 갖지 못하는 여러 요소가 있는데, 불완전한 신체기관도 그 중의 하나다.

> 어린 시절에는 잘못된 의미를 부여하기 쉬운 상황이 있다. … 첫 번째로 불완전한 신체기관을 갖고 태어나는 아이들, 즉 유아기에 병이나 허약체질로 고생한 아이들이 겪게 되는 상황이 있다. … 그들이 짊어진 역경을 이해해 주는 사람도 없었으며 주로 자신에게만 관심을 쏟아왔다. 불완전한 신체라는 무거운 짐을 짊어진 아이들이 성장하면서 겪는 좌절은 바로 이런 이유 때문이다.

그렇다고 해서 불완전한 신체기관을 가진 모든 사람이 비정상적인 심리를 갖게 된다는 의미는 아니다. 신체 발육이 부진하거나 선분비가 비정상적인 아이들 가운데 모든 곤란을 극복하고 능력을 발휘하는 경우를 볼 수 있기는 하다. 하지만 이는 소수에 불과하다. 대부분은 주위의 불편한 시선을 느끼며 비뚤어진 방식으로 나타난다.

사람들은 이들을 이해하고 배려하기보다는 배제하고 배척하려는 경향을 갖기 때문에 그의 성격은 올바른 방향으로 훈련받을 기회를 다른 사람보다 훨씬 적게 가질 수밖에 없다. 자신이 겪는 곤란을 타인들이 이해하지 못하기 때문에 그 아이는 철저하게 자신에게만 관심을 갖는다. 관심과 애정이 타인으로 확장되지 못하고 자기 안에 머문다.

그러한 의미에서 노이로제를 불러일으키는 동인은 성적 억압이 아니라 열등감, 그중에서도 특히 육체적 열등감에 있다. 열등감을 감추고 보상하려는 심리, 즉 열등의식과 보상심리가 노이로제의 정체다. 가정에서 부모와 맺는 관계도 크게 작용한다. 여기에서는 두 가지로 나타나는 역편향이 문제가 된다. 하나는 응석받이로 자란 아이고, 다른 하나는 반대로 무시를 받으며 자란 아이다.

> 두 번째로 인생 경험에 잘못된 의미를 부여하게 만드는 상황 중의 하나로 응석받이 아이들이 겪는 상황이 있다. 자기가 바라는 것이 마치 법률처럼 취급되기를 기대하도록 훈련되어 있다. … 과오를 범하기 쉬운 세 번째 상황은 무시된 아이들이 처하게 되는 상황이다. 사람이나 협력에 대해 알게 될 기회가 없다.

응석받이로 자란 아이는 특별한 노력 없이도 잘 보살펴져 왔으며, 이러한 혜택이 태어날 때부터 갖고 있는 권리라고 믿는다. 곤란한 상황에 빠지면 스스로 대처하지 못하고, 타인에게 요구하는 방법밖에 모른다. 무시된 상태로 자란 아이는 고립되어 지내면서 타인과 협력해서 살아가는 일에 완전히 무지하다. 아들러에 따르면 우리가 인생의 실패자로 부르는 사람들 대부분은 이러한 유형에 속한다. 사랑을 경험하지 못하고 자란 아이는 직업이나 우정 또는 성생활에서 공통 노력에 의한 해결에 확신이 거의 없다.

몇 가지 상황으로 구분했는데, 타인과의 협력 관계를 맺을 능력이 결여되어 있다는 점이 공통적이다. 다른 사람들로부터 배척이나 무시를 당하기 때문에, 반대로 무엇이든지 부모가 다 들어주었기 때문에 타인과 함께 무언가를 모색하는 태도가 형성되지 않는다. 관심은 오직 스스로에게만 집중된다. 자아가 대상이 아닌 자신에게만 향한다는 의미에서 나르시시즘 상태에 빠진다. 나르시시즘은 프로이트처럼 자기 몸에 대한 성적 욕구가 대상을 향한 욕구로 전환되지 못한 상태로 유지되거나, 불행한 애정 생활로 인한 퇴행에서 생기는 것이 아니다. 부모나 주변 관계에서 얻는 관심이나 협력경험 정도에 가장 큰 영향을 받는다.

아들러의 개인심리학 관점에 의하면 이반 4세의 광기는 정상적이지 못한 가정환경에서 원인을 찾아야 한다. 레핀의 〈이반뇌제와 아들〉(부분도)를 통해 오직 그와 아들의 얼굴만을 보듯이 이반 4세의 개인적인 요인에 집중해야 한다. 쇠 지팡이에 머리가 깨져 피를 흘리며 죽은 아들을 부여안고 있는 그의 얼굴이 한 눈에 들어온다. 지팡이로 가격하는 순간에 튀었는지 그의 얼굴 곳곳에도 피가 얼룩져 있다.

단연 압권은 눈동자다. 어디를 보는 지 알 수 없는, 초점을 잃은 눈이다. 무언가를 보는 눈의 기능이 이미 상실된 상태다. 그의 눈은 시각 대상이 아니라 자신이 저지른 경악스러운 행위를 향한다. 검은 눈동자가 다 드러날 정도로 확장되어 있어서 아무런 생각도 할 수 없는 상태임을 보여준다. 그의 눈은 '이건 아니야, 이러려고 했던 게 아니야.'라고 말한다. 자신이 알고 있는 자기가 아니라, 스스로 통제하지 못하는 자기 안의 또 다른 자기가 저지른 짓이라고 외치는 듯하다.

개인심리학을 적용하면 이반 4세의 유아기와 성장 과정에서의 가족관계로 눈을 돌릴 수 있다. 먼저 3세밖에 안 됐을 때 아버지를 잃은 사실에 주목하게 된다. 아버지 바실리 3세가 일찍 죽는 바람에 고작 3세의 어린 나이에 왕위에 오른다. 너무 어렸기 때문에 어머니 엘레나가 정치를 맡았지만, 그녀는 잘생긴 젊은 귀족 오볼렌스키에게 빠진 채 세월을 보낸다. 그나마 이반 4세가 8세 되는 해에 어머니까지 세상을 떠난다.

결국 아버지의 관심을 받을 기회 자체가 없었고, 어머니에게서도 푸근한 사랑을 누리지 못했다. 아들러의 분류에 따르면 무시된 아이들이 처하게 되는 상황에 가깝다. 부모야 그렇더라도 어쨌든 왕의 지위에 있었기 때문에 주변의 존중과 존경을 한 몸에 받았을 것 같지만 현실은 전혀 달랐다. 섭정의 지위를 노리는 탐욕스러운 귀족들 사이에서 천덕꾸러기로 자라야 했다. 서로 권력을 차지하기 위해서 치열한 다툼을 벌였던 귀족들은 공개 석상에서는 이반 4세에게 공손하게 대하고 떠받드는 척 했지만, 아무도 없는 자리에서는 태도를 돌변하여 무시하고 매우 무례하게 굴었다. 당시 편지에서 이반 4세는 어떤 귀족이 더러운 신발을 자신의 침대 위에 올려놓은 일을 고통스럽게 기록하고 있다.

무시와 천대를 받으며 자라는 과정에서 타인을 배려하고 협력하는 마음이 형성될 기회가 없다. 관심이 오직 자신으로 향하는 나르시시즘 상태에 머물고 여기에서 어긋나는 상대에 대해서는 배타적 · 폭력적 반응을 보이게 된다. 기록에 의하면 이반 4세는 어렸을 때부터 성격이 매우 잔인했으며 작고 힘없는 동물들을 죽이는 놀이를 즐겼는데, 동물을 탑에서 떨어뜨리는 장난을 했다고 한다. 심지어 13세에는 어느 귀족을 아주 잔인한 방법으로 죽였다. 자신을 모독한 슈이스키가 방심한 틈을 타 종복들에게 체포하게 한 후 굶주린 개들이 있는 방에 가두어 참혹한

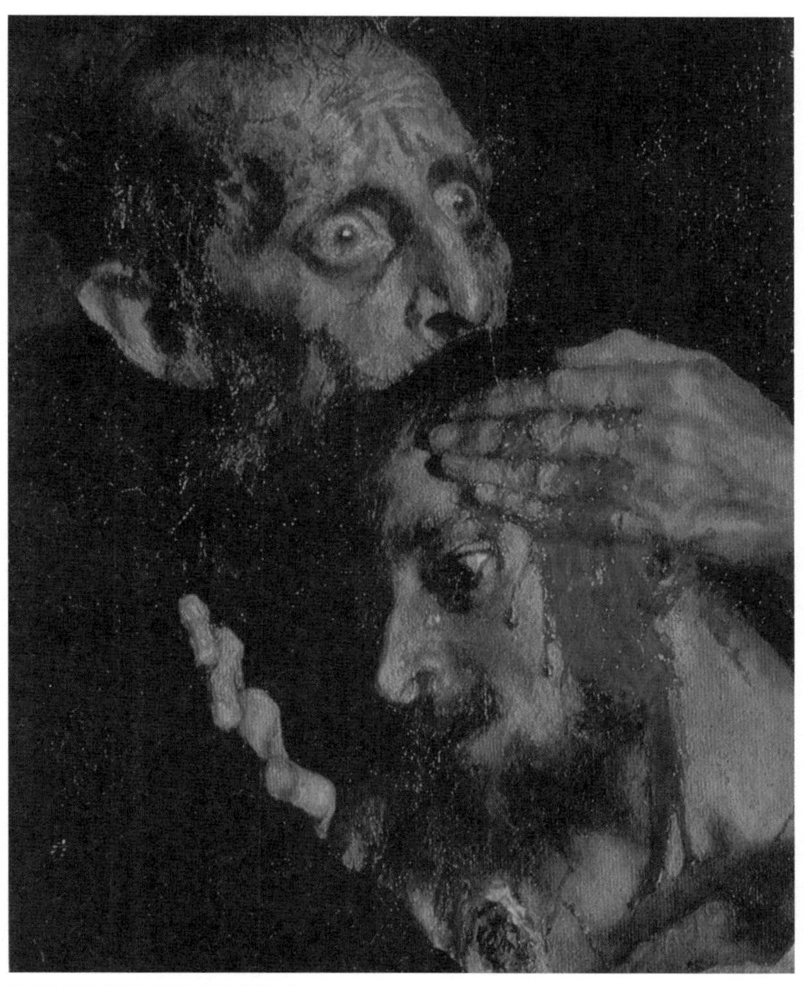
일리야 레핀, 〈이반뇌제와 아들〉 (부분도)

죽음을 맞이하게 만들었다.

심리 형성을 사회적 환경보다는 사적인 공간이라 할 수 있는, 가족 관계에서 겪는 유아기 경험에서 찾는 아들러의 개인심리학은 현대 심리학에서 보다 극단적인 형태로 나타나기도 한다. 철저하게 개인의 의지에서 찾거나 개인의 유전적인 특징에서 찾는 경향이 강화된다. 영국의 극작가이자 소설가 버나드 쇼Bernard Shaw의 《워런 부인의 직업》에 나오는 다음 대목은 개인의 의지를 강조하는 견해를 반영한다.

> 사람들은 항상 자신의 현 위치를 자신이 처한 환경 탓으로 돌린다. 나는 환경이라는 것을 믿지 않는다. 이 세상에서 성공한 사람들은 스스로 일어서서 자신이 원하는 환경을 찾은 사람들이다. 만약 그런 환경을 찾을 수 없다면, 그런 환경을 만든다.

환경은 그저 외부적인 조건일 뿐이다. 개인의 판단과 행위를 결정하는 심리의 동력은 외부의 조건에서 비롯되는 것이 아니다. 환경에서 원인을 찾으려는 시도는 의지가 박약한 사람들의 핑계다. 환경과 의지의 관계는 반대다. 환경이 의지를 결정하는 게 아니라 의지가 환경을 만든다.

전 세계적인 베스트셀러 작가이자, 자기계발 분야에서 영향력을 행사하는 심리학자 웨인 다이어Wayne Dyer의 《행복한 이기주의자》도 비슷한 맥락의 주장을 한다. 그는 감정이나 성격이 자신의 마음가짐에 달려 있다고 한다.

> 감정은 단지 자연적으로 발생하는 정서가 아니다. 감정은 선택의지가 들어가 있는 반응이다. … 무언가가 느닷없이 내 머릿속으로 비집고 들어온다고 해도 그 생각을 몰아낼 수 있다. 우리는 정신세계를 통제할 수 있다.

감정은 외부 환경이나 조건에 의해 만들어지는 수동적인 대상이 아니다. 감정은 자신의 마음가짐에 달려 있다. 내 머릿속으로 들어오는 것을 생각으로 통제하는 데는 어느 누구의 도움도 필요 없다. 감정을 삶의 조건이 아닌 선택으로 여길 때 개인이 누리는 자유의 핵심에 도달한다. 생각을 통제할 수 있고 그 생각에서 감정이 생긴다면 감정도 통제할 수 있다. 진정 자유로운 인간이고자 한다면, '나는 내 생각을 통제할 수 있다. 내 감정은 내 생각에서 비롯된다. 따라서 나는 내 감정을 통제할 수 있다.'는 생각을 가져야 한다. 손과 발의 움직임을 조율하는 운전 연습처럼 하면 마음을 다스리는 법도 스스로 깨칠 수 있다.

이러한 주장은 결론을 뒷받침하는 근거를 구체적으로 제시하지는 못한다. 다만 어려운 환경에도 불구하고 큰 성공을 거둔 사람들의 사례를 제시하는 데 머문다. 부모의 따뜻한 관심과 보살핌이 가득한 가정에서 태어나지 못했고, 경제적으로 극심한 고통을 겪었는데도 불구하고 불굴의 의지로 특정 분야에서 일가를 이룩한 사람의 경우 말이다. 하지만 입지전적인 스토리를 가지고 있는 인물이 극소수라는 점에서 이를 일반화하기는 어려운 면이 있다.

현대 심리학은 유전적 요인을 근거로 환경보다 개인적 요인이 결정적 역할을 한다고 주장한다. 사회적 환경은 물론이고 심지어 아들러가 제시한, 어린 시절에 겪은 가정환경조차 그리 큰 영향을 주지 못한다. 진화 심리학자 대니얼 네틀Daniel Nettle이 《성격의 탄생》에서 언급한 내용이 대표적이다.

> 성격을 결정하는 큰 요인 중 하나는 우연히 갖게 된 유전자 변형체다. … 비유전적 요인에는 어린 시절의 경험, 질병, 부모와의 관계, 가족구조, 학교생활, 친구관계 등이 포함될 수 있다. 그런데 유감스럽게도 심리학자들은 환경이 성격에 어떻게 영향을 미치는지 제대로 밝혀내지 못했다.

환경이 성격에 영향을 미친다는 연구는 근거도 부족하고 검증도 부족하다. 심리적 성격의 결정 요인 탐구에 성과를 낸 것은 환경적 요인이 아니라 유전적 요인이 인간 행동에 미치는 영향을 연구한 행동유전학이다. 이와 관련하여 가장 많이 언급되는 내용이 일란성 쌍둥이와 이란성 쌍둥이를 대상으로 한 비교 연구다.

유전적으로 일란성 쌍둥이는 100퍼센트 동일한 반면, 이란성 쌍둥이는 50퍼센트만 동일하다. 비슷한 가족환경에 있는 일란성 쌍둥이와 이란성 쌍둥이들을 조사했다. 일란성 쌍둥이의 성격이 이란성 쌍둥이보다 훨씬 더 비슷하다는 결과가 나왔다. 일란성 쌍둥이가 동일한 유전자 변형체를 50퍼센트 더 갖고 있기 때문이다.

다른 환경에서 조사한 연구에서도 비슷한 결과가 나왔다. 입양 등으로 인해 서로 다른 가정에서 자란 일란성 쌍둥이들의 성격은 함께 자란 일란성 쌍둥이들만큼이나 비슷했다. 떨어져 자란 이란성 쌍둥이들의 성격은 떨어져 자란 일란성 쌍둥이들보다 더 달랐다. 쌍둥이가 아니어도 결과는 비슷했다. 쌍둥이가 아닌 형제로서 각자 다른 가정에 입양된 형제들은 거의 또는 전혀 만난 적이 없음에도 불구하고 성격이 닮았고, 같은 가정에 입양되었지만 생물학적 부모가 다른 형제들과는 타인들만큼이나 성격이 달랐다. 이 모든 연구결과를 가정환경보다 유전적 요소가 더 큰 영향을 미친다는 유력한 증거로 제시한다.

행동유전학 관점에 의한다면 나르시시즘 경향은 부모로부터 물려받은 유전적 요인이 결정적 역할을 한다. 마찬가지로 이반 4세를 비롯하여 광기어린 행동을 하는 경향도 사회적 조건은 물론이고 가족 내의 관계도 부차적이며 어떤 부모를 만났느냐에 의해 결정된다.

나르시시즘을 권하는 사회

한스 밸러스첵Hans Baluschek의 〈일하는 도시〉는 사회 속의 개인을 느끼게 해주는 그림이다. 그는 독일 베를린의 도시 풍경, 특히 산업혁명으로 변화된 도시 풍경을 적극적으로 화폭에 담았다. 굉음을 울리며 달리는 기차, 공장이 즐비한 도시, 번잡한 거리와 일하는 사람들을 자주 그렸다. 이 그림도 산업 도시의 단면을 잘 보여준다.

멀리 검은 연기를 뿜어대는 공장 굴뚝이 즐비하다. 아침인지 저녁나절인지 빼곡하게 들어차 있는 건물 창문으로 전기 불빛이 스친다. 해가 쨍쨍 내리쬐는 시간이 아니기도 하지만, 그렇지 않더라도 매연 때문에 한낮에도 칙칙한 분위기일 듯하다. 도시의 한가운데를 철로가 꿰뚫듯이 가로지른다. 가장 앞에 검은 실루엣으로 남은 노동자 모습이 어른거린다. 철도 노동자인지 아니면 다른 공장의 노동자인지는 구별하기 어렵다. 도시의 칙칙함이 이 사람에게 그대로 전이되어 마음속에 그늘이

밸러스첵, 〈일하는 도시〉, 1920년

가득할 것만 같다. 어깨를 늘어뜨리고 아래를 보는 모습에서 힘든 도시에서의 삶에 찌든 마음이 배어나온다.

전통사회의 농부와 산업도시의 노동자가 심리나 성격 면에서 동일할 수는 없다. 아무리 비슷한 유전적 형질이나 가정환경을 가진 인간이더라도 공동체에 기초한 농업사회와 치열한 경쟁을 운명처럼 짊어지고 살아야 하는 공업사회에서 서로 다른 성향을 띄게 되지 않을까? 그렇다면 은밀해 보이는 심리적 영역도 사회 환경에 속박되어 있는 것은 아닐까?

에리히 프롬은《프로이트 이론의 명암》에서 무의식 발견의 중요성을 주로 성적 욕구와 연결시켜 자신의 이론을 스스로 한정한 프로이트를 비판한다.

> 프로이트가 사회적 성격의 개념에 도달하지 못한 이유는 성욕이라는 좁은 기초 위에서 그와 같은 개념이 발달될 수 없었기 때문이다. 사회적 성격은 많은 사회구성원에게 공통적인 성격구조가 되고 있으며 그 내용을 움직이는 것은 특정한 사회의 필요다.

고대에서 현대에 이르기까지 인간은 성적 욕망을 문화와 예술을 통해 표출해왔고 이 과정에서 예술이 상당히 발전해왔음을 인정해야만 한다. 하지만 성적 욕구의 억압은 무의식을 형성하는 여러 요소 중의 하나일 뿐이다. 게다가 성적 욕구조차도 생리적인 측면을 넘어서 사회적인 영향을 받는다. 예를 들어 권력과 부가 성욕을 일으키는 중대한 요소라는 사실은 이미 널리 알려져 있다.

무의식의 중요성을 성적 욕구만이 아니라 개별 가족의 영향으로 제한하려는 개인심리학의 시도도 마찬가지로 설득력이 떨어진다. 인간이 갖는 온갖 감정이나 성격 가운데 생물학적이나 유아기의 경험과 밀접한 영향을 가질 것으로 예상되는, '정열'이라는 감정만 놓고 봐도 그러하다.

> 인간의 생물학적 정열 이외의 모든 정열을 형성하는 책임은 사회의 구조에 달려 있다. 사회적 성격 안에는 협력과 조화의 정열이 지배적인 문화가 있는가 하면 극단적인 소유욕과 파괴성이 지배하는 문화도 있다.

정열은 배고픔이나 성욕처럼 생물학적 개념으로서 개인과 종족의 생존에 필요한 것과 사회적 · 역사적으로 조건 지어진 것으로 구별할 수 있다. 그런데 정열을 형성하는 상당 부분의 책임은 사회 구조에 달려 있다. 여러 형태의 사회적 성격 형성에 있어서 경제적 · 지리적 · 역사적 · 유전적 조건이 어떻게 작용했는가를 이해하기 위해서는 특정한 사회에 대한 상세한 분석이 필요하다.

좀 더 직접적인 예를 통해 설명해 보자. 보통 먹을 것이 충분하지 않은 부족은 대단히 호전적이며 공격적인 성격을 띤다. 왜냐하면 생존하기 위해서는 다른 부족으로부터 음식물을 탈취하거나 도둑질하는 방법밖에는 없기 때문이다. 반면에 살아가는 데 충분한 식량을 생산할 수 있는 부족은 너그럽고 협력적인 성격을 지닌다.

성장과정에서 가족 관계에 주목하는 아들러의 개인심리학은 지나치게 제한된 요인을 기반으로 심리에 접근한다는 점에서 문제가 있다. 가정이라는 단위가 그다지 독립적인 영역이 아니라는 점을 놓쳐서 생기는 문제다.

> 인간은 유아기 이후에 몇 개의 집단 속에서 생활하기 마련이다. 가장 작은 집단은 가정, 다음은 학교, 그 다음은 사회, 그리고 네 번째는 그보다 더 큰 집단의 일부다. … 가정 자체가 계급과 사회구조에 의해 결정된다.

개인심리학은 상당 부분 가정생활, 그것도 유아기 시절의 가정생활에 한정해서 심리를 분석하는 경향이 있다. 하지만 개인의 성격 형성은 유아기의 영향으로 한정되지 않는다. 아들러의 말대로 학교도 그 만큼, 혹은 그 이상의 자극을 준다. 현대사회에서 대부분의 사람은 15년 내외에 걸친 기나긴 시간을 학교에서 보내야 한다. 그 안에서 가족관계와 여러 면에서 상이한 다양한 인간관계를 맺는다.

한국사회에서도 상당수 부모는 아이가 학교생활 과정에서 급격하게 성격이 변하는 현상을 확인할 기회를 갖는다. 특히 이른바 사춘기라고 부르는 나이를 경과하면서 가정에서는 한 번도 확인하지 못했고, 상상하지도 못했던 새로운 성격이 만들어지는 과정을 목도한다. 온순하기만 했던 아이가 몇 년 사이에 과격하고 폭력적인 성향을 띠기도 하는데, 학교에서 새롭게 맺은 교우관계나 성적 등 여러 요소가 복합적으로 작용한다.

여기에 가정 자체가 계급과 사회구조에 의해 큰 영향을 받는다는 사실도 추가되어야 한다. 아이는 물론이고 부모들도 자신이 속해 있는 사회 계급이나 계층이 가정환경이나 가족관계에 얼마나 크게 영향을 미치는지 피부로 느낀다. 빈곤한 상태에 있는 가정에서는 아이의 욕구와 관련하여 선택할 수 있는 폭이 상당히 제한된다. 가정조차도 어린아이에게 사회를 대신해서 사회적 성격을 전달하는 집단이다.

프로이트는 물론이고 개인심리학을 추구하는 심리학자들도 가정을 특정한 형태로만 제한한다는 점도 문제다. 일부일처제로 구성되어 있는 가정을 모든 가정의 원형으로 제한하고 다른 문화권의 가정형태는 무시한다. 특히 현대사회에서 부모와 자식으로 이루어진 전형적인 가정이 급격하게 붕괴되고 있다는 사실에 비추어볼 때 프로이트나 개인심리학의 접근은 더욱 문제가 커진다.

다양한 사회적 관계와 그 안에서 강제되는 사회적 역할도 장기적으로 개인의 심리를 형성하는 데 상당한 역할을 한다. 어빙 고프먼Erving Goffman의 《상호작용 의례》는 이에 대한 연구로 유명하다.

> 적절한 상호작용 연구란 개인과 개인의 심리학보다는 사람들이 서로를 보는 자리에서 하는 행동의 결합관계를 탐구하는 것이다. … 개인은 인격적 총체로서가 아니라 한 가지 자격이나 신분을 가진 특수한 자아로서 사회적 행위에 참여한다.

인간은 내면의 심성이 아니라 밖으로부터 부과된 도덕적 규칙의 제약을 받고 어떤 감정을 가져야 하는지, 구체적인 의무의 실행 방법을 어떻게 마련해야 하는지를 규정받는다. 예를 들면 환자가 여성이고 의사가 남성일 경우 환자는 의사 앞에서 부끄럼을 타지 말아야 한다. 둘의 관계는 성적 관계가 아니라 공적 의료 관계로 규정되기 때문이다.

처신은 남들이 보는 자리에서 품행, 옷차림, 태도를 통해 자신이 바람직한 자질을 지닌 사람인지 아닌지를 나타내주는 의례적 행동을 가리키고, 우리는 이를 반복적으로 주입받는다. 이러한 사실을 부정하는 개인심리학의 정신의학적 접근은 이미 그 과정 자체가 설득력이 떨어진다. 정신과 의사들은 진료실 치료 관행대로, 폐쇄적인 2인 진료실에서 환자를 만나곤 한다. 마치 환자 개인의 기억이나 심리적 상태만으로 정확한 진단을 내릴 수 있다는 식이다. 실제로 그 개인을 움직였던 사회적 요인은 사라져버리기 십상이다.

더 심각한 문제는 "환자가 수줍어하고 망설이고 말하기를 두려워하거나 두서없이 말을 하고 정보를 전한다는 점"이다. 환자가 처한 개인적 상황은 왜곡되기 쉬운 형태로 의사에게 전달된다. 아무리 경험이 많은 정신의학자라 하더라도 환자의 방어기제 모두를 알 수는 없는 노릇이다. 결국 개인심리학으로는 엉뚱한 진단과 처방이 뒤따를 가능성이 매우 높다.

프로이트와 아들러를 함께 수렴하고자 했던 칼 구스타브 융Carl Gustav Jung도 기본적으로는 독립적 개인의식 중심의 인간 이해에 비판적이다. 사회적 존재로서 인간이 공동체와 연결되지 않고 장기적으로 존재할 수 없듯이, 개인도 외적 요인의 위압적 영향에서 자유로울 수 없다고 한다. "독재국가는 부르주아의 이성을 쉽게 주무르고, 개인만 아니라 그 개인의 종교적 힘까지 삼켜버린다. 국가가 신의 자리를 차지한다."

(《현재와 미래》) 어떤 사회체제냐에 따라 개인의 성격과 심리는 상당한 제한을 받는다.

나아가서 융은 《무의식 분석》에서 집합적 무의식 개념을 통해 독립적 개인의식 중심의 이해를 공격한다.

> 집합적 무의식의 깊은 층이 첨가됨으로써 인격의 확대가 생기고 심적 인플레이션 상태가 된다. … 집합적인 마음 부분을 나는 페르소나라고 부른다. 페르소나는 본래 관리가 썼던 가면이며, 관리가 하는 일을 나타낸다. … 페르소나는 집합적 마음의 가면에 불과하다.

무의식에는 개인적 층과 집합적 층이 있다. 개인적 층은 유아기 기억으로 끝난다. 하지만 집합적 무의식은 조상 대대 생활을 포함한다. 무의식은 개인적인 것일 뿐 아니라, 계승된 집합적 원형을 내포한다. 인류 조상이 대대로 남겨 준 것, 그들이 되풀이해서 경험한 인간 생활의 흔적 내지는 유산이 포함된다. 이 과정에서 여러 가지 비개인적인 보편적 인류의 기본 특성을 개인적 의식에 첨부한다. 그러한 의미에서 의식적 개인은 집합적 마음의 어느 한 부분이다.

신화를 비롯하여 여러 근원적 유형에 의해 형성된 집합적 무의식이 인간 성격과 심리의 바탕이며 뿌리다. 만약 정신이 집합적 무의식을 상당 부분 포함한다면 원자화된 개인의 이성을 전제로 인간의 본질을 규정하고자 한 서양철학 전통은 물론이고, 개인의 사적 영역에서 심리에 접근하는 개인심리학은 자기 근거를 상실한다.

사회적 영향을 중심으로 접근할 때 나르시시즘이나 광기에 대한 이해도 달라진다. 특히 현대 자본주의 사회는 갈수록 더 강도 높은 경쟁을 요구한다. 타인과의 협력보다는 자기 이외의 타인을 오직 경쟁상대로 여기도록 훈련받는다. 가정에서 학교에 이르기까지, 나아가 직장을 비롯한 사회적 공간에서 자신의 개인적 · 배타적 성공을 가장 중요한 가치로 여기도록 교육받는다. 자기애를 극대화시키는 사회적 조건 속에서 평생을 살아야 하는 것이다.

대량소비를 중심으로 하는 소비사회 논리도 나르시시즘을 강화한다. 현대사회는 나르시시즘을 권하는 사회이다. 도시의 거리에서 쇼윈도가 주인의 자리를 차지한 지 이미 오래다. 우리는 공손한 소비자가 되어 마네킹의 이상적 몸매에 주눅이 든 채 주인을 응시한다. 소비를 통해 자기 몸을 꾸미는 데 상당한 비용과 시간을 할애해야만 한다. 소비 이데올로기가 평생에 걸쳐 지배하는 상황에서 개인의 관심과 애정도 나르키소스처럼 자기 몸으로 좁혀진다.

4장

심리학은 관념인가, 과학인가?

뵈클린 〈바다의 별장〉, 최인훈 《구운몽》, 스티븐 핑커 《마음은 어떻게 작동하는가》

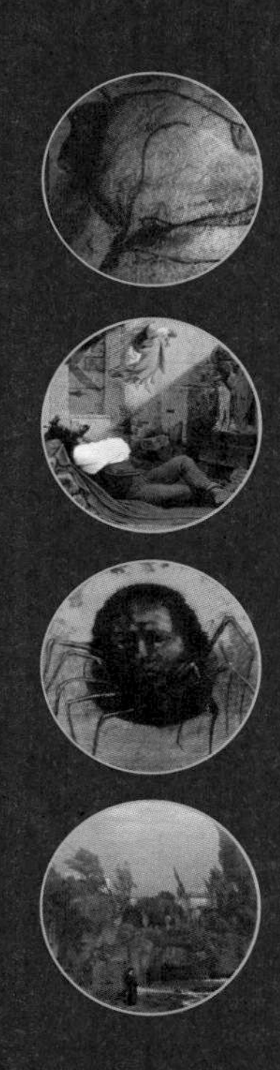

뵈클린, 〈바다의 별장〉, 1865년

심리현상의 분석 기준은 있는가?

어떤 현상을 해석하는 시각은 다양할 수 있다. 그림을 보는 눈도 마찬가지다. 아르놀트 뵈클린Arnold Böcklin의 〈바다의 별장〉이라는 그림을 보자. 뵈클린은 독일 후기 낭만주의 미술을 대표하는 화가로 우리에게는 〈죽음의 섬〉, 〈페스트〉 등의 작품으로 잘 알려져 있다. 〈바다의 별장〉은 〈죽음의 섬〉과 비슷한 구도와 느낌의 연작으로 단순해 보이는 그림이지만 보는 사람의 관심사나 미적 감각에 따라 아주 판이한 방식으로 접근할 수 있다.

일반적인 시각으로 언뜻 보면 평범한 풍경화 가운데 하나다. 제목 그대로 바닷가의 분위기 있는 별장과 주변 풍경을 담은 정도다. 바다를 접한 낮은 절벽 끝에 고대 건축풍의 건물이 보인다. 별장 건물을 둘러싼 나무 사이로 조각상으로 꾸민 분수대도 보여서 꽤나 신경 써서 지은 별장임을 알 수 있다. 바다에서 세찬 바람이 불어 나뭇가지는 육지 쪽으로 심하게 휘어 있다. 육지와 바다의 경계에는 한 여인이 상념에 잠긴 듯한 분위기로 쉴 새 없이 드나드는 바닷물을 응시하는 중이다. 어디에선가 흔하게 봤음직한, 상투적이라 할 만큼 익숙한 풍경화다.

만약 미술 사조를 중심으로 접근하면 전혀 다른 느낌의 감상이 가능하다. 평범한 나무와 바다, 하늘이라 하더라도 낭만주의 미술에서는 다른 의미로 다가온다. 적어도 중세 이후의 서양회화에서 자연은 실외 장면을 묘사할 때 단골로 등장했다. 하지만 동일한 풍경도 미술 사조에 따라 서로 다른 위상을 차지했다. 르네상스 시대에 자연은 주로 등장인물을 강조하기 위한 배경의 성격이 강했다. 바로크 시대에는 폐허가 된 도시나 무덤 등의 배경이 부패한 현실을 드러내는 도덕적 상징 역할을 했다. 고전주의 미술에서는 과거의 신화나 사건이 사회적 · 교훈적 메시지를 전달하려는 목적에 적합한 배경으로 자주 등장했다. 이를 위해 자연은 다분히 이상화된 형태로 등장한다.

낭만주의 미술에서는 전반적으로 고정된 표현 기법을 탈피하여 내적인 감정을 자유롭게 표현하려는 경향이 확대된다. 자연도 배경, 혹은 도덕적 · 사회적 메시지를 전달하기 위한 장치의 의미를 넘어선다. 특히 독일 낭만주의 미술에서는 인간 정신을 자연에 적극적으로 담아내려는 시도가 활발해진다. 초기 낭만주의 시대에는 태풍 · 화재 · 눈사태 등 대자연의 재앙이 자아내는 두려움을 통해 숭고의 미를 표현하고자 했다. 18세기 말 독일 초기 낭만주의를 대표하는 프리드리히Friedrich는 광대하고 무한한 자연을 통해 숭고함과 정신적 고양을 추구함으로써 근대철학이 추구한 보편 이성을 회화적으로 구현했다.

하지만 뵈클린으로 대표되는 후기 낭만주의로 접어들면서 자연을 통해 드러내려는 정신의 내용에 큰 변화가 일어난다. 초기 낭만주의에서는 주로 보편적 성격을 지닌, 즉 개인을 넘어 인류의 일반적 · 전형적 특징으로서의 정신을 표현했다. 하지만 후기 낭만주의에서는 개인의 내적인 정신세계에 주목하여 주로 내밀한 감정을 담는 데 몰두한다. 개인의 마음속에 숨겨진 공포나 열정 등의 감정에 주목한다는 점에서 개별성 · 상징성의 강화로 나아간다.

이 관점에서 〈바다의 별장〉을 보면, 바다 · 나무 · 별장은 풍경을 이루는 개별적 · 물리적 요소가 아니다. 바람에 허리가 휘어진 나무와 펄럭이는 나뭇잎은 내면의 극심한 갈등을 나타낼 수 있다. 차분한 색조인 검은색 옷을 입고 손으로 턱을 괸 채 바다를 응시하는 여인이 외면상으로는 고요한 상태인 듯하지만 실제로는 내적으로 통제할 수 없이 요동치는 감정 상태에 있다는 해석이 가능하다. 절벽에 세워진 별장은 무언가 끄트머리에 선 심정, 마음을 옭아매는 절박한 심정의 표현일 수 있다.

뵈클린 개인의 삶과 무의식 속에 각인된 심리를 추적하는 방식이라면 또 다른 접근이 가능하다. 그는 화가로서 출세작이 없어 극도의 가난에 허덕여야 했다. 알코올 중독이었으며 하루하루의 끼니를 걱정할 정도였다. 페스트 · 콜레라 · 장티푸스 등 각종 질병으로 부인과 여섯 명의 자녀와 사별했던 경험도 겪었다. 주변에서 늘 음울하게 고개를 내미는 죽음의 공포가 무의식 깊숙이 똬리를 틀고 있었으리라. 〈죽음의 섬〉 연작에 심혈을 기울이거나 해골과 함께 있는 자화상을 그렸던 것도 자기 심리의 자연스러운 반영이라 할 수 있다.

〈바다의 별장〉도 같은 맥락의 해석이 가능하다. 해변의 여성이 머리에서 발끝까지 두르고 있는 검은색 옷이 죽음에 대한 불안과 무관해보이지 않는다. 절벽 아래로 뚫린 검은 동굴 속으로 바닷물이 쓸려 들어가듯이 인간의 삶도 불가항력으로 죽음을 향해 빠져 들어간다는 점을 보여주려는 듯하다. 휘몰아치는 바람도 인생에서 마주치는 갈등을 넘어 죽음의 고통에서 벗어날 수 없는 인간의 운명일 수 있다. 하지만 화가의 시선은 공포에 머물지 않는다. 여인의 분위기는 두려움과 거리가 있어 보인다. 침착한 태도, 어떤 면에서는 평온해보이기조차 하는 분위기는 내적 성찰을 통한 고요와 침묵으로 고통의 긍정적 수용을 의미하는 듯하다.

그림 하나를 분석하는 과정도 이토록 다양한 갈래가 있을 진대, 사람의 감정이나 심리에 대한 해석은 더욱 다양하고 복잡할 수밖에 없는 노릇이다. 하물며 서로의 감정이 뒤얽히는 사랑이라면 더 말할 나위가 없다. 프루스트의 《잃어버린 시간을 찾아서》는 연인 사이의 심리가 얼마나 섬세하게 교차하는지를 탁월하게 묘사한다. 연인의 사소한 반응을 놓고도 하나의 갈래로 분명하게 가르고 분류할 수 없는 다양한 해석이 뒤따른다.

애인 알베르틴과 가슴 설레는 동거 생활을 시작하지만 일정한 세월이 지나자 권태가 찾아온다. 문제는 자신의 감정이 권태라는 말로 단정지을 수 없는 복잡한 상태라는 점이다. 상대의 마음은 둘째 치고 자신의 감정조차 제대로 가늠할 수 없는 상태에 빠진다.

> 알베르틴한테서 이제 알 게 하나도 없었다. 나날이 그녀의 아름다움이 덜해지는 것같이 보였다. 단지 그녀가 남들의 정욕을 자극했다고 알자 나는 다시 괴로워지기 시작하여, 그녀를 두고 남들과 다투고 싶어지고, 그때만

그녀가 내 눈에 깃발이 펄럭거리듯 돋보였다. … 나의 권태로운 애착은 오로지 고통에 의해서만 존속한 것이다. – 〈갇힌 여인〉

마음 한쪽에서는 분명 권태라고 말하고, 가슴을 설레게 하던 그녀의 아름다움도 빛이 바랜 느낌이다. 하지만 다른 남성의 눈에 그녀가 욕망의 대상이라는 의심이 드는 순간 불타는 질투와 함께 그녀에 대한 갈증이 다시 용솟음친다. 권태라면 마음이 시들해지고 함께 있는 시간이 따분해져야 당연한데 오히려 잠시라도 옆에 없으면 불안해진다.

그녀가 자신에게 있으나 마나 한 존재임이 틀림없다고 생각하기에 미련이 없는데, 자기 역시 그녀에게 마찬가지의 존재라는 느낌을 받는 순간 안절부절못하고 집착이 생긴다. 그래서 사랑이라기보다 소유욕에 불과하다는 위안을 해본다.

알베르틴을 집에 머무르게 하는 기쁨은, 적극적인 기쁨이라기보다, 꽃피는 아가씨를 누구나 다 번갈아 맛볼 수 있는 세상에서 빼돌려 놓고 있다는 기쁨이어서, 나에게 큰 기쁨을 주지 못했을망정, 남들한테서 기쁨을 빼앗은 셈이 되었기 때문이다.

그녀를 육체적으로 사랑하는 일이 허다한 경쟁자에게 맞서 승리를 누린다는 소유의 다름 아니었다는 생각이다. 사랑해서가 아니라 소유를 통해 마음의 진정을 누리고자 했을 뿐이라는 식이다. 그렇기 때문에 그녀를 온전히 소유하지 못한다는 느낌이 들 때 질투심이 타오른다. 만약 질투하지 않을 때라면 권태롭기 짝이 없는 시간이 되고, 반대로 질투할 때는 소유욕에 상처를 입었기 때문에 고통스럽기 짝이 없다.

감정을 그렇게 정의 내리고 나서 한동안 마음이 조금은 편해지는 듯했지만 그리 오래 가지는 못한다. 복잡한 감정의 실타래를 풀고 벗어나기 위해 비교적 단순하게 감정을 해석하고 규정했지만 또 다른 느낌이 마음 한 구석에서 꿈틀거린다.

> 단 하나의 알베르틴 가운데 여러 알베르틴을 알고 있는 나는, 더 많은 여러 알베르틴이 내 곁에 누워 있는 걸 보는 느낌이 들었다. … 머리의 위치를 바꿀 때마다 그녀는 새로운 여인을 만들어 내는데, 흔히 내가 꿈에도 생각 못한 새 여인이었다.

사랑은 혼자만의 감정이 아니다. 내가 아무리 이거다 저거다 규정하고 분류해도 상대와의 관계 속에서 금방 허물어진다. 하나의 그녀가 아니라 무수한 그녀다. 침대에서 자는 모습인데도 머리를 이쪽에서 저쪽으로 돌릴 때, 뒤척거리다 자세를 바꿀 때 새로운 그녀가 느껴진다. 여태껏 못 보던 모양으로 눈꺼풀이나 뺨이 나타나고 설렘이 찾아온다. 마치 새로운 여자를 만났을 때 느끼는 감정처럼 은밀함이 스며든다. 새로운 여자로 느껴지자 익숙하던 몸의 감각도 새로운 기운을 느낀다.

프루스트는 심리 탐구를 그저 개별성과 다양성에 맡겨버리고 마는가? 종잡을 수 없는 감정이라면 결국 인간의 마음은 아무런 기준도 생겨날 수 없는 혼돈의 영역으로만 남아야 하는가? 꼭 그렇지만은 않다.

심리의 개별적 특성을 넘어설 가능성을 열어둔다.

> 심리상의 법칙은 물리상의 법칙처럼 어떤 유의 일반성을 갖는다. 필요조건이 같으면, 같은 눈길이 온갖 인간과 동물을 비추니, 지구상의 멀리 떨어진 지점, 서로 본 적이 없는 두 지점을 같은 아침 하늘이 비추듯. – 〈게르망트 쪽〉

개인마다 다르고, 개인 안에서조차 변덕스럽기 짝이 없지만 그렇다고 해서 심리가 칠흑 같은 어둠속을 헤매야만 하는 운명은 아니다. 과학이 다양한 현상을 일정한 범위 안에서 일반화시키듯이 심리도 어떤 경향을 찾아낼 가능성을 지닌다. 서로 만난 적이 없는 사람이라 하더라도 일반화하고 분류함으로써 나름의 규칙성을 부여할 수 있다.

신화 해석의 다양성

심리학에서 자주 시도하는 신화에 대한 정신분석도 수월하지 않다. 깨어난 이후에 몽롱한 상태로 기억하기 마련인 꿈이나 난마처럼 얽힌 감정과 달리 신화는 분명한 줄거리가 있다. 그럼에도 불구하고 꿈이나 연인 사이의 감정 이상으로 신화도 어떤 시각에서 접근하느냐에 따라 상이한 해석을 만난다.

최인훈의 소설 《구운몽》에서 불교 설화를 나름의 문제의식으로 해석하는 과정도 그러하다. 설화의 줄거리를 살펴보면 다음과 같다.

옛날에 세 마리 짐승이 극락으로 가는 길을 떠났다. 넓은 강을 건너는데, 토끼는 물 위에 떠서 헤엄치고, 말은 뒷다리로는 강바닥을 밟고 앞발은 허우적거리며 지나간다. 코끼리는 몸집이 커서 네 다리로 강바닥을 밟고 유유히 건넌다. 극락에 도착한 후, 세 짐승은 누가 더 고생했는가를 놓고 논쟁을 벌인다. 끝없는 말싸움을 벌이는데, 관세음보살이 걸어 나와 한마디 한다. “토끼는 몸집이 작아서 헤엄쳐 건너고, 말은 키가 크니 서서 건너고, 코끼리는 덩치가 크니 걸어서 건넜으되, 극락의 땅을 밟기는 매한가지. 누가 높고 누가 낮으면 어떻단 말인가?” 세 짐승은 문득 깨닫고 보살 앞에 꿇어 앉아 잘못을 빌었다는 이야기다.

과학자로 나오는 주인공은 설화를 다양한 시각과 접근법으로 해석한다. 당연히 여기에서의 박사는 작가인 최인훈 자신의 생각을 대신하는 사람이리라.

> 박사가 충격을 받은 것은, 간결한 종교적 비유와 심층심리학에서 쓰이는 ‘빙산의 비유’ 사이의 비슷함 때문이다. 인간의 의식은 바다 위에 솟은 빙산의 꼭대기며, 거대한 뿌리는 물밑 깊이 묻혀 있다는 학설. 이를테면 토끼가 빙산의 꼭대기, 말이 중턱, 코끼리 다리가 뿌리라는 식으로 풀이할 수 있다.

박사의 관심은 설화 속에 녹아들어 있는 종교적인 메시지나 동양적 사고방식에 대한 흥미가 아니다. 아마 작가가 말하는 종교적 · 동양적 사고방식은 유기체적 관점을 의미하는 것이리라. 서구적 사고는 그리스 자연철학자 데모크리토스 이후 원자론적 발상에 근거한다. 서로 독립적 · 완결적인 원자들이 외적으로 관계를 맺으면서 사물이 형성되고 운동이 생겨난다는 생각이다.

우주의 구성원리와 마찬가지로 인간과 세계도 각각의 개체가 서로 독립적인 지위를 갖는다. 이를 통해 인간과 자연의 분리, 인간과 인간의 분리가 정당화된다. 설화에서 토끼 · 말 · 코끼리가 자신의 고유한 특징을 가지고 논쟁하는 장면이 바로 원자론에 기초한 사고방식의 한 단면이다. 보살의 가르침은 세 짐승이 별개가 아닌, 궁극적으로는 서로 뗄 수 없게 연결되어 있는 하나의 존재라는 것이다. 이른바 동양의 유기체론적 사고방식이다.

유기체론은 우주의 만물이 한 생명체의 각 부분처럼 연결되어 있다는 논리다. 아무리 하찮아 보이는 미물이라도 세계가 하나의 유기체인 한 모두 의미 있는 내용과 방식으로 연결된다. 토끼 · 말 · 코끼리는 별개의 존재가 아니다. 나아가서는 어느 것이 더 우월하고 다른 것이 더 열등하다는 구분도 없다.

최인훈은 동양의 유기체론적 사고를 심리학의 논리와 연결시킨다. 인간은 지금까지 의식만을 자신의 존재를 결정하는 정상적 요소로 확신하고 무의식을 비정상으로 규정해 영구 추방하려 했다. 하지만 유기체론이 그러하듯이 정신도 의식과 무의식, 이성과 감성이 분리될 수 없다. 보다 정확히 말하자면, 의식이 바다 위의 표면에 떠다니는 작은 조각이라면, 그 뿌리에 거대한 무의식 세계가 한 몸으로 연결되어 있다.

오딜롱 르동Odilon Redon의 〈우는 거미〉는 이러한 상황을 조금은 과장된 표현으로 묘사하고 있다. 사람의 얼굴을 한 거미가 배경을 알 수 없는 공간에서 운다. 수많은 다리로 몸을 지탱하고 있다. 마치 구멍이 뚫려 있는 듯한 눈에서는 눈물이 흐른다. 배경에 약간 색을 입혔을 뿐 전체가 검은색인 점도 이채롭다.

르동은 다분히 무의식 세계를 염두에 두고 작업했다. "나의 작품은 무엇인가를 명확히 밝히기 위한 것이 아니다. 내 작품은 마치 음악처럼 영감을 주고, 인과관계가 없는 애매모호한 세계로 인도하기 위한 것이다."라고 한다. 서유럽에서 일상 재현에 몰두하는 인상주의 미술이 유행하던 시절에 신비롭고도 독특한 세계를 창조하여 상징주의 미술의 선구자로 평가받는다. 상징주의 표현방식을 통해 의식 이면의 세계를 탐구하는 데 치중했고, 검은색 집착도 그 일환이다. 검은 그림에 대해 "이것들은 모두 기존 예술의 바깥에 위치한 것이다. … 대단히 독특한 환상세계, 질병과 광란의 환상세계를 새롭게 만들어내는 것이다."라고 한다. 배경을 모호하고 불명확한 상태로 놓아둠으로써, 검은색으로 우리의 그림자를 살려냄으로써 현실을 떠나 몽환적인 무의식 세계를 유영하는 느낌을 전달한다.

토끼 · 말 · 코끼리만 하나인 것이 아니다. 인간도 이들과 하나다. 나아가서 거미도 인간과 하나다. 우리가 끔찍하게 혐오하고 기피한다는 점에서 거미는 무의식이 받아온 푸대접과 참으로 비슷하다. 눈물은 무의식의 형성 요인이라 할 수 있는 억압을 상징하는 게 아닐까 싶다. 자연의 미물이라고 천시 받아온 거미가 인간과 하나로 연결되듯이 무의

르동, 〈우는 거미〉, 1881년

식도 의식과 유기적으로 연결된다.

최인훈의 해석이 여기에서 끝난다면 다양한 시선이라고 할 게 없다.

설화에서 받은 충격은, 이것 때문만은 아니다. 냉정한 과학적 시선에서 보면 이 설화에 대한 종교적 해석이나 심리학적 접근은 세 마리 짐승이 누가 더 고생했든 탈 없이 강을 건넜을 때를 전제로 한다. 하지만 현실적인 시각을 접목시키면 다른 양상으로 해석이 나아간다.

> 이 얘기의 인물상은 고전 물리학적인 통일상이다. 건강한 따라서 자기 분열이 없는 소박한 고대인의 그것이다. … 현대는 성공의 시대가 아니라 좌절의 시대며, 건너는 시대가 아니라 가라앉는 때며, 한 마디로 난파의 계절이므로, 현대인의 인격적 상황은 극심한 자기분열이다. 오늘날 토끼란 동물은 존재치 않는다.

토끼 · 말 · 코끼리를 독자적 특징을 가진 개체로 나누든 아니면 셋을 유기적으로 연결된 전체의 일부분으로 통합하든 결국은 완결적인 상상이다. 다만 나뉘어 있느냐 통합되어 있느냐의 차이가 있을 뿐 어떤 경우든 자기 완결적인 존재다. 그리고 최종적으로는 강을 건너 극락에 도달하는 성공 스토리다.

현대사회에서 인간이 처한 상황은 전혀 다르다. 시행착오와 실패의 연속이기 십상이다. 제로섬 게임에 가까운 치열한 경쟁이 연일 벌어진다. 이 과정에서 우리는 극심한 가기분열에 빠진다. 토끼라는 동물이 존재하지 않는 것도 이 때문이다. 경쟁에서 실패와 낙오의 나락으로 떨어지지 않기 위해 토끼의 뒷다리는 말의 뒷다리가 되고 싶은 욕망으로 공포증에 걸려 있다. 더 나아가 토끼는 자신의 작은 몸통에 불만을 갖고 코끼리처럼 우람한 몸을 갈망한다.

그 결과 토끼 · 말 · 코끼리는 각각이 본래의 완결적 모습도 아니고, 또한 이 셋이 하나의 유기체로 연결된 모습으로 존재하지도 않는다. 욕망 속에서 자신이 욕심을 내는 상대의 부분적인 신체기관을 기형적으로 접합시킨 괴물처럼 살아간다. 이러한 해석으로 보면 토끼 · 말 · 코끼리는 더 세부적인 신체기관으로의 분열과 새로운 조합으로의 변형을 포함한다.

해석의 다양한 가능성은 여기에서 끝나지 않는다.

> 일을 더욱 어렵게 만드는 것은, 현대 속의 고대인이다. … 자연과학 법칙은 대상에 대하여 무차별적으로 타당하다. 정신 현상에 있어서도 법칙이 가능한가. 정신병 환자더러 민간에서 귀신이 '들렸다'고 말하는데. 이 피동형의 의미는 중대한 것이 아닐까? 교양인은 스스로 마귀를 불러 '들이'고 소박한 인간은 밖으로부터 '들이'는 것이 아닐까?

지금까지의 접근 방식은 공간적인 차이와 혼합에 치중한 면이 있다. 문제는 시간의 변수까지 가세하기에 더 복잡해진다는 점이다. 인간의 삶이나 정신이 과거에서 현재로, 그리고 다시 현재에서 미래로의 순차적인 시간 흐름 안에만 있지 않다. 전통적 인간형과 현대 인간형이 명확히 구분된다면 신중하게 구별해 접근하면 될 일이다.

하지만 현대인의 마음에는 고대인의 마음이 섞여 들어와 있다. 우리는 전통사회의 인간이 주술적 사고에서 자유롭지 못했으나 현대인은 이성을 통한 탈마법화 과정을 겪었기 때문에 과학적 · 합리적으로 사고한다고 여긴다. 그러나 과학과 합리성의 이름으로 이루어지는 작업도 상당 부분 마법적인 요소가 개입된다. 예를 들어 이성이나 과학이 모든 것을 규명하고 해결할 수 있다고 믿는 맹신도 사실은 종교적인 확신과 그리 멀리 떨어져 있지 않다. 신의 자리를 과학이 대신했을 뿐이다. 다만 고대인이 열악한 조건 때문에 외적으로 신비적 사고를 받아들였다면 현대인은 스스로의 내적 확신에 의해 받아들인다는 차이가 있다.

고대 인간형으로서의 토끼 · 말 · 코끼리와 현대 인간형으로서 신체기관까지 기형적으로 조합된 토끼 · 말 · 코끼리가 뒤죽박죽 섞여있기에 명쾌하게 이해하기가 어렵다. 여러 의미가 중첩되고 혼미한 상태의 의미까지 겹쳐지면서 미로를 헤매야 한다. 그러면 정말 복합적으로 작용하는 인간 심리는 일반화할 수 없는가?

꿈을 통한 무의식 일반화

프로이트에게 꿈은 정신분석의 핵심 통로다. 무의식이 매우 중요하더라도 이를 확인하고 일반화할 장치가 없다면 막연한 추측이나 관념에 불과하다. 다시 말해 '무의식을 알 수 있는가'라는 물음이 중요해진다. 꿈은 무의식을 해석하는 중요한 인식 수단이다. 《꿈의 해석》에서는 꿈을 중요한 심리적 현상으로서 정신생활의 맥락에서 다룬다.

꿈은 중요한 심리적 행위며, 원동력은 성취되어야 하는 소원이다. 소원으로 인식하기 어려운 특성, 기이한 것과 부조리는 심리적 검열의 영향에서 비롯된다. 검열에서 벗어나야 하는 압박, 심리적 재료를 압축해야 하는 압박, 감각적 형상으로의 묘사 가능성에 대한 고려, 합리적으로 이해 가능한 외양 고려가 꿈-형성에 영향을 미친다.

꿈의 원동력은 성취되어야 하는 소원이다. 내적 바람이 꿈이라는 형식을 띠고 나타난다. 꿈은 아쉬움, 동경, 채워지지 않은 소망 등을 남겨놓은 낮 동안의 체험에 대한 반응이다. 소원을 직접적으로 숨김없이 드러내어 충족시켜 준다. 다만 소원은 꿈을 유발시키는 작용만 하고 구체적인 꿈의 내용과 형식은 다르게 나타난다.

만약 소원이 그대로 꿈으로 반영된다면 꿈을 해석할 필요가 없다. 그냥 꿈에 나타난 그대로 보면 된다. 문제는 꿈이 사진처럼 대상을 그대로 전달하지 않고 굴절되거나 심지어 매우 엉뚱해 보이는 방식으로 나타난다는 점이다. 꿈이 소원 성취만이 아니라 검열의 지배도 동시에 받기 때문이다. 소원 성취와 검열이 상이한 방향으로 작용한다. 프로이트는 《정신분석강의》에서 슈빈트Schwind 〈죄수의 꿈〉이라는 그림을 통해 이를 설명한다.

죄수가 탈출을 꿈꾸는 내용이다. 탈출이 창문을 통해 이루어진다는 점도 재미있다. 왜냐하면 창문을 통해 한줄기 빛이 들어오고 그것은 죄수의 잠을 깨우게 될 것이기 때문이다. 겹겹이 등에 올라탄 난쟁이들은 그가 창

슈빈트, 〈죄수의 꿈〉, 1836년

문의 높이까지 올라갈 때 취해야 하는 연속적인 자세를 표현하는 듯하다. 창살을 톱으로 자르는 난쟁이는 죄수가 하고 싶어 하는 일을 하는 것이다. 그 자신의 행동을 나타낸다.

그림을 보면 죄수가 짚단에 기대 잠이 들어 있다. 눈을 뜨고 있지만, 이는 꿈속에서 벌어지는 상황을 보고 있는 설정으로 이해하면 된다. 벽으로 여러 명의 난쟁이가 탑을 쌓아 높은 창에 이른다. 맨 위의 난쟁이는 톱으로 창살을 자르는 중이다. 왼쪽의 감옥 문 위에 매달려 있는 난쟁이는 간수가 오는지를 감시하는 듯하다. 창으로 비치는 햇빛을 따라 천사가 날아오르며 잔에 물을 따르고 있는데, 탈출을 축복하는 의미로 느껴진다.

〈죄수의 꿈〉은 꿈꾸는 이가 처한 지배적인 상황에서 꿈이 만들어진다는 점을 화가가 얼마나 사실적으로 포착하고 있는지를 보여준다. 당연히 죄수의 소원은 감옥 밖으로 나가는 것이다. 세상으로 나가려는 욕구가 꿈의 동기를 형성한다. 그림에서 죄수가 눈을 뜨고 있는 점도 주목할 만하다. 그만큼 화가는 죄수의 소원이 막연한 바람이 아니라 강렬한 현실적 욕구라는 점을 보여주려 했던 게 아닌가 싶다. 하지만 자신이 직접 쇠창살을 끊는 것이 아니라 비유나 상징을 통해 드러난다. 꿈을 통한 소원 성취는 심리적 검열 때문에 직접적인 형태가 아니라 은유적인 변형 과정을 거친다. 난쟁이와 천사, 창으로 들어오는 빛이 이를 담당한다.

꿈이 소원 성취만이 아니라 검열의 지배도 동시에 받기 때문에 나타나는 현상이다. 프로이트는 이를 단서로 삼아 꿈의 해석을 무의식, 전의식, 의식의 구조를 통해 일반화한다. 즉 개인마다 상이하게 나타나는 심리를 일반화할 수 있는 기준을 제시한다.

정신활동은 무의식에서 전의식을 거쳐 의식으로 나아가는데, 무의식은 주로 소원 성취에 작용한다. 전의식은 검열 기능에 작용한다. 무의식은 끊임없이 의식으로 나아가는 통로를 확보하려는 경향을 갖지만, 전의식이 통로를 병풍처럼 가로막고 검열하기 때문에 소원을 그대로 드러낼 수 없다. 비유나 상징 형식으로 굴절되고 왜곡된다. 그러므로 심리학은 순수한 의미의 꿈 자체로 이해해서는 안 된다. 전의식의 압박이 꿈의 줄거리와 상징을 변형시키기 때문에 '반영'이 아닌 '형성'이다. 그래서 프로이트는 '꿈-형성'이라는 개념을 사용한다.

만약 무의식, 전의식, 의식으로 이루어진 정신의 구조를 이해하고 각 기능이 어떻게 작용하는지를 파악한다면 꿈은 우연적 · 개별적인 단편의 의미를 넘어설 수 있다. 검열 양상이 어떻게 나타나는지를 확인하면, 변형 과정을 밝혀내는 일이 가능하다. 이 작업에 숙달된다면 변형 이전의 원본, 즉 본래의 소원성취에 다가서고, 무의식의 본래 모습에 접근할 수 있다. 꿈을 증거로 활용해 심리를 이해하고, 나아가서 분류와 일반화에 도달한다.

꿈은 과거로 돌아가는 퇴행이고, 어린 시절을 지배한 충동과 표현 방식의 재생이다. 유아기 욕망이 지배적 역할을 한다. 유아기는 이성이 아닌 욕망이 지배하는 시기이기 때문이다. 유아기의 성적 체험이나 이에 근거한 공상이 결정적 영향을 미친다. 유아기의 성적 욕망은 원래대로

부활할 수 없으므로 꿈에서 변형되고 왜곡된 재현에 만족해야 한다.

꿈이 퇴행이기 때문에 세밀하게 추적하여 거슬러 올라가면 인류 정신의 근원으로 나아가는 길이 열린다. 시작은 개인의 유년기 원형을 찾는 일이지만, 이 과정이 축적되면 배후에서 작용하는 인류의 계통발생학적 유년기, 즉 정신의 발전에 대한 인식 가능성이 열린다. 꿈을 분석함으로써 정신의 근원이라는 일반적 영역으로 확장한다.

프로이트의 꿈 이론에 대해 그의 문제의식을 수용하는 측에서든 반대하든 측에서든 다양한 비판과 수정이 이어졌다. 아들러는 프로이트가 꿈과 현실 사이에 너무 큰 간극을 둔다고 지적한다. 꿈과 낮의 차이점은 절대적인 게 아니다. 둘 사이에 고정된 경계 따위는 없다. 꿈에는 현실과의 관계가 낮보다 배제되어 있지만, 단절을 의미하지는 않는다. 잠을 자면서도 현실과 접촉한다. 현실에서 여러 문제로 고민하고 있다면 잠을 자면서도 고민은 연장된다. 꿈을 주로 성적 배경에서 분석하는 방식도 문제다. 꿈은 억눌린 성적 욕구가 아니라 모든 문제에 대해 안이한 해결책을 얻으려는 시도다.

융도 유아기의 성적 욕망을 중심으로 꿈을 분석하는 한계를 비판한다. 프로이트는 꿈에 등장하는 열쇠 · 몽둥이 · 망치 등을 성기의 상징으로 이해한다. 중요한 것은 이 모두를 성기와 동일시하는 데 있기보다는 왜 망치가 아닌 몽둥이가 사용되었는지를 파악하는 일이고, 이를 위해서는 성적 욕망을 넘어서는 요인에 대한 분석이 필요하다. 또한 프로이트에게 꿈이 정신분석의 출발점이자 핵심 통로였다면, 융은 그림 · 문자 등 상징을 이용한 대화로도 무의식에 접근할 수 있다는 입장이다.

에리히 프롬도 프로이트가 꿈 해석에서 성적인 면에 지나치게 경도되어 있다고 비판한다. 우리들이 꾸는 꿈 중에 설명할 수 없는 것이 많아지기 때문에 문제다. 성적인 것과는 거리가 있는 일반적인 불만이나 공포에 해당하는 꿈을 무시하거나 잘못 해석하게 된다. 중요한 감정이나 원망 · 공포 · 생각이 꿈에 나타날 수도 있다. 예를 들어 현실에서 어떤 사람에게 미움을 받으면 꿈을 통해 자기를 합리화하고, 반대로 그 사람에게 미움을 느끼면 정당화하는 내용으로 꿈이 구성되기도 한다.

진화이론을 통한 무의식 이해

심리학은 개인의 주관적이고 내밀한 영역에 관심을 집중시키기에 과학과 별로 인연이 없다고 생각하는 사람이 많다. 하지만 적어도 프로이트 이후 현재에 이르기까지 심리학은 과학 분야와 상당히 긴밀한 관계를 맺어왔다. 정신분석이론은 순수한 창작물은 아니다. 무엇보다도 당시 빠른 속도로 전개되던 과학의 발전에 힘입은 바가 크다.

특히 다윈Darwin의 진화론은 문제의식 형성에 결정적 영향을 주었다. 다윈 이전에는 인간을 동물과 무관한 독립적 존재로 여겼다. 이성을 중심으로 한 영혼이 인간을 특징지었기 때문이다. 하지만 다윈의 《종의 기원》은 전혀 다른 시각을 제시했다. 인간 정신도 자연 진화의 결과라는 점에서 생존과 생활, 환경 요소와 긴밀하게 맞물리며 동물이 그러하듯이 정신은 본능적 욕구에 맞닿아 있게 된다. 다윈은 본능적 충동과 정신의 관계를 중시하는 정신분석이론의 기본적 발상을 제공한다.

현대 진화심리학 권위자로 통하는 스티븐 핑커Steven Pinker의 《마음은 어떻게 작동하는가》는 과학과 심리학의 결합 양상을 잘 보여준다. 특히 다윈의 진화이론을 적극적으로 수용하여 심리학의 과제를 설정한다.

> 마음의 복잡한 구조가 이 책의 주제다. 그 핵심 개념을 다음 한 문장으로 요약할 수 있다. 마음은 자연선택이 우리 조상들을 대상으로, 식량 채집 과정에서 특히 사물 · 동물 · 식물, 그리고 다른 사람을 이해하고 정복하는 과정에서 직면했던 문제를 해결해 주기 위해 설계한 기관들의 연산 체계다.

핑커는 인간 심리의 참모습을 알기 위해서는 마음 뒤에 숨어 있는 복잡한 설계를 이해해야 한다고 주장한다. 인간의 마음은 우연하게 펼쳐진 상황에서 즉흥적으로 반응하는 방식으로 나타나지 않는다. 순간적으로 어떤 판단을 한다고 생각하지만 사실은 마음의 뒤에서 조종하는 설계 장치가 있다. 그의 표현대로라면 "마치 마술처럼 각자의 기능을 수행하는 블랙박스"가 있어서 우리의 선택을 관리한다.

문제는 설계가 단순하지 않다는 데 있다. 어쩌면 유전자 지도를 읽어내는 일보다 더 어렵고 복잡한 작업이다. 의식의 장막 뒤에는 시각을 통해 들어온 정보를 분석하는 장치, 벌어진 상황에 반응하는 운동신경 지휘체계, 일상생활을 하면서 접한 외부 세계의 자극이나 다른 사람에 대한 데이터베이스, 자신이 장기적으로 무엇을 할지를 관장하는 목표

지향 체계, 일을 해나가는 과정에서 발생하는 갈등을 해결하는 체계와 같은 대단히 복잡한 장치가 숨겨져 있다.

그런데 마음을 관리하는 체계는 당장 벌어진 상황에서 긴급하게 만들어진 것이 아니다. 심지어 자신의 유년기를 포함하여 어린 시절부터 현재에 이르기까지 수십 년의 경험과 욕구로부터 만들어진 것도 아니다. 아득한 조상부터 대대로 내려오는 선택 기준이 작용한다. 거슬러 올라가면 문명이 생기기 전, 수십 만 년 전부터 생존을 위해 사냥과 채집을 통해 식량을 마련하는 과정에서 형성된 선택 기준이 영향을 미친다. 진화를 통해 이미 오래 전에 현재 인간의 마음이 설계되었다.

프랑스 쇼베Chauvet 동굴의 구석기 벽화 〈들소〉는 인류가 생존한 대부분의 기간 동안 어떤 조건에 있었는지를 알 수 있는 단서를 제공한다. 사실 인류 역사를 담은 대부분의 책은 대략 1만 년 전의 문명 발생에서 시작한다. 이전의 시기는 문명 발생 전의 조건 차원으로 간략하게 언급될 뿐이다. 하지만 생물학적인 견지에서 볼 때 인류의 역사는 어림잡아 50만 년 전으로 거슬러 올라간다.

과학 · 기술의 진전으로 보면 지난 수백 년 사이에 비약적인 변화가 있었지만, 인간 마음의 형성 요인을 찾아서 거슬러 가려면 수십 만 년 전체의 진화과정과 만나야만 한다. 의식주를 해결하기 위해 판단하고, 접하지 못했던 생경한 상황에 반응하며, 갈등 상황을 해결하기 위해 어떤 행동 원칙을 가져야 하는지는 고도로 발달한 과학 · 기술과 무관하게 직접적인 생존 상황에서 형성되기 때문이다. 수십 만 년의 진화 기간 대부분은 수렵과 채취를 중심으로 하는 구석기 상황이 차지한다.

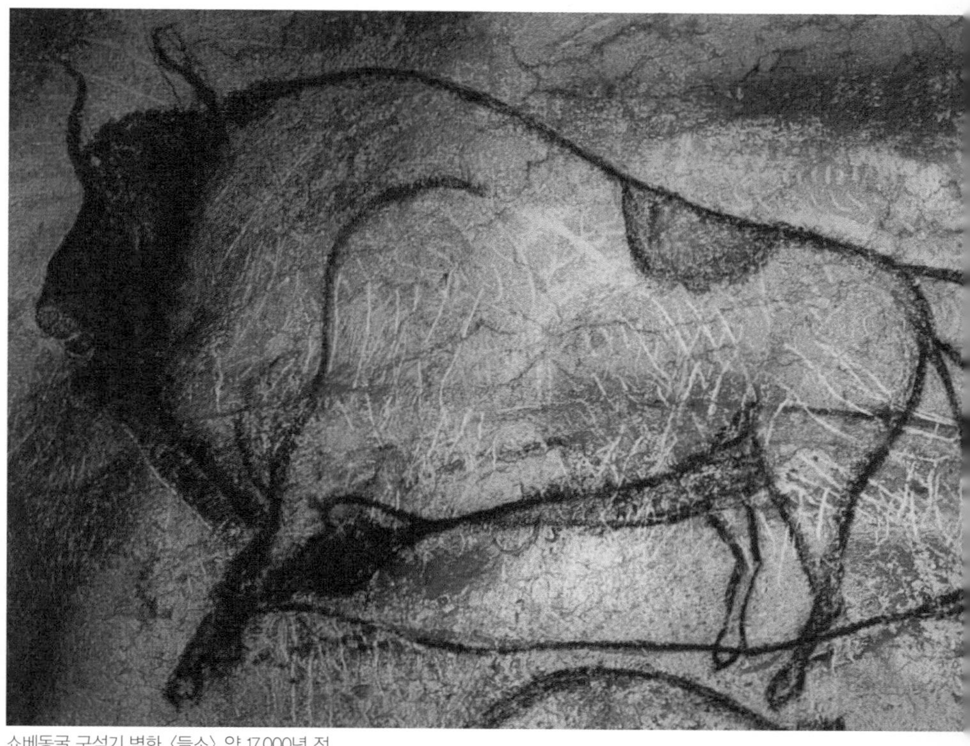

쇼베동굴 구석기 벽화, 〈들소〉, 약 17,000년 전

쇼베의 〈들소〉는 우람한 체격을 가진 들소를 보여준다. 주로 선을 이용하여 들소의 특징을 잡아내고 있지만 한 눈에 보기에도 상당히 세련된 묘사다. 선이 잘 정돈되어 있고, 마치 단번에 자신이 원하는 선을 그은 듯 능숙한 솜씨를 자랑한다. 선에만 의존했음에도 양감을 훌륭하게 살려낸다. 가슴이나 어깨 부분은 우람하게, 뒷다리 쪽 허리는 날씬하게 대비시켜 볼륨감을 표현한다. 뒷다리의 허벅지에서 무릎 관절을 거쳐 발굽으로까지 이어지는 선이 실제 모습에 상당히 가깝다. 심지어 전면

의 뒷다리와 후면의 뒷다리 사이에 크기와 길이의 격차를 둠으로써 원근법에 맞도록 형태를 잡아주는 점이 놀랍다.

구석기 벽화에 단골로 등장하는 들소는 인류가 생존을 위해 맞닥뜨린 상황을 보여준다. 구석기인들에게 하루하루의 생존은 절박한 문제였다. 돌도끼나 나무, 창 등 알량한 무기를 가지고 덩치가 큰 짐승을 잡는다는 게 여간 어려운 일이 아니다. 공동체의 힘은 유일하게 이를 해결할 수 있는 방법이다. 공동체의 힘은 단결력과 집단적인 사냥 기술에 의존한다. 벽화로 그려진 들소에 창을 던지거나 찌름으로써 큰 짐승에 대한 두려움을 없애고 사냥 성공에 대한 집단적 자신감을 형성했으리라.

인간이 맹수의 사냥 대상이 되는 적도 적지 않았음을 쉽게 예상할 수 있다. 쇼베 동굴에는 300개 이상의 벽화가 있는데, 이 가운데 지금은 멸종된 동굴사자 그림이 무려 73개에 이른다. 화석을 보면, 크기가 무려 4미터에 달하는 맹수 중의 맹수였다. 당시 유럽 육식동물 중 가장 강한 포식자였다. 구석기인들은 사냥 대상에 대한 주술적 목적만으로 동굴벽화를 그렸던 것은 아니다.

왜 무시무시한 동굴사자를 집단적으로 그렸을까? 구석기 동굴에서 머리와 꼬리는 사자이고 몸은 인간인 반인반사자 상이 발견되는 점을 고려할 때 사자를 숭배하다가 나중에 토템신으로 형상화 했다는 설명이 가장 설득력이 있다. 사자처럼 강해지고자 하는 열망을 사자와 사람을 반씩 섞어서 만들게 했다. 숭배 대상이자 소망으로서의 자기 모습이다. 대적할 상대가 없을 정도로 민첩하고 강한 동굴사자 모습에 자신을 투영했을 것이다.

핑커가 보기에 인간의 마음은 상황에 대한 반응, 맞닥뜨린 생존의 과제를 해결하기 위한 진화 과정에서 고안되고 구체화되었다.

> 마음은 뇌의 활동인데, 엄밀하게 말해 뇌는 정보를 처리하는 기관이며 사고는 일종의 연산이다. 마음은 여러 개의 모듈, 즉 마음 기관으로 구성되어 있으며, 각각의 모듈은 이 세계와의 특정한 상호작용을 전담하도록 진화한 특별한 설계를 가지고 있다. 모듈의 기본 논리는 우리의 유전자 프로그램에 의해 지정된다.

이러한 모듈들의 작용은 인간의 진화사 대부분을 차지하는 수렵 · 채집 시기에 자연선택이 우리 조상들이 직면했던 문제들을 해결하기 위해 발전시킨 것이다. 사냥을 하면서 타인에 대한 이해와 협력의 절실한 필요가 마음에 강제되고, 진화 과정에서 보다 세부적인 심리로 분화되어 간다. 또한 동굴사자 같이 절대적 힘을 지닌 존재를 두려워하는 데 머물지 않고, 의존하고 숭배하는 종교적 심리까지 만들어낸다. 수많은 경우의 수를 만나면서 마음은 "직면했던 문제들을 해결해 주기 위해 설계한 기관들의 연산체계"로 형성된다.

이는 프로이트의 문제의식과도 일맥상통한다. "심리학 분야와 생물학 분야 사이의 경계에 있는 개념으로서 본능이라는 용어를 고려하지 않을 수 없다."(《정신분석운동》) 특히 "개체발생은 계통발생을 반복한다는 원리를 정신생활에도 적용해야 하고, 이로부터 정신분석학의 새로운 확장이 일어났다." 자연환경 변화와 관련된 생존경쟁 과정을 통해 개체에게 나타난 변이가 종의 진화를 이끈다는 생물학적 진화원리가 정신에도 적용되어 개인 경험 속에서 축적된 무의식이 인간이라는 종 전체의 특징을 변화시키는 작용을 한다.

또한 진화심리학은 인지과학의 성과를 적극 수용한다. 핑커가 마음을 '연산체계'로 표현한 것도 이와 연관된다.

> 진화심리학은 두 과학혁명을 하나로 결합했다. 하나는 사고와 감정의 동역학을 정보와 연산 개념으로 설명한 인지혁명이다. 다른 하나는 생물체의 복잡 적응 설계를 복제자들 사이의 선택이란 개념으로 설명한 진화생물학 혁명이다. 인지과학은 마음이 어떻게 가능하며, 우리는 어떤 종류의 마음을 갖는가를 이해하게 해준다. 진화생물학은 '왜' 우리가 그런 종류의 마음을 갖게 되었는가를 이해하게 해준다.

진화는 단순히 우리에게 불가항력적인 충동과 융통성 없는 반사행동을 강요한 것이 아니다. 불확실하고 수많은 개연성을 가진 복잡한 상황에서 생존하기 위해 체계적인 심리의 원칙을 만들어준다. 그러한 의미에서 신경세포로 이루어진 컴퓨터가 마련된다. 생물학과 진화이론에 기초해서 보면 인간의 마음은 독립적 · 자율적인 영역이 아니다. "생물학의 전형적인 명령은 '~할지니라'가 아니라 '만약 ~라면 ~이고, 그렇지 않으면 ~'이다." 제한된 상황과 조건에서 그에 적합하도록 만들어진 연산체계다.

인지과학의 성과를 심리학에 적극적으로 수렴하는 핑커의 문제의식도 어느 정도는 이미 프로이트에서 시작됐다. 당시에 학문적으로 새로운 문제의식을 펼친 정신 물리학과 역학 심리학이 적지 않은 영향을 미쳤다. 페히너Fechner의 정신 물리학은 정신도 과학적인 방법으로 연구할 수 있으며, 양적으로 측정할 수 있음을 주장했다. 인간 정신을 내적인 개념으로만 접근하던 형이상학적 사고방식을 넘어서 과학적 측정 가능성을 제공했다. 정신을 분석하는 심리학이 무지개를 좇는 허망한 지적 유희가 아니라 자연과학과 맞물리면서 과학적 학문으로서의 지위를 인정받을 수 있는 여건을 만들어주었다. 프로이트는 당시의 과학적 성과를 흡수하며 인간 행동과 심리 과정을 연구하는 학문으로서 정신분석학을 정립했다.

핑커는 "심리학은 일종의 역설계"라고 한다. 일반적인 의미의 설계는 기계가 특정한 일을 하도록 설계하는 작업이다. 역설계는 거꾸로 특정한 기계가 어떤 일을 하도록 설계되었는지를 알아내는 작업이다. 생물학과 진화이론의 관점에서 보면 역설계의 기본 동력은 당연히 마음을 창조한 유전자의 복사본을 최대한 많이 퍼뜨리는 일이다.

하지만 심리학인 이상 기본 동력을 찾는 작업에 머물지 않는다. 궁극적 목표를 실현하기 위해 마음은 매우 복잡한 체계와 대응양식을 갖추어 왔다. 진화심리학을 통해 그 세부 내용과 작동방식을 규명함으로써 현실에서 나타나는 심리현상을 과학적으로 규명하고 다양한 심리적 문제에 대응할 수 있는 치유 방안을 마련하게 된다. 신경증을 비롯한 병리적 현상만이 아니라 사람이 쉽게 빠져드는 부정적인 감정을 방지하거나 완화시킬 수 있는 심리학적 대안을 모색하는 일이다.

2부

무의식이 개인의 마음을 흔들다

1장

인간은 왜 불안한가?

뭉크 〈불안〉, 사르트르 《자유의 길》, 프리츠 리만 《불안의 심리》

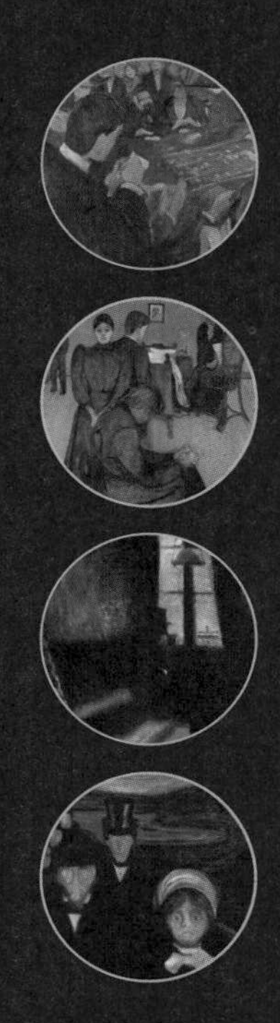

뭉크, 〈불안〉, 1894년

인간은 불안한 존재

에드바르트 뭉크Edvard Munch의 〈불안〉은 인간이 처해있는 전반적인 정신 상황을 보여준다. 뭉크는 내면세계에 막강한 영향력을 발휘하는 무의식을 회화적으로 구현하고자 했던 대표적인 화가다. 특히 불우한 가정 환경과 병든 육체가 정신과 작풍에 영향을 끼치면서, 이른바 부정적인 감정이라 할 수 있는 불안 · 공포 · 질투 등을 어두우면서도 강렬한 표현방식으로 담았다.

다리 난간을 따라서 사람들이 걷고 있다. 무엇보다 먼저 우리의 눈길을 끄는 것은 하나같이 초점을 잃은 눈이다. 대부분이 어디를 보는지 알 수 없을 정도로 눈동자가 흩어져 있다. 또한 표정도 주목할 만하다. 표정을 확인할 수 있는 앞의 세 사람은 공통적으로 무언가 두려움이나 공포에 사로잡힌 듯, 차분하고 안정된 마음과는 거리가 멀다.

주변의 상황도 불안이라는 제목에 걸맞게 표현되어 있다. 뭉크는 다리 위에 서 있는 인간을 자주 표현하는데, 위태로운 삶의 조건을 드러내려는 의도인 듯하다. 우리는 단단한 땅 위에 발을 딛고 서 있을 때 심리적 안정감을 느낀다. 아무리 튼튼한 철강 재료를 사용하고 현대식 공사기술로 지었다 하더라도 다리 위를 걸을 때 어느 정도는 불안감을 느낀다. 저 아래로 내려다보이는 강보다 높은 지점 위에 있기 때문이다. 검은색을 바탕으로 붉은색을 대비시킨 것도 효과를 높인다. 게다가 하늘이나 땅도 마치 요동치는 듯한 모양으로 출렁거려서 불안감을 극대화한다.

또한 한 사람이 아니라 뒤로 줄지어 사람들이 걸어오는 구도를 잡은 점도 생각해볼 만하다. 원근 효과를 살림으로써 캔버스에 모습이 담긴 사람만이 아니라 더 많은 사람, 보다 의미를 확장하면 인간 모두가 그 대열에 서 있음을 암시한다. 불안은 특정한 상황 속에서 소수의 개인이 겪는 한정된 문제가 아니라 일반적인 인간 조건에 해당한다는 메시지를 던져주는 게 아닐까?

프루스트도 《잃어버린 시간을 찾아서》에서 불안을 정신이 일상적으로 마주해야 하는 감정 상태라는 점을 강조한다.

> 매번 정신은 스스로를 넘어서는 어떤 문제에 직면할 때마다 심각한 불안감을 느낀다. 정신이라는 탐색자는 자기 지식이 아무 소용없는 어두운 고장에서 찾아야만 한다. 찾는다고? 그뿐만이 아니다. 창조해야 한다. – 〈스완네 집 쪽으로〉

우리는 매 순간 선택에 직면한다. 하다못해 오늘은 어떤 옷을 입고, 다음 끼니는 어떤 메뉴로 때울 것이며, 어떤 교통수단을 사용할 것인가에 이르기까지 사소한 선택도 포함된다. 문제는 스스로를 넘어서는 선택, 즉 정신으로서 적지 않은 부담감을 느껴야 하는 선택도 일상적으로 적지 않다는 점이다.

예를 들어 친구나 연인 사이, 나아가서는 일을 둘러싼 사이처럼 다양한 인간관계에서 어떤 태도를 보이며 풀어가야 할지를 놓고 골치 아픈 판단을 해야 한다. 그동안의 상식이나 판단 기준으로는 수월하게 대응할 수 없는 상황이 꽤 빈번하게 벌어지기에 잦은 갈등이 생긴다. 가장 많은 시간을 보내는 공간에서의 일상도 예외가 아니다. 학생이든 직장인이든 자기 앞에 해결해야 할 문제가 언제나 산적해 있기 마련이어서 머리가 지끈거린다.

선택과 행위에 따라 나타날 결과가 불확실한 경우가 많기에 그만큼 불안이 퍼진다. 더군다나 아직 자신의 정신으로 경험해보지 못한 새로운 상황에 종종 처한다. '자기 지식이 아무 소용없는 어두운 고장'과 만나기도 한다. 바로 지식의 통제 범위를 넘어서는 무의식의 흔적과 충동이다. 사실은 프루스트 소설의 전체 분위기가 어느 한순간도 안정감을 느낄 수 없을 정도로 불안의 기운이 감돈다.

실존주의 철학자로 잘 알려져 있는 사르트르Sartre의 소설, 《자유의 길》도 짙은 안개가 낀 도로를 운전하듯 한치 앞을 알 수 없는 불안에 갇혀 있다. 여자든 남자든 삶 전체를 지배하는 불확실성 앞에서 부유한다.

> 그녀는 담배가 피우고 싶어 견딜 수가 없었다. … 왜 담배를 피우고 싶다고 생각했는지 이유조차 지금은 모르게 되었다. 나뭇잎이 조용히 살랑거리고, 들판이 마룻바닥처럼 삐걱거렸고, 별은 짐승과 같았다. … 쓸모없는

이 세계, 보거나 만지거나 하지 않으면 안 되는 이 세계 속에서, 길을 잃고 헤매는 것처럼 느껴졌다.

이야기에 등장하는 온갖 군상이 하나같이 신경증에 걸린 사람처럼 흔들리는 정신을 짊어지고 산다. 그런데 사실은 소설의 배경인 20세기 중반의 프랑스 사회에만 국한되는 현상이 아니다. 당장 우리 주변을 살펴봐도 그리 차이가 없다. 현대인은 수많은 종류의 불안 증세를 안고 살아간다. 인간이 본래 지니는 내적인 요인에 더해 갈수록 불투명해지는 앞날의 정치 · 경제 · 사회 상황, 경쟁력을 극단적으로 중시하는 능력주의 체제에서 사회적 인정을 받으려는 욕망 등이 중첩되면서 불안은 갈수록 확대된다.

치료가 필요한 병적인 신경증까지는 아니어도 무한경쟁 사회에서 언제든지 뒤처질 수 있다는 불안감을 타고난 운명처럼 안고 살아간다. 경제 불황, 실업률 증가, 구조 조정 등의 어두운 사회현실이 사회 구성원 대부분을 불안으로 내몬다. 마치 뿌리는 허약한데 가지는 얽히고설킬 정도로 많고, 허구한 날 바람은 불어대서 위태로운 나무와 같다.

마음을 폭넓게 지배하는 부정적 감정이기에 심리학에서도 불안은 그 출발부터 중요한 탐구 대상이었다. 프로이트는 "불안이 무엇인지 소개할 필요는 없다. 우리 모두는 자신의 체험을 통해 이런 느낌을 갖고 있다."라며 불안을 누구나 겪는 보편적 감정으로 언급한다. 누구나 겪는다고 해서 불안이 본능에 속한다고 할 수는 없다. 불안은 본능이 아니라, 정신에 관련되기 때문이다.

불안은 정서적인 상태며, 자아에 의해서만 느껴진다. 이드는 자아처럼 불안을 지닐 수 없다. 왜냐하면 이드는 조직이 아니라서 위험 상황에 대해 판단을 할 수 없기 때문이다. – 《억압, 증후 그리고 불안》

불안을 느끼는 주체는 성적인 에너지와 같은 본능이 아니라 상황에 대한 판단 능력을 지닌 자아다. 그러한 의미에서 불안은 정신 영역에 속한다. 또한 불안은 주관적 정신과 연관성을 지닌다는 점에서 심리학과 맞닿아 있다. 불안을 직접 느끼는 주체는 현실에서 구체적 삶을 영위하는 특정 개인이다. 개인과 무관하게 추상화된 차원의 불안이란 뿌리 없는 나무처럼 의미 없는 개념이다. 같은 집에 살고 있다고 해서 동일한 불안을 겪는 것도 아니다. 남편과 부인, 그리고 아이는 각자의 내밀한 심리 안에서 똬리를 틀고 앉아 있는 고유한 불안을 갖는다.

하지만 개인의 심리를 추적하다보면 불안은 곧바로 일반적인 정신 개념과 만나게 됨으로써 객관적 학문 차원으로 연결된다. 무엇보다 먼저 불안은 개인이 느끼지만 모든 인간에게서 공통적으로 나타나는 감정이라는 점에서 일반성을 지닌다. 키에르케고르Kierkegaard는 동물에게는 불안이 없다고 한다. 인간의 고유한 감정이기에 인간 일반의 특징과 연결된다. "정신의 현실성은 스스로의 가능성을 유인해내는 모습으로서 나타난다. 하지만 가능성은 잡으려 하자마자 빠져 나간다."(《불안의 개념》)

인간이 불안한 이유는 정신적 존재이기 때문이다. 정신은 머물지 않고 쉴 새 없이 스스로의 새로운 가능성을 향해 나아간다. 하지만 그 가능성은 잡으려 하자마자 곧 빠져나간다. 동물은 본능적 충동이 지배적이라서 정신으로 규정될 수 없는 존재다. 어떤 가능성을 향해 스스로 나아가지 않기에 가능성이 실현되지 못하는 데 대한 불안도 없다. 정신이 적으면 적을수록 불안도 적다. 정신의 본질을 추적한다는 의미에서 키에르케고르는 불안을 철학의 출발이자 핵심적 과정의 문제로 끌어들인 철학자다.

프리츠 리만Fritz Riemann은 《불안의 심리》에서 불안의 근거를 정신에서 찾는 것을 넘어, 불안과 정신의 상호관계에 주목한다.

> 불안은 불가피하게 우리 삶의 일부를 이룬다. 불안은 늘 새롭게 변화하면서 태어나서 죽을 때까지 우리와 동반한다. 인류사를 보면 불안을 감당하거나 줄이거나 극복하거나 묶어두려는 시도는 언제나 있어왔다. 주술 · 종교 · 학문이 그러려고 애를 써왔다.

누군가가 불안 없는 인생을 살 수 있으리라 믿는다면 대단한 착각이다. 불안은 인간에게서 뗄 수 없는 일부다. 불안에서 벗어난다면 이미 인간을 초월한 존재다. 우리가 할 수 있는 일은 불안의 제거가 아니라, 완화하거나 일정한 정도 내에서 제어하는 정도다. 주술 · 종교 · 학문 등 정신활동이 이를 담당해왔다. 조금 더 구체적으로는 용기 · 신뢰 · 인식 · 힘 · 희망 · 겸손 · 믿음 그리고 사랑 등의 가치를 통해 제어하고자 노력한다.

과거에는 불안을 일으켰으나 학문이나 종교를 통해 지금은 일정하게 완화시킨 일부 요소도 있다. 예를 들어 과거에 천둥이나 번개, 혹은 일식이나 월식은 불안을 야기하는 원인이었다. 하지만 과학 발전과 더불어 이제는 자연에서 볼 수 있는 흥미로운 구경거리일 뿐 더는 불안 체험이 아니다. 대신 문명과 과학 · 기술의 발달은 새로운 불안 요소를 만들어내기 때문에 불안의 양과 정도가 줄어들었다고 말할 수는 없다. 전통사회나 현대사회를 가리지 않고 인간은 모두 불안을 자기 조건으로 하며, 어떤 면에서는 현재로 올수록 빠른 사회변화 속도만큼이나 불안이 더 일상화된 면도 있다.

분리와 고립에서 오는 불안

불안을 불러일으키는 몇 가지 주요 요인이 있다. 그 가운데서 다른 사람으로부터의 분리나 고립 가능성 때문에 생기는 불안은 인생에서 가장 먼저 경험하고 평생에 걸쳐 나타난다. 뭉크의 〈생 클루의 밤〉은 고독에 빠진 사람을 담고 있다. 한 남자가 달빛이 비치는 창가에 앉아 골똘히 생각에 잠겨있다. 집안에서 창밖을 감상하는 편한 분위기와 거리가 멀다. 외출할 때 쓰는 모자를 고려할 때 밖을 향한 열망이 있지만 두꺼운 벽과 어둠을 경계로 차단되어 있는 느낌이다. 창을 통해 들어온 빛이 지나가는 길 말고는 짙은 어둠이 공간을 지배한다. 사람도 그림자의 일부인 듯하다. 심지어 가구나 소파처럼 방을 구성하는 물건의 일부로 보인다. 뭉크 스스로가 벗어나지 못하던 불안의 그림자를 그림을 통해 음울하게 나타낸 게 아닐까 싶다.

사람은 태어나자마자 곧바로 분리와 고립 가능성에서 오는 두려움을 겪는다. 스스로 움직이거나 말을 할 수 없는 유아기 때조차 혹시 어머니가 자신을 떠나지 않을까라는 두려움에 휩싸일 적이 많다. 아이는 어머니에게 절대적으로 의존하는 존재다. 다른 사람에게 맡기든 방안에 혼자 두고 나가든 어머니가 없는 상태는 끊임없는 불안을 자아낸다.

유아기의 마음에만 나타나는 치기 어린 감정이 아니다. 청소년 시기를 거치면서는 곧 독립해서 자기 힘으로 세상에 나서야 한다는 강박감이 엄습한다. 다시 부모와 분리될 가능성, 그것도 막연한 가능성이 아니라 현실성으로서 맞이하면서 불안은 증폭된다. 프루스트 역시 청소년 시기를 경과하면서 어머니와 떨어져 사는 상황을 맞이한다. 다른 지방으로 떠나게 되면서 긴 이별로 인한 공포에 몸서리친다.

> 내가 느낀 공포, 낯선 방에서 잔다는 이 공포는, 현재 우리 삶의 가장 좋은 부분을 구성하는 요소가 미래에는 존재하지 않을 거라는 사실을 정신이 인정할 수밖에 없을 때 나타나는 저 커다란 절망적인 거부, 그런 거부의 가장 소박하고도 막연하며 생리적이고 거의 무의식적인 형태에 지나지 않는지도 모른다. - 〈꽃핀 소녀들의 그늘에서〉

아이에게는 부모, 특히 어머니와 함께 있는 상태는 '우리 삶의 가장 좋은 부분'이다. 푸근한 안정감을 느끼며 영원히 지속되기를 열망한다. 하지만 기대가 이루어지기 어렵다는 사실을 깨닫기 시작한다. 유아기에는 단지 몇 시간씩 떨어져 있는 시간이 불안을 자아낸다면, 청소년기

뭉크, 〈생 클루의 밤〉, 1890년

에 들어서며 여러 측면으로 장기적이거나 영원한 이별이 불가피하다는 것을 점차 깨닫는다.

먼저 청년이 되는 순간 경제적인 면에서만이 아니라 구체적인 생활에서도 결국 독립을 해야 한다는 사실을 알게 된다. 아무리 부인하려 해도 인정할 수밖에 없을 때, 그리고 그 순간이 점점 다가온다고 느낄 때 불안은 자라난다. 게다가 궁극적으로 부모가 언젠가는 돌아가실 것이라는 점도 알게 된다. 어릴 때부터 성장 과정 전체에 이르기까지 계속되는 불안은 무의식 속에 깊숙하게 자리 잡기 때문에 나중에 성인이 돼서도 마음을 흔드는 요인으로 작용한다.

분리와 고립 가능성은 부모와의 관계에 머물지 않는다. 부모에 대한 애정만큼 마음을 구속하는 연애 관계에서도 동일하게, 보다 정확히 말하자면 더욱 극심한 양상으로 나타난다. 삶 전체에 걸쳐 프루스트를 괴롭힌 것도 바로 이 문제다.

> 이런 여인들, 이 도망치는 존재에게, 그 본성과 우리의 불안이 날개를 부여한다. 바로 곁에 있을 때마저, 그녀의 눈길은 날아가 버리겠다고 말하고 있는 성싶다. … 그녀를 잃지나 않을까 두려운 나머지 다른 모든 여성을 망각하고 만다. – 〈갇힌 여인〉

사랑에 빠져 있는 순간에도 불안은 지속된다. 당장은 가슴이 터질 듯이 서로에게 다가서지만 언제까지나 지속되리라는 보장은 없다. 절실한 마음으로 사랑하고 오늘 가장 소중한 기쁨을 느끼는 연인이지만, 어느 순간 모습을 보지 못하고 대화를 나눌 기회도 박탈당할지 모른다는 미래에 대한 두려움이 엄습한다. 실제로 첫사랑이 대부분 그러하듯이 가슴이 저린 이별 경험을 한다. 결핍에서 연유하는 고통이 얼마나 잔인한지를 온몸으로 느끼고 무의식 속에 상처로 남는다.

새로운 사랑이 시작되더라도 무의식은 우리에게 이별의 가능성을 끊임없이 알린다. 이러한 의미에서 그 여인, 혹은 그 남자는 도망치는 존재다. 가장 가까이 있는 순간, 심지어 서로의 육체가 하나가 되어 있는 순간조차 그러하다. 나에게서 떠나갈 수 있다는 불안이 집착을 만든다. 연애에 문제가 생겨 고민하는 사람에게 흔히 이 세상의 절반이 남자라거나 여자라고 위로 아닌 위로를 한다. 하지만 불안은 다른 사람이 보기에는 밉상으로 보이는 상대에게 더욱 몰입하게 만든다. 집착이 깊어갈수록 반대로 균열은 커진다.

자신은 그런 불안 따위는 없다며, 아주 가볍고 '쿨'하게만 관계를 갖는다고 자부하는 사람도 꽤 있을 것이다. 실제로 가볍게 시작하고, 관계가 유지되는 동안에도 별로 큰 기대를 안 하며, 오는 사람 막지 않듯이 가는 사람 잡지 않는 사람도 있다. 사르트르의 《자유의 길》에 나오는 여러 관계도 순간적인 충동과 건조한 대화가 가득하다.

> 마티외는 그녀를 향해 몸을 굽혔다. 그리고 그녀를 좀 골려주려고 꼭 다문 차가운 입에 입술 끝을 대보았다. … '결혼한 남자가 택시 안에서 처녀를 희롱하고 있다.' 그런 생각을 하니, 손이 솜덩이처럼 힘없이 떨어졌다. … 내가 무슨 짓을 했던가? 조금 전만 해도 이 사랑은 존재하지 않았다.

하지만 이러한 관계는 고립에의 불안을 제거하기는커녕 고립과 불안의 연장이자 일상화다. 가슴에 가득한 충만감을 느끼기보다는 매순간 결핍감을 재생산하기 십상이다. 가벼운 관계를 동시에 여러 명과 누린다고 해서 해결될 일도 아니다. 오히려 휑한 마음을 확인하는 순간이 더 많아진다. 생동감을 잃는 거리두기와 아픔을 두려워하는 겁쟁이의 관조에 불과한 경우가 대부분이다.

처음에는 격렬한 섹스가 허전한 마음을 채워줄 것 같지만 일정한 시간이 흐르면 욕정이 주는 감동도 시들해진다. 상대의 몸을 원하는 욕망도 점차 습관이 대신한다. 사랑과 섹스는 별개라며 안위해보지만 마음이 둔 거리만큼 어느 순간 몸도 기계적으로 반응하기 시작한다.

> 그는 창녀 집을 찾은 군인처럼 성교를 하고 있었다. … 틀림없이 무엇인가를 잊어버리기로 작정한 사람처럼, 술에 취했을 때처럼 성교를 했다. 마침내 그는 절반쯤 죽은 사람처럼 그녀의 몸 위로 쓰러졌다. 그녀는 기계적으로 그의 몸과 머리카락을 애무했다.

섹스는 몸을 통해 나타나는 감정과 욕망의 상호 대화다. 물론 몸보다 마음이 앞서야 한다는 고리타분한 말을 하려는 의도는 전혀 없다. 얼마든지 몸이 앞설 수 있다. 문제는 무엇이 앞서든 적어도 사랑이라면 같이 가야 한다는 점이다. 당연히 '그'의 섹스가 기계적일 때 '그녀'의 몸은 상처로 남는다. "지난날 그가 내 몸에 손을 대면 나는 비단결처럼 부드러워졌었지. 그러나 이제 내 육체는 메마른 흙과 같고, 그의 손가락 아래 내 육체는 균열이 생기고 말라 버렸다." 결국 거리를 두고 벽을 쌓아놓은 채 애써 태연한 척 하는 관계는 이별을 예감하는 자기 보호이고, 그러한 의미에서 만연한 불안이다.

《불안》이라는 책으로 불안에 대한 대중적 관심을 넓히는 데 큰 역할을 한 알랭 드 보통Alain de Botton도 불안의 주요 원인 가운데 하나로 사랑 결핍을 꼽는다.

> 사랑의 결핍은 우리에게 어떤 영향을 주는가? 무시를 당하면 왜 '울화와 무력한 절망감'을 견디지 못하고 차라리 고문을 당하는 쪽이 낫다고 생각하게 되는가? … 우리의 '에고'나 자아상은 바람이 새는 풍선과 같아, 늘 외부의 사랑이라는 헬륨을 집어넣어 주어야 하고, 무시라는 아주 작은 바늘에 취약하기 짝이 없다.

불안은 근본적으로는 기대에서 온다. 간절하게 욕구하는 바가 충족되지 않을지도 모른다는 두려움이 불러일으키는 감정이기에 "불안은 욕망의 하녀"라고 한다. 기대와 결핍이 교차하는 욕망은 인간이 일반적으로 갖고 있는 속성에 해당하는 것과 현대사회의 특징 때문에 나타나는 것으로 구분할 수 있다. 남들에게 인정을 받거나 명성을 얻으려는 욕심, 더 나은 삶을 향한 기대 등은 이미 전통사회에서부터 나타나는 불안 원인이다. 사랑의 결핍은 인간의 기본 속성에서 비롯되는 요인이다.

프리츠 리만은《불안의 심리》에서, 인간관계의 분리와 고립으로부터 유발되는 불안을 여러 인성으로 구분하여 보다 체계적인 탐구를 한다. 인간의 각 부류 안에서 나타나는 성격을 분열적 인성, 의존적 인성, 강박적 인성, 히스테리성 인성 등으로 구분한다. 인성에 따라 불안 양상은 다르게 나타난다.

> 분열적인 사람이 '너'를 향해 자신을 여는 헌신에 대한 불안 때문에 친밀하고 가까운 모든 것을 피할 때, 그는 점점 더 고립되고 고독해진다. 가까움에 대한 불안은 특히 누군가 다가오거나 누군가에게 다가갈 때 두드러지게 자리 잡는다.

분열적 인성을 가진 사람은 자신에게 얼마나 사랑의 능력이 없는지를 감지한다. 함께 살아가는 사람에 대한 지향을 추측과 망상에 의존하기 때문에 내적으로 일치하는 긴밀한 관계를 형성하기 어렵다. 마음속에 있는 기대가 상대방과 일치하지 않는다는 사실을 항상 목격하게 되면서 관계에 대한 자신감은 갈수록 줄어든다. 관계를 갈망하지만 결국 상처로 남게 될 것이라고 미리 자기 마음속에 결론을 내린다.

다른 사람과 교류할 때의 불확실함을 누구보다 더욱 강하게 갖기 때문에 관계가 가까워질수록 불안의 강도도 높아진다. 가까움과 교류에 대한 그리움, 애무와 사랑에 대한 동경, 또 무엇보다 솟구치는 성적 욕망을 자기 스스로 포기하는 상태에 이른다. 자기 안에 억압된 사랑 능력 때문에 사랑스럽지 않게 굴고, 온 사방에서 라이벌의 냄새를 맡으며 불안의 나날을 보내야 한다.

분열적 인성이 자신에 대한 자신감 결여 때문에 긴밀한 관계의 기피 양상으로 나타난다면, 의존적 인성은 상대에게 기대려는 양상으로 나타난다.

> '너'에게 가까이 있고 머물려고 한다. '자신'의 독자성과 독립성 개발이 적을수록 파트너로부터의 간격 · 거리 · 떨어짐은 그만큼 더 많은 불안으로 체험되며, 거기에 이르지 않으려고 애쓰게 된다.

의존적 인성을 가진 사람은 어릴 때부터 고유함과 독립성을 키우지 못했다. 내적으로 자립하지 못했기 때문에 그만큼 남들이 더 필요하다. 자아가 강하지 못한 사람은 자신을 지켜줄 힘을 타인에게서 찾는다. 외부의 강한 자아가 필요하다. 자아가 허약하기에 상대방에게 의존하고, 그럴수록 더 자신을 포기한다.

하지만 이런 식으로 관계를 맺어오면서 상대방이 자기에게서 멀어지는 경험을 반복한다. 완전히 파트너에게 헌신하며 희생하기 때문에 더 긴밀해지지 않을까라고 생각하기 쉽다. 하지만 '당신이 어딜 가든, 세상 끝까지 나도 따라갈 테야.'라고 하는 태도가 처음에는 간절한 사랑으로 느껴지겠지만, 점차 집착이라는 사실이 드러난다. 상대방으로서는 자기에게 모든 것을 의존하는 상황이 답답하게 에워싸이는 갇힘으로 느껴지기 마련이다. 의존적인 사람은 자신이 언제든지 버림받을 수 있다는 불안에 휩싸여 산다. 일상적으로 분리 불안, 상실 불안에 시달린다. 불안에 휩싸인 그는 의존을 약화시키는 것이 아니라 반대로 의존을 강화한다. 상대가 멀어지려고 하면 협박 수단을 쓰기도 하는데, 심한 경우 자살하겠다는 위협까지 서슴지 않는다.

히스테리성 인성을 가진 사람은 또 다른 방식으로 불안을 키운다. 이들은 새로운 것의 마력, 알지 못하는 것을 알려는 자극, 무언가를 감행

해보는 기쁨을 향해 치닫는 경향이 있다. 변화의 자유를 지향하고, 모든 새로운 것을 긍정하며 모험을 즐거워한다. 이들에게는 관계가 깊어지면서 오는 관성이 오히려 불안을 유발시키는 요인으로 작용한다. 그렇다고 해서 관계 자체의 기피는 아니다. 모험의 느낌을 줄 수 있는 새로운 관계를 되풀이하여 원한다. 하지만 곧이어 관성이 작용하기에 다시 불만을 품는다. 이들의 불안은 과거의 관계에서 오는 분리가 아니라 새로운 관계와 분리되어 있는 현실에서 온다.

죽음과 불안

미술에 약간의 관심을 가진 사람이라면 잘 알고 있듯이, 뭉크는 죽음과 함께 호흡하며 살아간 화가였다. 어머니는 그가 5세 때 결핵으로 세상을 떠났다. 누나도 10년 뒤에 폐결핵으로 죽었고 누이동생은 정신병에 걸렸다. 뭉크도 13세에 피를 토하며 죽음의 문턱까지 갔다. 하필이면 탄생의 상징인 크리스마스에 말이다. 뭉크는 이렇게 말한다. "내 예술에 있어서 우리 집안의 분위기는 어린아이에게 있어서 산파와 같다. 나는 생생하게 기억하고 있다. 그것은 베개와 병상과 이불의 나날이었다." 질병과 죽음이 가득한 공기가 만들어내는 불확실함, 어느 곳에도 자신 있게 발을 대딛을 수 없는 상황은 절망을 만든다. 그리고 절망은 사람을 한없이 깊은 바닥으로 침잠시킨다.

뭉크의 〈병실에서의 죽음〉은 평생 동안 둘러싸고 있던 죽음의 분위

뭉크, 〈병실에서의 죽음〉, 1893년

기를 보여준다. '죽음' 자체보다는 이를 둘러싼 죽음의 '분위기'에 초점을 맞춘 그림이다. 폐결핵으로 죽은 누나의 경험에서 온 장면인 듯하다. 죽음을 묘사했지만 정작 죽은 사람의 모습은 보이지 않는다. 그저 병실 침대의 일부만이 사람들 사이로 보일 뿐이다. 그림의 주인공은 살아남은 자의 슬픔이다. 일곱 명의 사람이 제각기 다른 위치에서 서로 다른 자세로 비통한 심정에 잠겨 있다. 하나같이 무거운 표정이다. 죽은 사람은 곁을 떠났지만 남은 사람들은 상당 기간 죽음의 분위기에 결박된다. 죽음에 대한 불안에 일상적으로 사로잡혀 있는 화가의 내면이

고스란히 드러나는 듯하다.

프루스트도 자신을 끔찍하게 아끼고 사랑하던 할머니가 병환으로 세상을 떠난 사건을 계기로 문득문득 죽음으로 인한 불안이 엄습함을 느끼며 살아간다.

> 우리는 죽음의 시각을 막연하고도 머나먼 공간에 자리 잡고 있는 것처럼 상상한다. 죽음의 시각이 이미 시작한 하루와 어떤 관계를 가지며, 그렇게 막연하지 않은 오늘 오후에, 시시각각이 무엇에 쓰이는지 미리 정해 있는 이 오후에도 생겨날지 모르는 것을 뜻할 수 있다고는 생각지 않는다."
>
> ― 〈게르망트 쪽〉

누구나 인간은 죽을 운명에 있다는 사실은 안다. 하지만 단지 알 뿐이다. 죽음이 언제든지 자기 몸을 덮칠 수 있는 임박한 문제라고 생각하지 않는다. 그저 언젠가는 찾아오겠지만 현재의 자신과 별로 상관이 없는 문제로 치부한다. 그렇기 때문에 어떤 계획을 세울 때 죽음이라는 변수를 전혀 고려사항에 넣지 않는다.

당장 아침에 외출을 할 때 우리 앞에 하루가 온전하게 다 있다고 가정한다. 그 다음날이 좋은 날씨이기를 바라 마지않는 마음속에도 죽음의 흔적은 전혀 없다. 봄이 찾아와서 몇 달 동안 입은 겨울옷을 장롱 안에 넣으면서 일 년 후에 다시 꺼낼 것을 의심하지 않는다. 심지어 평균 수명이 허용한 범위를 틀림없이 모두 누릴 것이라고 믿어 의심치 않는다.

하지만 가족 중의 누군가가 깊은 병환으로 몇 개월 이상 집에 누워 있다거나, 혹은 너무나도 사랑하는 사람이 세상을 떠나는 경험을 고통스럽게 겪고 나면 죽음이 우리 곁에서 그리 멀리 떨어져 있지 않음을 실감한다. 특히 뭉크처럼 부모와 형제자매의 죽음을 연이어 목격하고 나면 죽음의 그림자가 주변을 어른거린다. 사고가 아니라 병환이면 더 심하다. 수개월이나 수년 이상 자리보전을 하고 있는 동안 집안을 지배하는 죽음의 공포가 그 기간 이상으로 우리의 무의식에 남기 때문이다.

사르트르의 《자유의 길》에서도 죽음으로 인한 불안의 그림자가 어른거린다. 죽음에의 불안이 얼마나 여러 종류로 나타날 수 있는지를 잘 보여준다.

> 그들 남매는 죽음을 두려워한다. 요컨대 늙는 것이 두려운 것이다. 발랄하고 산뜻하다고 별 수 있나. 그들의 영혼은 불행하다. 죽음 · 병 · 늙음을 두려워하니까. 빈사 상태에 빠진 사람이 생명에 매달리듯이, 그들은 청춘에 눌어붙고 있다.

늙어가는 것에 대한 불안도 죽음과 연관된다. 늙어감이란 질병이나 사고처럼 급작스럽지는 않지만 그만큼 죽음에 서서히 다가서는 과정이기 때문이다. 특히 아름다움에 대한 사회적 편견까지 덧씌워져 있기에 여성들은 더욱 젊음에 집착하고, 그만큼 늙음에 대한 불안은 커진다. 거울 앞에서 하루에도 여러 번 얼굴을 만지작거린다. 아직 젊은 나이임에도 불구하고 주름이 생길까 봐 벌써부터 걱정이다.

전통사회에서는 전염병을 비롯한 질병과 기아로 인한 죽음의 공포가 불안을 자극한다면, 현대사회는 각종 사고 앞에 노출되어 살아간다. 거의 매일 대중매체를 통해 교통사고로 인한 사망 소식을 접한다. 일상에 퍼져 있는 범죄의 가능성도 위협 요소다. 각종 규모의 재난으로 인한 사망 소식도 무시할 수 없다. 게다가 복잡한 사회 상황은 전통사회보다 더욱 첨예하게 자살 충동을 자극한다.

> 마티외는 몇 발자국 옮겨 놓다가 다시 걸음을 멈추고, 난간 위에 앉아서 흐르는 강물을 바라보았다. … 그의 미래는 정해진 임무를 수행하도록 짜여 있었다. 낭시행 열차, 병사, 무기 조작. 그러나 이제 이러한 미래나 임무도 그의 것이 아니었다. … 두 손으로 돌난간을 움켜잡고 강물 위로 몸을 숙였다. 다이빙만 하면 끝이 날 것이다.

자살은 자아가 스스로에게서 의미를 발견하지 못할 때 자극을 받는다. 《자유의 길》은 제2차 세계대전을 전후한 프랑스와 유럽 상황을 배경으로 하고 있기에 전쟁이 강제하는 자아 붕괴가 문제다. 전쟁은 모든 면에서 자신의 선택을 배제해버린다. 그 무엇도 자기 의지로 움직이지 않는다. 게다가 전쟁이 자신의 필요나 의지와 무관하다는 생각을 하는 사람이라면 자아의 의미 상실은 더욱 커진다.

하지만 정해진 임무를 수행하도록 짜여 있는 삶의 조건은 전쟁 상황으로만 국한되지 않는다. 현대사회에서 자살이 급증하는 이유도 여기에 있다. 전통사회는 상대적으로 인간과 자연이 직접 연결되는 관계다. 자연을 자신에게 유용하도록 개조하는 과정에서 자아는 자신에게서 능동적인 힘을 발견한다. 하지만 현대사회는 수많은 층으로 나뉜 인간과 인간의 조직 안에서 움직인다. 게다가 개인에게 미치는 국가의 작용도 훨씬 더 체계화되고 일상화된다. 전쟁 상황보다 강도는 덜하지만 정해진 임무를 수행하도록 짜여있는 조건이 한 인간을 사방에서 조여 온다. 일이나 미래조차 자기 의지에서 벗어나 있는 경우가 더 많다. 자아가 사라진 자리에서 자살 충동이 자라난다. 자살을 생각하는 자신에게서 불안은 떠나지 않는다.

키에르케고르나 하이데거처럼 대부분의 실존주의자는 죽음에서 적극적 의미를 발견하고자 했다. 죽음의 임박한 가능성으로부터 진정한 자신을 발견하고, 나아가서는 진정한 인간 이해에 도달할 수 있다고 여긴다. 죽음은 아무도 나를 대신해서 해줄 수 없는 유일한 것이라는 점에서 오직 자신에게 속하기 때문이다.

하지만 사르트르는 실존주의 문제의식을 집대성한 《존재와 무》에서 죽음으로부터 인간 존재의 가능성이 나오는 것은 아니라고 비판한다.

> 죽음은 나 자신의 가능성이기는커녕 우연한 사실이다. … 우리가 사실성이라고 부르는 것은 탄생과 죽음의 이런 동일성이다. … 나는 나의 죽음을 발견하지도 못할 것이고, 나의 죽음을 기대하지도 못할 것이며, 나의 죽음에 대해 태도를 취하지도 못할 것이다.

사르트르는 죽는 것이 누구도 나를 대신해서 할 수 없는 유일한 것이라는 말은 전혀 근거가 없다고 지적한다. 현실에서는 상관없는 누군가가 나를 대신해서 죽을 수 있다. 앞의 소설에서 전쟁 상황이 그러하듯이 나의 의도와 무관하게 죽음으로 뛰어 들어가야 하는 경우가 얼마든지 있다. 종교적인 목적, 교화나 증언 등을 위해 죽는다는 명목으로 얼마든지 가능하다.

죽음은 탄생과 마찬가지로 단순한 사실이다. 죽음은 존재를 향한 가능성이기보다는 오히려 나에게서 벗어나는 현상이다. 우리는 자신의 죽음을 발견할 수 없다. 죽음은 자신을 타인들에게 맡겨지도록 하는 것이기 때문에 자신에게서 벗어나 외면적인 것으로 남게 할 뿐이다.

우리는 현실에서 죽음이 아니라 끊임없는 기대를 꿈꾼다. "우리의 인생은 하나의 긴 기대다. 목적 실현에 대한 기대고, 특히 자신에 대한 기대다." 단순히 여러 대상을 기대한다는 의미를 넘어선다. 기대 대상을 얻을 수 있다는 의미가 아닌, 목적 실현 자체에 대한 기대라는 점에서, 기대의 기대, 즉 자신에 대한 내적인 기대다. 인간이 자유로운 존재일 수 있는 가능성도 기대에서 온다. 자유는 주관성에서 오는데, 죽음은 자신에게서 벗어나는 사건이기 때문에 주관성과는 거리가 멀다. 진정한 주관성은 기대에서 형성된다. 죽음은 기대보다는 불안의 요인으로 남는다.

세상에 내던져진 불안

뭉크의 〈룰렛 테이블에서〉는 도박에 몰두하는 인간 군상을 담았다. 룰렛은 돌아가는 37개의 눈금으로 나눈 회전반 가운데 1개의 알을 넣고

뭉크, 〈룰렛 테이블에서〉, 1892년

빠른 속도로 돌리다가 정지했을 때 알이 어느 눈금에 정지하느냐를 맞추는 노름이다. 16세기 초경부터 세계적으로 유행되기 시작하여 지금도 도박장을 상징하는 기구다.

그림을 보면 큰 테이블 위에 룰렛이 설치되어 있다. 오른 쪽으로 둥그런 회전반이 있고, 그 옆으로는 베팅을 할 수 있도록 칩을 올려놓는 숫자판이 있다. 수많은 사람이 룰렛 테이블을 둘러싸고 도박에 열중한다. 대박의 꿈을 좇으며 베팅을 하는 숫자판에 눈을 고정시킨다. 이미 베팅이 끝난 사람은 초조한 마음으로 결과를 기다린다. 옆의 회전반이 돌아가고 결과가 나오면 냉정하게 소수의 승자와 대다수의 패자로 분리되리라.

어쩌면 도박장은 특정한 장소에만 있거나 일부의 사람만 드나드는 장소가 아니다. 적어도 현대사회는 전체가 다 도박장처럼 변질되어 있다. 우리는 현대사회가 과거의 그 어떤 사회보다 합리적인 정신과 체제로 무장되어 있다고 자신한다. 이성적인 정신과 공리주의적인 합리성이 사회와 구성원에게 널리 퍼져있기에 큰 굴곡 없이 편안하게 살 수 있는 사회라고 생각한다.

하지만 현실에서는 합리성이 정신을 질식시키는 방향으로 간다. 이성이 대량생산과 대량소비를 위한 수단으로 전락하고, 그 결과 현실의 인간은 물질적 만족에 자신을 내맡긴다. 하지만 물질적 만족은 정신의 질식을 동반하기 쉽다. 생산과 소비의 규모가 커질수록 정신적 공허함이 늘어나는 현실을 현대인이라면 누구나 경험한다.

효율성이 지배하는 현실 사회에서 사람들은 계산 가능성의 지배를 받으면서 분주하게 계획을 세우고 실행에 옮겨야 한다. 정신은 최소 투입과 최대 산출이라는 효율성 원리에 지배당한다. 경쟁 속에서 성과를 내야 한다는 강박관념과 언제든지 경쟁에서 탈락할 수 있다는 파국적 절망감이 정신을 옭아맨다. 정신이 자기 내면을 향해 시선을 둘 여유도 없다. 현대인의 모든 생활을 규정하는 경쟁과 합리성 원리는 모든 사람을 불안 속에 가둔다. 우리가 한시도 기술세계에서 벗어날 수 없다는 점에서 일상적 불안이 지배한다. 결국 인간은 기술세계에 끊임없이 내던져진 존재로 살아간다.

도박이 불확실성을 특징으로 한다면 현대사회는 그 자체가 거대한 도박장이다. 알랭 드 보통은 《불안》에서 현대사회가 어떻게 우리를 불안의 구렁텅이로 몰아넣는지를 여러 측면에서 분석한다.

> 미래를 생각해 보면 우리는 동료나 경쟁자 때문에 좌절할 수 있고, 자신에게 선택한 목표를 이룰 재능이 없다는 사실을 발견할 수 있고, 굽이치는 시장의 파도 속에서 재수 없는 흐름에 말려들 수도 있다. 게다가 우리의 실패는 동료의 성공 가능성 때문에 더 심각해 보일 수도 있다. 불안은 현대 야망의 하녀다.

경쟁을 통한 신분 상승을 거의 유일한 인생의 가치로 강제하는 사회에서 우리는 언제든지 뒤처지거나 탈락할 수 있다는 불안 속에 살아야 한다. 경제의 특성 때문에 지위를 얻으려는 노력은 결과가 불확실할 수밖에 없다. 사회 구성원 전체가 서로의 경쟁자이고 이 가운데 극소수만이, 성공은 둘째 치고 그나마 현재의 자리라도 유지할 수 있다. 대박의 꿈이 실현될 확률은 거의 복권에 당첨될 확률만큼이나 희귀하기 때문이다.

신분 상승의 사다리에서 그저 중간이라도 따라가고, 남들로부터 존경을 받으려면 몇 가지 예측 불가능한 요인이 따라주어야만 한다. 먼저 타고난 재능이 있어야 하는데, 이는 순전히 운에 의존한다. 또한 실력만으로 목표를 이루기 어렵다. 직장에서 승진 경쟁을 하든, 사업을 하든 여러 가지 운이 따라줘야 한다. 적절한 시기에 적절한 사람과 인연이 맺어져야 하고, 시장 상황도 적합해야 한다. 심지어 때로는 세계경제가 뜻대로 따라주어야 한다. 특히 한국은 금융과 실물 등 모든 측면에서 대외의존도가 절대적이기 때문에 더 민감하다.

이 모든 게 다 이루어질 가능성은 매우 낮기 때문에 항상 불안해하며 타인과 자신을 비교한다. 비교할수록 불안은 더욱 커진다.

> 불안은 무엇보다도 불황 · 실업 · 승진 · 퇴직, 업계 동료와 나누는 대화, 성공을 거둔 걸출한 친구에 관한 신문 기사 등으로 유발된다. 질투의 고백과 마찬가지로 불안을 드러내는 것 역시 사회적으로 경솔한 행동이며, 따라서 이 내적인 드라마의 증거는 흔치 않다.

어쩌다 목표를 성취한 사람과의 비교만 불안 요인이 되는 것은 아니다. 물론 승진을 하거나 사업이 번성하는 사람과 자신의 처지를 비교하면서 조바심을 느낀다. 사회의 사다리에서 너무 낮은 단을 차지하고 있다는 생각에 빠진다. 하지만 반대로 승진에서 밀리거나 정리 해고로 불안에 떠는 동료, 사업에 실패한 친구들을 보면서도 불안이 자란다. 자기 역시 같은 처지가 될 수 있다는 생각, 현재보다 낮은 단으로 떨어질 것 같다는 걱정이 초조한 감정을 자극하기 때문이다.

성공과 실패, 부유와 빈곤은 문명이 만들어진 이래 모든 사회에서 공통적으로 나타난 상황인데 현대사회의 고유한 불안 요인으로 볼 수 있는가? 경쟁 위주의 현대사회가 조장하는 능력주의는 성공과 실패에 대한 기존의 사고방식을 뒤바꿔버렸다. 외면적으로는 동일한 실패와 빈곤이라 하더라도 현대사회에서는 내적으로 더 큰 상처를 만들어낸다.

> 경제적 능력주의 등장과 더불어 가난한 사람이 이제 '불운하다'고 묘사되

는 것이 아니라 '실패자'라고 묘사되었다. 빈자는 부자의 자선과 죄책감 대상이 아니라, 성공한 개인의 눈에는 오히려 경멸 대상이 되었다. 성공한 사람은 자신의 화려한 저택에 부끄러움을 느끼지 않으며, 가난한 무리를 가엾게 여기는 척하며 악어의 눈물을 흘리지 않았다.

전통사회에서 귀족이나 부자의 사치와 호화스러움이 마냥 자랑거리만은 아니었다. 전체 사회 구성원의 관점에서 보면 적지 않은 사람이 경멸의 시선을 보냈다. 기독교나 불교를 비롯하여 대부분의 종교적 관념은 부에 대한 탐욕을 비도덕과 연결시켰다. 부자에 대한 경멸은 종종 혁명의 원동력 가운데 하나로 작용했다. 그렇기 때문에 귀족이나 부자는 자기들끼리 사치 경쟁을 벌이더라도 대외적으로는 경건한 체라도 해야 했다.

하지만 자본주의 사회에서 경제적 능력주의가 도덕률을 대신하면서 전혀 다른 상황이 펼쳐진다. 왜 사람이 부유하고 가난한지를 설명하는 방식에 응보의 관점이 강력하게 개입한다. 성공과 부유함은 경쟁에 정면으로 뛰어들어 자기 재능을 계발하고 성실하게 일했기 때문에 누리는 정당한 결과로 인정된다. 반대로 실패나 가난은 경쟁을 회피하거나 노력을 덜 하는 게으름뱅이가 처하게 되는 당연한 귀결로 치부된다.

이제 사치품은 경멸 대상이 아니라 누구다 갖고 싶어 하는 부러움이 된다. 수백만 원에서 수천만 원에 이르는 명품 가방이나 옷은 추악한 탐욕이 아니라, 대부분의 사람이 지향해야 할 부러움의 대상이다. 수억 원이 넘는 명품 승용차를 타고 다니는 사람을 존경하고, 나도 언젠가는 그 차의 운전석에 앉을 날을 꿈꾼다. 반대로 실업과 빈곤에 처한 사람은 경멸 대상으로 전락한다. 부자는 단지 더 부유할 뿐만 아니라 더 낫다고 말할 수 있게 되고, 가난한 사람은 단순히 가난할 뿐만 아니라 더 문제가 많다고 여겨진다. 그 결과 경쟁에서 탈락한 사람은 점차 감정적으로 더 견디기 힘든 처지에 놓인다. 당연히 불안의 정도도 증가한다.

경쟁이 초래한 성공과 실패의 격차가 더 광범위하게 나타난다는 점도 전통사회에 비해 현대사회에서 불안을 증폭시키는 역할을 한다. 에리히 프롬은《자유로부터의 도피》에서 다음과 같이 경고한다.

> 개인의 무력함에 박차를 가하는 다른 요소가 있다. 경제적 정세는 전보다도 훨씬 복잡하고 대규모적이다. 개인은 그것을 내다볼 수 있는 힘을 점점 상실하고 있다. 개인이 직면하는 위협은 깊이를 더하고 있다. 몇 백만 명에 이르는 실업은 불안을 증대시켰다.

먼저 현대사회는 실패의 범위를 대규모로 확대한다. 나라의 규모에 따라 차이가 있지만, 대체로 수백만 명에서 심하면 천만 명이 넘는 실업자 층을 양산한다. 농업사회에서는 크든 작든, 혹은 자신의 땅이든 소작을 하든 어쨌든 농사를 지을 수 있는 땅이 있었다. 하지만 산업사회는 인간을 땅에서 분리시키고, 구성원 대부분을 임금 노동자로 전환시켰다. 이러한 상황에서 실업은 일할 기회 자체의 박탈을 의미한다.

게다가 산업 규모가 대규모화되는 만큼 실업 규모도 갈수록 늘어나 수백만 명에 이르는 사람이 일상적인 실업 상태에 있다. 실업자만이 아니라 취업해 있는 사람도 실업의 일상적인 가능성 때문에 불안에 떤다. 광범한 대중에게는 실업 상태의 괴로움이 심리적으로 도저히 참을 수 없는 일이며, 실업의 두려움은 전 생활을 어둡게 한다.

또한 경제적 불황의 일상화가 문제를 어렵게 만든다. 보다 빠른 변화와 복잡성을 특징으로 하는 현대사회에서, 특히 그 모든 요소가 집중적 · 압축적으로 드러나는 한국사회에서 경제와 연관된 불안은 다양한 형태로 일상을 지배한다. 과거에는 경제적 불안도 일정한 주기성을 보였지만, 이제는 만성불황이 일상화됐기 때문이다.

불안, 어찌할 것인가?

인간이 본질적으로 불안한 존재라면, 우리는 불안을 어쩔 수 없이 짊어진 하늘의 벌쯤으로 여기며 살아야만 하는가? 뭉크는 자신의 신경증 때문에 요양원에서 치료를 받던 중 "난 병이 치유되기를 원하지 않는다. 나의 예술에는 그것이 필요하기 때문이다."라고 했다. 다분히 인위적 균형과 조화에 맞춰져 있었던 아름다움의 의미가 이때부터 얼마나 내면의 욕구에 충실한가로 확대되는 계기가 되었다. 앙드레 브르통Andre Breton은 "아름다움은 발작적이다. 그렇지 않으면 전혀 아름다운 것이 아니다."라고 함으로써 이를 잘 표현했다.

뭉크의 〈지옥 안의 자화상〉은 불안에 휩싸인 감정을 어떻게 예술로 승화시키는지를 보여준다. 지옥을 배경으로 한 자화상이다. 공포와 불

뭉크, 〈지옥 안의 자화상〉, 1903년

안이 그에게는 지옥의 고통처럼 다가왔을 것이다. 마치 무거운 물건을 한 가닥 가는 줄로 버티고 있듯이, 일상의 불안 속에서 신경이 곧 끊어질 듯한 공포를 느끼며 살아야 했다. 지옥의 불길이 시뻘겋게 타오른다. 뭉크의 붉은 얼굴은 불길이 주는 고통이 그대로 전달된 상태를 보여주는 듯하다.

등 뒤로 넓게 퍼진 검은 그림자는 무의식 세계를 반영하리라. 무어라 규정할 수 없이 혼탁한 무의식은 불안 상태 그대로를 보여준다. 알몸을 드러낸 채 정면을 꿰뚫듯이 바라보는 모습도 상당히 상징적이다. 알몸은 무의식의 근거인 본능을 의미하고, 시선은 무의식 세계를 정면으로 응시하고 있음을 말하려는 게 아닐까? 화가로서의 인생 전체가 불안을 껴안고 이를 작품으로 승화시켰기에, 뭉크는 자신의 예술에는 병이 필요하다고 말했을 것이다.

프루스트도 비슷한 결론에 도달한다. 《잃어버린 시간을 찾아서》를 끝맺으면서 죽음에의 불안이 어떻게 예술로 승화될 수 있는지를 독백처럼 설명한다.

> 나는 이렇게 말하고 싶다. 인간이 온갖 고뇌를 다 겪고 나서 죽는 것도, 모두가 장차 망각의 풀이 아닌 영원의 풀을, 결실이 풍부한 예술작품의 무성한 풀을 돋아나게 하여 그 밑에 잠드는 후세 사람들이 마네의 〈풀밭 위의 점심〉을 즐겁게 들러 찾아오도록 하기 위해서이니, 이야말로 잔인한 예술의 법이라고. – 〈되찾은 시간〉

죽음에 대한 불안과 매 순간 인생에서 느끼는 고뇌에 예술은 안식처를 마련해준다. 프루스트에게 죽음의 관념은 사랑이 그러했듯이, 몸속에 배어든다. 물론 그는 죽음 자체를 좋아하기는커녕 죽일 듯이 싫어했다. 하지만 사랑이나 죽음 모두 불안을 동반하면서 나아간다. 아직 사랑에 도달하지 않은 여인의 이모저모를 미리 생각해보는 과정을 통해 더 깊은 관계로 나아간다. 마찬가지로 죽음의 관념이 가장 깊은 층에 불안과 함께 들어붙어 있음을, 죽음의 관념이 자아의 관념과 마찬가지로 줄곧 달라붙어 있음을 인정하고 여기에 정면으로 마주할 때 예술로 승화되는 계기를 맞이한다.

프루스트는 무의식 안에 똬리를 틀고 숨어 있는 불안과 괴로움, 그리고 너절한 쾌락 등을 회피하지 않음으로써 진정한 자신에 도달 함으로써 예술을 향한 내적 열망이 정착할 곳을 마련한다. "예술작품이란 '잃어버린 시간'을 되찾는 유일한 방법"이라는 자기 나름의 결론에 도달한다.

프로이트도 《정신분석운동》에서 예술가의 무의식 안에 있는 억압과 갈등의 표출에서 예술의 동력을 찾는다.

> 예술은 정신분석학에서 충족되지 못한 소망을 완화하기 위해 의도된 활동으로 본다. … 예술가에게 동기를 주는 힘은 사람을 신경증으로 몰아가고 사회로 하여금 사회제도를 형성하도록 고무했던 것과 동일한 갈등이다.

예술도 정신활동과 마찬가지로 억압된 소망과 현실의 갈등을 기반으로 한다. 꿈 내용이 억압된 소망의 표현인 것과 마찬가지다. 현실에서 실현되지 못한 작가의 억압된 소망과 환상이 예술작품을 통해 드러난다. 꿈이 소망을 그대로 표현하지 않고 굴절된 형식으로 무의식을 드러내듯이 예술작품도 은유적으로 변형된 방식으로 실현된다. 예술가는 작품을 통해 자기 승화에 이르며, 작품은 다른 사람에게 소통되면서 영향을 끼친다. 그러한 의미에서 예술이나 사회제도는 승화작용의 산물이다. 사회적으로 인정되지 않는 내면의 충동을 예술이나 문화로 전환해서 충족시킨다. 사회제도는 억압된 충동의 표출을 막거나 완화시켜 보장하는 과정에서 형성된다.

불안의 능동적인 역할은 예술로의 승화로만 나타나지 않는다. 불안을 통해 현실에 대한 능동적 대응을 이끌어낼 수도 있다. 프로이트에 따르면 "불안은 위험에 대한 반응이다."(《억압, 증후 그리고 불안》) 위험은 누구에게나 공통된 운명으로 다가온다. 문제는 이 불안을 어떤 사람은 정상적인 정신 작용으로 승화시켜 능동적 작용으로 돌리고, 어떤 사람은 부정적 감정 자체로 남긴다는 점이다. 심리학은 불안이 승화에 이르도록 도움을 주는 일에 관심을 갖는다.

현대의 진화심리학도 불안과 같은 부정적 감정을 진화 과정에서 자신을 위해 만들어진 능동적인 요소로 이해한다. 대니얼 네틀은《성격의 탄생》에서 부정적인 감정은 화재경보기와 같이 우리에게 위험을 알려주고 이를 극복하도록 촉구하는 기능으로 진화되어 왔다고 주장한다.

> 부정적인 감정은 분명한 존재 이유, 즉 진화적으로 그렇게 설계된 이유가 있다. 부정적인 감정은 우리 몸과 마음을 보호하는 시스템이며, 부정적인 감정이 전혀 없다는 것은 사실, 우리 몸과 마음에 재앙이나 다름없다. … 우리 조상들이 살던 환경에서는, 신경성 수치가 너무 낮으면 사망률이 높아지기 때문에 생존과 번식에 불리했을 것이다.

네틀에 의하면 불안은 화재경보기와 비슷하다. 언뜻 생각하면 진화론과 맞지 않는 면이 있는 게 아니냐고 반문할 수 있다. 현실에서는 적지 않은 사람이 불안 때문에 괴로워하고 절망에 빠지기도 하니 말이다. 시도 때도 없이 울리는 경보기처럼 무슨 일이 발생했을 때만 울리는 것이 아니다. 불안은 일상적으로 감정을 괴롭힌다.

하지만 과도한 경보 작용도 진화의 측면에서 볼 때 필요한 일이다. 예를 들어 화재경보기 센서를 조절할 때, 이따금 잘못된 경보를 울리는 한이 있어도 불이 나면 '항상' 경보가 울리도록 센서의 화재 감지 수준을 민감하게 설정해두는 것이 합리적이다. 화재가 큰 불에서만 시작하지는 않기 때문이다. 성냥불이나 담뱃불처럼 아주 사소한 불이 대형 화재의 원인이 되는 경우가 많다. 작은 실수가 큰 재앙을 일으킨다. 그러므로 최대한 민감하도록 센서를 조절해야 제 기능을 한다. 마찬가지로 불안 감정도 최대한 민감하게 반응하도록 진화 과정에서 설계가 되어 있다.

구석기 시대에 수렵과 채취를 중심으로 한 생활에서 포식동물에 잡아먹힐 위험, 사회에서 추방당할 위험 등을 비롯하여 각종 위험은 생존을 위한 절체절명의 문제였다. 위험을 탐지하지 못했을 경우 치러야 할 비용은 너무나 클 수밖에 없었다. 이러한 상황에서 자연선택이 불안 감정을 여러 방식으로 매우 민감하게 설계한 것은 당연하다. 인류의 진화 과정 대부분을 차지하는, 환경이 가혹하고 집단 내부 또는 집단 간 경쟁으로 인해 상당한 위협이 존재하는 시기에 신경성 수치가 높은 사람이 생존과 번식에 유리하기 때문이다.

불안의 능동적 역할을 가장 선구적 · 적극적으로 제기한 철학자로 키에르케고르를 꼽는 데 주저할 사람은 별로 없을 것이다. 《불안의 개념》은 인간이 불안을 통해 자신을 발견하고 또한 자신을 실현한다는 점을 강조한다.

> 불안이 깊으면 깊을수록 인간은 위대하다. … 불안은 자유의 가능성에 대한 기대이므로, 이 의미에서의 불안만이 신앙이 도움을 입음으로써 절대적으로 교육적이다. … 불안에 의해 길러지는 것은 가능성에 의해 길러지는 것이다.

불안이나 절망과 거리를 두고 기분 좋고 한가하게 세상을 살아갈 수 있다면, 오히려 자신으로부터 멀어져 있는 상태다. 불안이 있기에 인간은 위대하다. 불안은 그만큼 만족하고 있지 못하다는 증거다. 만족은 현실에의 안주를 낳는다. 정신은 내부로 향한 것, 즉 자신과 관계하는 것인데, 불안과 절망 없이 현실의 일상에 만족한다면 자신의 내면을 돌아볼 기회도 없고, 정신으로서의 자신도 상실한다. 불안은 현재의 고정된 상태를 넘어서 자유로 향하는 정신의 가능성을 보여준다.

2장

무엇이 우리를 우울하게 하는가?

고흐 〈귀를 붕대로 감은 자화상〉, 보들레르 《파리의 우울》, 크리스토퍼 레인 《만들어진 우울증》

고흐, 〈귀를 붕대로 감은 자화상〉, 1889년

우울증을 짊어지고 산 고흐

빈센트 반 고흐Vincent van Gogh는 화가로서의 전 생애를 우울증과 함께 살아간 화가였다. 〈귀를 붕대로 감은 자화상〉은 우울증이 극심한 발작 상태에 이른 후의 모습을 담았다. 누구나 이 그림을 보면 바로 자신의 귀를 자른 직후의 자화상이라는 정도는 안다. 또한 고갱과의 불화 끝에 극단적인 행위를 했다는 점도 들은 바 있다. 또한 그가 평생을 우울증에 시달렸고, 이 사건도 정신적 발작의 일환이라는 점까지도 어느 정도 들어서 안다.

이미 자화상 자체에 정상적이지 않은 기운이 감돈다. 언뜻 보면 차분한 표정으로 편하게 파이프 담배를 피우고 있어서 평온한 상태인 듯하다. 하지만 상식적으로 생각할 때, 얼마 전에 자기 귀를 자른 사람이 거울에 비친 모습을 보면서 침착한 표정을 짓는 것 자체가 정상이라고 보기 어렵다. 강렬한 색 대비도 심상치 않다. 붉은색과 주황색으로 배경을 양분하고 여기에 녹색 외투까지 겹치면서 생경한 분위기를 자아낸다. 겉으로는 침착해보이지만 무의식에서 격렬하게 꿈틀대는 내적 갈등의 한 단면을 보여주는 듯싶다.

귀를 자른 사건도 충격적이다. 1888년 말부터 고흐는 고갱과 함께 살았다. 하지만 고갱과의 동거는 순탄하지 않았다. 고갱이 고흐의 모습을 그린 후 미친 사람처럼 보인다고 하자, 고흐가 격하게 화를 냈다. 화해를 위해 술집에 갔지만 다시 말다툼이 일어났고 고갱에게 술잔을 던졌다. 고갱은 곧 떠나겠다는 통보를 했고, 얼마 후 고흐에 의해 다시 한 번 위협을 느껴야 했다. 고갱은 이날의 일을 "발자국 소리가 들려 뒤를 돌아보니 칼을 든 고흐가 나에게 덤벼들려고 했다. 내가 째려보자 그는 멈추고 집으로 달아났다."라고 기록한 바 있다. 그러던 어느 날 고흐는 오른손으로 칼을 잡고 왼쪽 귀를 거의 완전하게 도려낸 후 늦은 밤 시간에 창녀 라셍을 찾아가 신문지에 둘둘 말아 가져온 귀를 건넸다. 그녀는 바로 실신했다. 신고를 받은 경찰에 의해 고흐는 곧 병원에 수용되었다.

우연한 발작은 아니었다. 동생 테오에게 보낸 편지를 보면 이미 오래전부터 우울증에 시달려왔다는 점을 알 수 있다. 1887년에는 "서른다섯 살이나 돼 가지고 이 꼴로 있는 것이 때로는 우울하다. 그래서 그림하고의 악연이 지겨워진다."라고 토로한다. 1888년의 편지에서는 "나라는 인간이 있기는 한 것일까? … 가장 지독한 불량배보다도 더 형편없다."라며 흔들리는 자아관념을 보여준다. 하지만 다른 한편으로 미술작업을 통해 자신이 누구인지를 세상에 보여주겠다는 결의와 계속 갈등을 일으켰다. "내가 광인 취급을 받으면 받을수록 그만큼 나는 하나의 예술가가 되어간다." 열심히 그림을 그렸으나 삶은 언제나 공허했고 미칠 것 같은 괴로움은 여전했다. 고갱과 만나기 직전에는 더 심각한 상태에 이르렀다.

파리를 떠날 때 나는 알코올 중독에 걸리는 지름길을 가고 있었다. 그 후 혼이 났다. 술을 끊고 담배를 줄이며 생각을 접어버리는 것 대신 반성을 하기 시작했다. 그러자 참으로 우울해서 완전히 제 정신을 잃고 말았다.

독한 술로 유명한 압셍트와 매독의 후유증으로 정신도 육체도 최악의 상태에 있었다. 고갱이 아를에 오기 직전의 편지를 보면 해가 질 때까지 그림에만 매달렸고, 밤이 되면 술을 마시고 창녀의 집을 찾았다. 고갱을 통해서 활로를 기대했다. 고갱이 오기 전에 그의 침실을 어떻게 꾸밀지, 과연 어떤 것을 좋아할지 고민한 끝에 해바라기 작품으로 침실을 꾸몄다. 하지만 함께 생활을 시작한 후 실제의 진행은 예상을 한참 빗나가서 거듭된 갈등에 괴로워했고, 우울증은 오히려 깊어갔다. 급기야 고갱이 이별을 통보하자 우울증 상태가 걷잡을 수 없는 지경에 이르렀고, 고갱에게 칼을 휘두르고 자신의 귀를 자르는 사건으로 이어졌다.

고흐가 편지에서 자주 언급했듯이 어쩌면 우울증은 예술가의 숙명일지도 모른다. 창조적인 작업과정에는 보통 사람의 평균치를 훨씬 뛰어넘는 민감한 신경이 작용할 가능성이 높으니 말이다. 실제로 예술의 역사에서 우울증을 천형처럼 짊어지고 산 예술가가 흔하다. 프루스트의 경우도 우울증에서 자유롭지 않다. 프루스트의 가슴을 벅차게 하는 사랑조차도 어느 순간에는 우울을 불러일으킨다.

궤도가 없는 동물적 본능이 모두 명백한 사실이라는 점이니, 동물적 본능이 경우에 따라 채워지지 않거나, 갈등이 생기거나 하면, 그것이 그를 우울하게 만들었다. 그러나 그런 성격은 한결같이 후하기만 한 것은 아니어서 모순투성이였다. – 〈소돔과 고모라〉

무엇보다도 강렬한 육체적 본능과 상상력이 결합하면 더욱 강한 쾌락을 향해 자신을 밀어 올릴 수 있지만 중간에 관계가 상대에 의해 거부당하거나 육체적 욕망이 충족되지 않으면 우울한 감정이 찾아온다.

실제 많은 남성이 연인 관계에서 경험하는 바이기도 하다. 호감에서 시작하여 연애 감정이 싹트면 일정한 시간이 흐른 뒤에 신체적인 욕망이 스스로를 현실화시키기 위해 꿈틀거린다. 여인의 몸을 더듬고, 키스를 하며, 보다 은밀한 쾌락을 찾아 집요하게 노력을 기울인다. 만약 그녀가 계속 호응하지 않는다면, 혹은 이로 인해 갈등이 커져 관계에 금이 간다면, 나아가서 이러한 경험이 다른 상대에게서 반복된다면 커진 욕망만큼 우울한 감정이 생긴다.

다행히 육체적 교감이 형성되어 쾌락을 느끼게 되면 적어도 일정 기간은 충족감을 느낀다. 서로에 대한 감각적 탐닉이 한꺼번에 완료되는 것은 아니기 때문이다. 동일한 애무나 섹스라 하더라도 충분히 익숙해지기 전까지는 상상력이 서로에게 작용한다. 문제는 이런 경우에도 결국은 또 다른 성격의 우울을 만들어낼 가능성이 많다는 점이다.

우리가 모르는 존재들의 이런 덧없음은 우리가 자주 만나는 여인이라면 누구나 결점을 드러내고 마는 일상적인 삶으로부터 벗어나 그 무엇으로도 상상력을 멈추지 못하게 하는 그런 추적 상태로 우리를 이끌어 간다.

그런데 상상력이 제거되고 나면 쾌락은 쾌락 자체로 환원되어 결국은 무의미해지고 만다. – 〈꽃핀 소녀들의 그늘에서〉

새로운 연인 관계가 맺어지려는 순간 가슴을 흔드는 설렘이 찾아온다. 이미 오랜 기간 만난 연인에게서 발견할 수 없는 기대감이 마음을 요동치게 한다. 우리를 미지의 설렘으로 이끄는 원동력은 상상력이다. 상대가 살아왔던 모든 경험이 궁금하고, 현재의 일거수일투족에 관심이 간다. 의식을 통해 마음을 진정시키려 해봐야 소용이 없다. 상상력은 의식적 통제를 뚫고 충동을 자극한다.

하지만 어느 정도 시간이 지나면 추적의 발걸음은 조금씩 더뎌지고, 결국은 더 알고 싶은 마음도 사그라진다. 상상력이 고갈되기 때문이다. 상상력이 살아 있을 때 쾌락은 단순히 감각의 즐거움을 넘어 내적 충족으로 다가온다. 상상력이 사라진 상태에서의 쾌락은 육체적 감각으로만, 그러한 의미에서 쾌락 자체로 남는다. 이제 내적 충만은 무의미로 변질된다.

프루스트는 낚시와 식탁 위 생선의 차이를 통해 설명한다. 낚시질하며 오후 시간을 보낼 때, 우리는 그 생선들로 무엇을 할지 잘 알지 못한 상태에서 수면의 소용돌이와 생명의 꿈틀거림을 온몸으로 느낀다. 동시에 흥분 속에서 무언가 알 수 없는 가치와 의미를 만난다. 조리가 끝나 식탁 위에 놓인 생선에서는 더 이상 아무런 흥분을 못 느낀다. 오직 입으로 느끼는 감각만 남았을 뿐, 낚시를 하는 순간에 찾아오는 상상력이 사라진 상태이기 때문이다.

마찬가지로 자신이 상상력으로 가득 차서 욕망하는 여인은 관계가 깊어짐과 동시에 감각으로만 남고 더 이상 내적 충만을 자극하는 욕망이 아니게 된다. 점차 "현실에는 미지의 쾌락 같은 건 존재하지 않으며 그렇게 보이던 것도 가까이서 들여다보면 신비로움이 사라져 버리는 우리 욕망"에 불과하다는 점을 깨닫는다. 그러므로 현실에서는 지속적으로 상상력을 자극하는 욕망이나 쾌락이 존재하지 않는다는 점을 체험하게 되고, 무의미의 세계에 빠진다. 동시에 내면 깊숙이 우울함이 찾아든다.

19세기 후반 유럽을 대표하는 시인이자 현대시의 개척자로 불리는 보들레르Baudelaire의 작품에도 우울이 인간의 숙명처럼 그려진다. 《파리의 우울》에는 개인적인 동기에서 유발된 우울과 시대의 우울이 겹쳐 나타난다.

> 저녁이 되어도 마음을 안정시키지 못하고 밤의 도래를 야회의 신호로 착각하는 이 올빼미 같은 불행한 영혼은 무엇인가? … 한 친구는 좌절한 야심가였는데, 해가 기울어감에 따라 차츰 짜증을 내고 우울해하고 갈수록 심술궂어졌다. 낮에는 너그럽고 상냥했으나, 해가 지면 냉혹해졌다. 황혼의 발작은 자신에게도 난폭하게 작용했다.

현대인은 날이 저물면 우울에 빠진다. 낮 시간을 지배하던 불안이 밤이 되면 우울로 변한다. 도시의 낮은 현대인을 불안 속에 살게 만든다. 도시의 삶은 항상 우리를 품어주는 자연과 함께 하는 생활이 아니다. 오직 이해관계로 가득 차있는 사람과 사람의 관계 속에서 외줄타기를 해야 한다. 어느 곳을 둘러봐도 사방에 경쟁자로 가득하다. 극심한 생존 경쟁은 끊임없이 언제든지 도태되거나 탈락할 수 있다는 불안감을 준다.

불안은 긴장감을 동반한다. 그렇기 때문에 낮 시간은 긴장감으로 신경 줄을 당기며 버틴다. 밤이 되면 하루 종일 긴장 상태에 있던 신경이 사적인 공간에서 이완된다. 문제는 낮의 불안이 밤의 평화로 순조롭게 교대를 하지 않는다는 점이다. 낮의 불안은 밤으로 연장된다. 현실에서 밤은 독립되어 있는 시간이나 공간이 아니라 새로운 낮으로의 교차로일 뿐이다. 혼자 있는 시간이라 해도 지나간 낮의 이해관계가 이어지기도 하고, 다음날 낮의 이해관계가 미리 괴롭히기도 한다. 팽팽한 신경은 이미 풀어져 있기에 불안보다는 한없이 나락으로 떨어지는 듯한 우울한 감정으로 변질된다.

경쟁의 사다리에서 더 높은 자리로 오르는 일을 인생의 목표로 삼았던 사람이라면 우울의 깊이는 더욱 커진다. 스스로 위대한 예술가가 되리라고 믿어 의심치 않았던 고흐가 현실의 초라함을 거듭 확인하면서 우울증의 늪에 빠지듯이 말이다. 타인들과 관계가 이어지고 있는 낮 시간에는 여전히 긴장감이 지배하기에 불안할지언정 너그럽고 상냥한 태도를 계속 가장하는 수밖에 없다.

하지만 타인과의 접촉면이 사라지거나 일대일 관계로 좁혀지는 밤 시간의 우울은 발작을 유혹한다. 익명의 시간, 혹은 밀폐된 공간 속에서 난폭한 태도와 행동이 분출된다. 고흐의 극단적인 발작이 다수의 사람과 유리된 조건, 주로 혼자만의 시간에 나타난 점도 이로 미루어 알 수 있다.

우울증에 빠졌다고 해서 모두 고흐처럼 발작 상태에 이르는 것은 아니다. 난폭한 발작으로 이어지지 않기 위해 보들레르는 다른 방법을 찾는다.

> 늘 취해 있어야 한다. 그것이 모든 것이요, 유일한 문제다. 당신의 두 어깨를 짓눌러 땅 쪽으로 구부러지게 하는 무시무시한 '시간'의 무게를 느끼지 않으려면 끊임없이 취해 있어라. 무엇에 취한다? 술이든, 시든, 덕이든 당신 마음대로 하라. 어쨌든 취해 있어라.

그는 무엇엔가 늘 취해 있는 방법을 통해 우울에서 벗어나려 한다. 우리에게도 자신을 끝 모를 깊이로 끌어내리는 침잠의 분위기에서 벗어날 수 있는 유일한 방법으로 취해 있으라고 권한다. 그는 술과 시에 취해 있었고, 훨씬 더 강한 취기를 동반하는 방법에도 빠져 지냈다. 좁고 혐오로 가득 찬 세계에서 미소를 던지는 유일하게 익숙하고 무시무시한 연인으로 아편을 선택했다. 하지만 결과적으로 이조차도 그리 훌륭한 처방전은 아니었다. "모든 연인이 그렇듯, 아! 그녀도 애무와 배반으로 가득하다." 순간의 해방감은 주었지만 아편이라는 연인도 우울을 잠시 늦추는 진통제 작용만 했을 뿐이다.

독한 술에 빠지고 미친 듯이 시를 쏟아내고, 심지어 아편에서 벗어나지 못하는 나날을 보내도 우울한 마음에서 벗어나지 못했다. 그의 대표작이라 할 수 있는 《악의 꽃》은 쉬지 않고 우울을 토해낸다. "지난 세월의 눈 쌓인 묵직함 아래에서 / 냉담한 무관심의 결과인 권태가 언제 사라질지도 모르는 / 내 절뚝이는 요즘보다 지루한 것이 세상에 또 있으랴."(〈우울〉) 술이나 시, 그리고 아편도 일단 그의 정신과 몸에 익숙해지자마자 권태로 돌변한다.

자신을 둘러싼 외적인 상황 변화에 기대를 걸어보지만 다시 기대를 배반한다. 사회의 변화가 보들레르가 겪는 내면의 우울에 곧바로 효과를 가져다주지도 않는다. "파리는 변한다! 그러나 내 우울함 속에서는 무엇 하나 끄덕하지 않는다!"(〈백조〉) 고흐가 그러했듯이 보들레르도 우울증을 짊어지고 살아야 했다.

물론 우울증이 예술가만의 특허 쯤 되는 증상은 아니다. 우울증은 가장 흔한 정신과적 질환에 속한다. 정신의학계에서 발표하는 보고에 따르면 대략 남자는 평생 10~15%, 여자는 15~20%가 우울증을 앓을 가능성이 있다. 정신의학자의 도움을 받아야 하는 심한 증상도 전체 인구의 1~5%에 이른다고 한다.

정신의학에서 우울증은 저조한 기분 상태를 말한다. 외적 자극에 의해 생기는 우울증은 '반응성 우울증'이라고 하는데, 이는 심각한 문제가 아니다. 누구나 사업 실패를 비롯한 외부 자극에 의해 일정한 수준의 우울증은 생기게 마련이기 때문이다. 문제는 외부 자극이 정리되거나 혹은 이와 무관하게 마음을 한없이 가라앉게 만드는 '정신병적 우울증'이다. 우울증은 일상적인 관심과 흥미가 상실되고 식욕이 감퇴하며, 열등감 · 절망감에 사로잡혀 자살충동까지 느낄 수 있다는 점에서 심각한 상황으로 악화될 수 있다고 경고한다.

우울증은 왜 생기는가?

프로이트를 중심으로 한 정신분석에서는 우울증을 유발하는 가장 중요한 요인으로 오이디푸스 콤플렉스Oedipus complex를 꼽는다. 남성이 부친을 증오하고 모친에 대해 품는 무의식적인 애착을 말한다. 유아기에 자유롭게 어머니를 사랑하고 싶어 하는 욕망이 억제된 후에는 아버지와 같이 되고 싶어 하는, 아버지와의 동일시가 이루어진다는 것이다. 보통은 이 콤플렉스를 자연스럽게 극복하며 정상적인 성애를 갖게 되지만, 극복에 실패한 사람은 우울증을 비롯한 신경증을 갖게 된다. 프로이트는 성적인 욕망을 중심으로 분석했지만 현대 심리학에서는 성적인 면에 국한하지 않고 어머니에 대한 애착과 아버지와 동일시하는 현상

고흐, 〈성경과 삶의 기쁨〉, 1885년

전반으로 보다 폭넓게 설명한다.

고흐의 〈성경과 삶의 기쁨〉은 그의 오이디푸스 콤플렉스 경향을 분석하는 그림으로 자주 거론된다. 큰 판형으로 제작된 《성경》과 촛대가 있고, 그 앞에 에밀 졸라Emile Zola의 소설 《삶의 기쁨》이 있다. 그런데 그림에 등장하는 두 권의 책은 단순한 정물 소재를 넘어서는 상징적 의미를 담고 있다.

이 그림을 제작하기 몇 년 전부터 고흐는 아버지와 갈등을 빚고 있었다. 원래는 목사인 아버지의 뒤를 이어 목회자의 길을 가려 했던 고흐는 네덜란드 시골의 개신교 목사인 아버지와 그림과 글재주가 있었던 어머니 사이에서 맏아들로 태어났다. 종교가 아버지의 영향이라면 미술은 어머니의 요소가 많았다. 어린 시절에 고흐는 어머니가 취미로 그림 그리는 것을 보고 자신도 풍경화를 그리기 시작했다. 고흐에게 그림이란 어머니의 관심을 받고 싶은 욕망이기도 했다. 하지만 아버지는 그가 성직자의 길을 걷기를 원했기 때문에 고흐는 20대 청년기 대부분의 기간을 종교에 헌신함으로써 아버지의 인정을 받고자 했다. 아버지와 같이 되고 싶어 하는, 이른바 아버지와의 동일시가 일정 부분 나타났다.

1874년에서 1876년 사이에 신학공부를 하면서 보낸 편지에는 평소에 좋아하던 문학작품을 모두 멀리하겠다고 다짐한 내용이 나온다. 1877년에 테오에게 보낸 편지에서 "아버지는 내가 당신의 뒤를 이을 수 없을까 하여 골똘히 생각하고 계신다. 아버지는 늘 그 일을 나에게 기대하고 계신다. 아, 기대에 어긋나지 않게 하소서."라며 간절한 마음을 전했다. 1877년에 신학대학에 가기 위해 암스테르담으로 이주했지만 낙방하고, 전도사 양성학교에서도 자질이 부족하다고 여겨 6개월간 평신도로서 전도활동만을 허가받았다. 그러다 탄광촌에서 전도활동을 하던 중 1879년에 광부들의 근로 조건 개선 위한 활동으로 전도사직에서 해고당했다.

종교에 대한 회의와 함께 1880년 들어서 고흐는 자신을 구원할 유일한 길을 예술에서 찾는다. 10년 가까이 아버지로부터 인정을 받고자 끊임없이 노력했다면, 고흐의 마음 한 편에는 미술에 대한 욕구, 즉 어머니로의 회귀가 계속 남아 있었다. 서른이 가까운 나이가 되어서야 실행에 옮긴 후 목사인 아버지와 갈등이 깊어간다. 편지에서는 이 때의 심정을 "나는 아버지의 구체적인 설교보다 밀레의 저 막연해 보이는 그림에서 더 많은 것을 본다."라는 말로 표현한다. 이즈음 다시 문학 작품에 관심을 기울이는데, 특히 자연주의적 경향과 민중에 대한 애정을 담아 작품 활동을 하던 빅토르 위고나 에밀 졸라 등에 매료되었다. 하지만 아버지는 이들 작가를 경멸했다. 1881년 편지에 이를 둘러싼 갈등이 잘 나타난다.

> 미슐레나 빅토르 위고의 책을 읽는 모습을 보시면 아버지는 도둑질이나 살인 또는 부도덕을 연상하시지. 터무니없는 일이지 않느냐? '그렇다면 읽어보세요. 몇 장만이라도 읽어보시면 마음에 드실 겁니다.'라고 몇 번이나 말씀 드렸지만 완고하게 거절하시더구나.

1885년에 접어들면서 고흐는 무신론자인 졸라를 미워한 아버지와 소설을 두고 격렬한 논쟁을 벌이기도 했다. 그러던 와중에 아버지가 세상을 떠난다. 〈성경과 삶의 기쁨〉에는 다분히 아버지와 얽혀있던 갈등이 담겨 있다. 졸라의 《삶의 기쁨》이 1884년에 출간됐고, 고흐가 즐겨 읽은 작품이었으니 아버지와 이 책을 놓고 논쟁을 벌였을 수도 있다. 평소에 《제르미날》를 아꼈던 점을 보더라도 고흐의 졸라에 대한 애정을 잘 알 수 있다.

그림에서 큰 판형의 《성경》은 아버지를 의미할 수 있다. 비록 그림 전체에서 양적으로 가장 큰 비중을 차지하고 책도 펼쳐져 있지만 어쩐지 주인공 같지가 않다. 오히려 그 앞에 빛을 받으며 비스듬하게 툭 던져져 있는 졸라의 작은 책이 더 생동감을 자아낸다. 몇 년 후에 그린 〈협죽도가 있는 정물〉에도 졸라의 이 책이 등장하는 것으로 봐서 고흐가 특별한 애정을 가지고 있었음은 분명하다.

아버지에 대한 적의까지는 아니어도, 적어도 죽기 직전까지 아버지가 경멸해 마지않던 졸라의 소설을 성경 옆에 두었다는 것만으로도 고흐의 예술을 향한 열망을 읽어낼 수 있지 않을까? 오이디푸스 콤플렉스와 연관해서 해석하는 견해는 이를 종교적 도덕률로 대표되는 아버지와의 동일시에서 다시 미술로 나타나는 어머니로의 회귀로 본다. 아버지와의 동일시에 실패하고 오이디푸스 콤플렉스로 후퇴함으로써 우울증 경향이 심해졌고 나중에 발작으로까지 악화됐다는 분석이다.

고흐의 편지나 그림에서 어머니에 대한 성적인 의미의 욕망을 찾기가 쉽지 않다는 점에서 프로이트가 주장하는 바의 전형적인 오이디푸스 콤플렉스로 연결하기는 어렵다. 프루스트의 경우는 보다 직접적으로 어머니에 대한 욕망이 표출된다. 《잃어버린 시간을 찾아서》의 전반부에서 유아기와 소년기를 지배했던 어머니에 대한 욕망, 아버지와의 갈등이 묘사된다.

드디어 엄마가 보였다. 나는 달려들었다. … 엄마는 아버지가 올라오는 소리를 듣고서는, 큰 소리를 피하려고, 노여움으로 끊기는 목소리로 말했다. '도망쳐, 도망치라니깐. 적어도 미치광이처럼 기다리는 모습을 아버지에게 들키지는 말아야지.' 그러나 나는 엄마에게 되풀이했다. '저녁 키스하러 와주세요.' … 하지만 너무 늦었다. 아버지가 우리 앞에 와 있었다. 나도 모르게 '이제 끝장이구나!' 하고 중얼거렸다. – 〈스완네 집 쪽으로〉

소년기의 프루스트는 밤마다 어머니가 자기 전에 자기 방으로 와서 해주는 키스를 갈망한다. 집에 손님이라도 찾아와서 늦게까지 어른들의 대화가 이어지는 경우에는 혹시라도 키스를 누리지 못할까봐 병적으로 불안감을 느낀다. 어머니가 식당에서 간단한 키스로 대신하면 그 감미로움이 부서지지 않도록, 휘발성 짙은 효능이 퍼지면서 증발하지 않도록 더욱 더 조심스럽게 엄마의 키스를 받는다. 이러저러한 사정으로 키스 없이 자야 하는 날은 다음날까지 우울한 감정에서 벗어나지 못한다.

어머니가 키스를 하러 오기 전에는 기다리면서 상상의 키스를 한다. 마음속으로 키스할 뺨의 위치를 선택하고, 내 입술로 엄마의 뺨을 온전하게 느낄 수 있도록 준비한다. 운 좋게 엄마가 자신과 같은 침대에서 잘 기회가 만들어지는 날이라도 오면 환희에 몸을 떤다. "이 세상에 대해 품고 있는 가장 큰 욕망, 어머니를 언제까지나 내 방에 간직하고 싶어 하는 이 욕망"을 누리고 싶어 한다.

한편 어머니의 키스를 기다리는 자신의 모습을 아버지에게 들켜서는 안 된다고 생각한다. 엄격한 아버지는 소년이 어머니에게로 향하는 욕망의 장애물이다. 언제나 아버지로 인해서 어머니에 대한 욕망이 가로막힐 일이 걱정이다. 그래서 욕망의 충족은 아버지의 눈을 피해 은밀하게 이루어져야 한다.

근대 이전에는 우울증의 원인을 신비적인 사고를 통해 찾으려는 경향이 강했다. 귀신이 들렸거나 신앙이 부족해서 생기는 질병으로 치부되었다. 당연히 극복은 주술적인 방식에 의존해야 했다. 하지만 근대에 접어들어 우울증을 합리적으로 분석하는 작업이 이루어진다. 근대철학은 이성적 능력의 부족에서 원인을 찾고자 했다. 칸트가 《실용적 관점에서의 인간학》에서 제시한 내용은 그 일환이다.

> 인식능력의 결함은 마음의 박약이거나 마음의 병이다. 인식능력에 관한 영혼의 병 가운데 하나가 우울증이다. 이 경우에 환자는 사고의 진행을 바르게 하거나, 억제하거나 촉진하는 데 이성이 자신에 대한 충분한 통제력을 가지고 있지 못하기 때문에, 자기 사고의 흐름이 올바르지 않다는 것을 능히 자각하고 있다.

인식능력 부족으로 인해 때에 맞지 않은 환희와 번민이 생길 때 우울증으로 나아간다. 그런 점에서 어린아이 같은 미숙함이 우울증의 주요 원인이다. 어린아이의 정신이 그러하듯이 우울증 환자는 가장 가련한 변덕쟁이다. 부모가 자기 곁에 항상 있어야 한다고 느끼듯이 의사로 하여금 끊임없이 다투며 자신을 쫓아다니게 한다. 의사가 약 대신에 빵 부스러기로 만든 환약을 가지고서 아이를 안정시키는 것과 비슷하다. 그 정도로 어른다운 성숙함이 결여되어 있기 때문에 우울증에 빠진다. 남자다운 용기로써 이러한 생각을 무시하지 못하기 때문에 인생을 제대로 즐기지 못하고 우울한 상태에 자신을 방치한다. 칸트의 논리대로라면 성숙한 인식능력을 심어주는 방식이 가장 유력한 치료 행위다.

프로이트는 기존의 신비주의적 사고는 물론이고 이성과 의식 중심으로 우울증을 이해하는 근대의 관점을 모두 넘어선다. 즉 우울증의 원인을 무의식, 특히 유아기의 성적 욕망에 기초한 오이디푸스 콤플렉스에서 찾았다. 프로이트의 《정신분석강의》에 의하면 유아시절에 아들은 어머니와 친밀한 관계를 형성하는데, 아버지를 어머니에 대한 경쟁자로 보고 증오심을 갖는다.

> 오이디푸스 신화에서는 두 개의 극단적 소원, 즉 아버지를 죽이고, 어머니를 아내로 맞아들이고 싶어 하는 소원이 다소 약화된 형태로 실현된다. … 그것이 아동의 정신생활에서 매우 일반적이고 중요한 요인으로 작용하고 있음은 부인할 수 없다.

오이디푸스 왕을 다룬 그리스 전설에 기초한 주장이다. 신화에 의하면 오이디푸스는 신탁을 모면하기 위해 모든 노력을 다했지만 어쩔 수 없는 운명에 의해서 자기 아버지를 죽이고, 어머니를 아내로 삼았다. 자신도 알지 못하는 사이에 두 가지 범죄를 저질렀다는 사실을 안 그는 스스로를 장님으로 만든다.

신화에서야 아버지를 살해하지만 현실에서는 아버지를 부정 · 극복하고 자신을 아버지와 동일시하는 현상이 나타난다. 이 콤플렉스가 인간에게 보편적으로 존재하는 생물학적인 것이다. 성적 에너지로서의 리비도는 어머니와 상당부분 연관되어 있다. 어머니에 대한 아들의 욕망을 리비도로부터 나오는 자연발생적인 것으로 설명한다.

> 아이가 어머니에 대한 성적 호기심을 드러내 놓고 표시할 때, 밤마다 엄마와 함께 자려 하고, 화장실에도 따라가려 한다. 아이들은 심지어 어머니를 유혹하려 시도한다. 어머니에 대한 집착이 에로스적 성격을 지닌다는 사실은 의심의 여지가 없다.

보통 사춘기를 거치면서 아들은 어머니를 향한 성적 욕망에서 벗어나 욕망을 다른 대상을 통해 실현한다. 그런데 이러한 과제를 자연스럽게 해결하는 사람이 많지 않다. 겉으로는 드러나지 않지만 내면적으로 해결이 되지 않은 채 살아가는 사람이 많다. 성장 과정에서 독립 과제를 해결하지 못하는 사람에게서 신경증이 생겨난다.

성장 과정에서 어머니가 아니라 다른 성적 대상을 통해 만족을 누리는 방향으로 가야 하는데, 자연스러운 방향이 막히면 성에 대한 인식과 행위에서 비정상적인 상태로 고착된다. 《억압, 증후 그리고 불안》에서 우울증은 그러한 질환의 전형적인 예로 소개된다.

> 나는 신경성 환자들이 성행위에서 심한 장애를 받은 빈도가 높은 것에 놀랐다. 하지만 그런 장애를 함구할수록, 그리고 미리 부인을 하겠다고 마음먹은 환자를 상대로 질문을 해나가는 데 능숙해질수록, 점점 더 통상적으로 성생활에서 발병 요인을 찾아낼 수 있었다.

우울증을 비롯하여 신경증 환자의 성행위 장애는 여러 방식으로 나타난다. 정기적으로 자위를 하거나 끊임없이 정액을 방출하는 경우도 있다. 해소되지 못한 흥분을 무분별한 성행위를 통해 분출하기도 한다. 혹은 사회에서 터부시하는 온갖 도착적 성행위에 몰두하는 사람도 있다. 반대로 불안 증세를 동반하며 일체의 성교를 거부하는 행위도 포함된다. 어느 경우나 생성된 리비도를 제대로 해소하지 못했다는 공통적인 요인이 작용한다.

프로이트의 관점을 적용해서 보자면, 고흐의 〈슬픔〉은 사회적 규범으로 강제되는 초자아와 현실의 자아 사이의 갈등에서 유래하는 우울증 때문에 비정상적 성생활에 몰두하는 고흐를 반영한다. 오이디푸스 콤플렉스로의 퇴행 때문에 정상적인 성생활에서 벗어난 관계에 몰두하는 고흐를 보여준다.

그림 속의 여성은 상상이나 단순한 모델이 아니다. 고흐가 시앵이라고 부른 창녀다. 미혼이면서도 다섯 살 난 딸이 있었고, 그 전에도 두 명의 아이를 낳았으나 모두 죽었다. 고흐를 처음 만났을 때도 임신 중이

고흐 〈슬픔〉, 1882년

었다. 그림에서 여성의 배가 불룩한 모습도 이 때문이 아닌가 싶다. 시앵이 출산을 하자 고흐는 그들 모자와 함께 살았다. 부모나 주위 화가들이 못마땅하게 생각했지만, 그럴수록 고흐는 이 여인에 집착했다.

고흐는 시앵 이전과 이후에도 여러 창녀와 관계를 가졌다. 테오가 보내준 돈이 있으면 독한 술을 마시고 창녀촌을 배회하는 날이 많았다.

시앵처럼 일정 기간 관계를 맺은 경우만이 아니라 즉흥적으로 하룻밤의 쾌락을 즐기기 위해 창녀를 찾았으며 난잡한 성생활로 인해 심한 성병에 걸려 고생을 했다. 고흐가 나중에 귀를 잘라 찾아간 여성도 평소에 종종 관계를 갖던 라셍이라는 창녀였다.

하지만 프로이트의 오이디푸스 콤플렉스는 정신분석과 심리학의 진전 과정에서 여러 방면으로 비판을 받았다. 아들러는 모든 아이가 어느 정도 오이디푸스 콤플렉스를 갖고 있다고 인정한다. 하지만 성적인 원인에서 비롯된 것은 아니며 주로 성장 과정에서 어머니와 아버지에게서 겪은 경험이 작용한다고 말한다.

> 오이디푸스 콤플렉스의 희생자는 어머니에 의해 응석받이로 자란 아이들인데, 자기 소원이 성취될 권리가 있다고 믿도록 훈련되어 왔다. 가정 밖에서는 스스로 노력해야 남들의 호의나 애정을 얻을 수 있음을 이해해 본 경험도 없다. — 《심리학이란 무엇인가》

어머니가 아이의 응석을 받아주고, 아이는 오로지 어머니에게만 관심을 쏟고 있으며, 아버지가 무관심하거나 냉담하다면 오이디푸스 콤플렉스는 자연적으로 생긴다. 성적인 욕구가 아니라, 어머니를 자신에게 복종시켜 완전히 지배하려는 욕구다.

에리히 프롬도 《자유로부터의 도피》에서 성욕을 통해 설명하는 관점을 비판한다. 남자아이가 어머니에게 갖는 집착이 일정하게 있는 것은 사실이다. 그리고 남자아이에게 어머니는 애정의 대상일 뿐만 아니라 성욕의 대상이기도 한 시기도 있다. 모두가 그러한 것은 아니겠지만, 남성의 경우 자신의 어린 시절을 되돌려 생각해보면 그러한 감정이 어렴풋하게 기억나는 경우가 아마 꽤 있을 것이다. 하지만 이를 통해 인생 전체를 설명하거나 성욕으로만 제한하는 관점은 문제다.

> 부모에 대한 아이의 의존은 자연스러운 일이며, 자발성의 필연적 속박을 뜻하는 것은 아니다. … 권위 상징과 결부하고자 하는 욕구는 부모 중 어느 한쪽에 대한 최초의 성적 애착이 아니라 아이의 발전성과 자발성을 방해함으로써 일어나는 불안으로 야기된다.

유년시절과 전 생애를 통해 어머니와의 관계를 중요하게 만드는 요소는 성욕이 아니다. 유년시절의 낙원적 상태에 대한 동경에서 기인할 수도 있다. 아무런 걱정이 필요 없을 정도로 모든 것을 어머니가 해주던 영아 · 유아시절의 행복한 상태, 전적으로 보호받고 있다는 안도감을 느끼던 상태는 오랜 기간 우리의 마음에 마치 고향과 같이 남아 있게 된다.

오이디푸스 콤플렉스의 또 하나의 측면인 아버지에 대한 적대감도 엉뚱한 곳에서 원인을 찾고 있다는 점에서 문제다. 남자 아이가 아버지에 대해 두려움이나 적대감을 갖는 경우가 꽤 있다는 점은 인정할 수 있다. 우리의 경험을 스스로 돌아보더라도 어머니에 대해서는 편하게, 심한 경우는 만만하게 생각하지만 아버지에 대해서는 전혀 그렇지가 않다. 하지만 아버지에 대한 적대감은 어머니에 대한 집착이나 성적인 라이벌의 성격이 아니다.

아버지에 대한 적대감은 가부장제 사회의 특징을 반영한다. 가부장제 사회에서 아들은 아버지의 권위에 예속되어 있다. 그는 아버지의 소유물이며 그의 운명은 전적으로 아버지에 의해 결정된다. 아버지의 후계자가 되기 위해 아들은 아버지의 마음에 들어야 할 뿐만 아니라 아버지에게 순종하고 그의 뜻을 자신의 뜻으로 수용해야만 한다. 항상 그렇듯이 압박은 증오감을 낳게 하고 압박자로부터 벗어나고 싶은 욕망을 불러일으킨다. 이것을 가부장제 사회의 특성으로 파악하지 않고 아버지와 아들 사이에 있어서 본질적인 성의 대결로 해석해버렸다는 점이 문제다.

우울증과 자살 충동

우울증으로 초래되는 가장 파국적인 결말이 자살이다. 우울증은 사고와 행동의 장애를 동반하며 사회 대처능력이나 집중력 감소 현상을 초래한다. 정신의학계에 의하면 일반적으로 우울증 환자 5명 중 4명은 자살을 생각하며 6명 중 1명은 실제로 자살을 시도하는 것으로 보고되고 있다.

고흐는 결국 자살로 생을 마감했다. 〈까마귀가 있는 보리밭〉은 자살 직전에 그린 마지막 작품이다. 금빛 보리밭이 캔버스 가득히 펼쳐지고, 그 사이로 세 갈래 길이 나있다. 하늘은 구름과 함께 검푸른 빛을 띠고 있어서 한바탕 태풍이라도 닥칠 듯한 분위기를 자아낸다. 선명하게 세 갈래로 나뉜 길, 보리밭을 내리 누를 듯이 어두운 하늘이 화가의 내면을 흔들어대는 고뇌를 담은 느낌이다. 게다가 수십 마리의 까마귀가 하

고흐, 〈까마귀가 있는 보리밭〉, 1890년

늘을 덮으며 날아올라서 불길한 느낌을 지울 수 없다.

사실 고갱과의 다툼 끝에 귀를 자른 사건 이후 고흐의 상태는 계속 위태로웠다. 사건 직후 정신병원에 입원했지만 크게 나아지지 않았다. 자신이 독살될 것이라는 불안 때문에 며칠 간 식음을 전폐하기도 했다. 아를 주민은 그를 다시 정신병원에 가둬야 한다는 탄원서를 보냈다. 고흐는 여러 차례 정신병원을 들락거려야 했다. 1889년에 고흐가 생-레미 정신병원에서 테오에게 보낸 편지에는 극심한 우울증에 시달리면서도 예술을 통한 극복에 기대를 거는 심정이 고스란히 담겨 있다.

> 정말 한번 발작에 사로잡히면 고통과 고뇌는 장난이 아니다. … 나는 극복할 수 있다는 희망을 갖고 있다. … 제발 두 번 다시 일어나지 않으면 더 없이 좋겠다고 생각했다. '생명의 공포'는 더욱 약해졌고 우울증도 훨씬 가벼워졌다.

고흐는 정신병원을 오가며 끝없는 나락으로 떨어졌던 최후의 몇 달 동안 초인적 창작열을 발휘해 70여 점의 그림을 그렸다. 이즈음 "내 자신이 철저하게 작업에 몰입할 때는 문제가 없다. 그러나 항상 절반은 미친 상태로 남아 있다."라며 자신의 상태를 진단했다. 시기적으로 정도의 차이는 있지만 우울증이 지속되었고, 마침내 더 이상 자신이 감당할 수 없는 지경에 이르렀을 때 자살로 생을 마감한 것이다.

1890년 7월, 해질 무렵에 밀밭을 산책하던 중 고흐는 자신의 가슴에 총을 쏘아 37년의 짧은 세월을 끝냈다. 목격담에 의하면 그는 총상을 입고서 밤늦게 하숙집으로 돌아와 2층 자기 방에 들어가 누웠다. 즉사하지는 않았지만 과다출혈로 곧 사망에 이른다. 동생 테오가 형의 저고리 주머니에서 접혀진 종이를 찾았다. 종이에는 "그래, 나의 그림, 그것을 위해 나는 목숨을 걸었고 이성까지도 반쯤 파묻었다."라고 쓰여 있었다.

보들레르도 자주 자살 충동에 시달렸다. 특히 말년의 작업에 해당하는《파리의 우울》에 실린 산문시에는 우울과 자살 충동이 뒤섞여 있다.

> 죽은 자와 그 거룩한 휴식을 아랑곳하지 않는 소란스러운 산 자들아, 표적과 총이 저주받으리라! … 죽음을 제외한 모든 것이 얼마나 허무한가를 안다면, 부지런한 산 자들아, 그토록 사서 고생하지 않을 것을. 오래전부터 과녁을, 혐오스러운 인생에서 유일한 진짜 과녁을 겨눈 자의 잠을 이토록 자주 방해하지는 않을 것을! – 〈사격장과 묘지〉

사격장 근처의 '묘지가 보이는 주막'이라는 간판을 단 술집에서 느낀

감상을 담은 글이다. 맥주 한 잔을 마시고 천천히 담배 한 대를 피우는 중에도 근처 사격장에서 총성이 들려온다. 총소리가 묘지로 상징되는 죽음의 평안을 방해하는 게 신경에 거슬린다. 허무는 죽음에서 오는 것이 아니다. 오히려 죽음 이외의 것, 즉 삶에서 마주하는 모든 일이 허무로 가득 차 있다. 무언가의 목표에 집착하는 삶, 과녁만을 향하는 삶이야말로 허무다.

〈이 세상 밖이라면 어디라도〉에서 보들레르는 인생은 하나의 병원일 뿐이라고 말한다. 삶을 통해 생동감을 얻는다는 생각은 커다란 착각에 불과하다. 삶을 영위하는 모든 사람은 환자다. 단지 이 병상에서 저 병상으로 옮겨 다니며 산다. 삶의 조건을 바꾸기만 한다면 상태가 호전되고 행복해질 것이라 생각하지만 결국 다시 속는다. 영혼이 우리에게 던질 적절한 말은 오직 다음 한마디다. "어디든 좋다! 어디든 괜찮아! 이 세상 밖이기만 하다면!"

자살 충동을 우울증과 같은 심리적 차원에서 찾는 데 비판적인 견해도 있다. 에밀 뒤르켐Emile Durkheim의 《자살론》이 대표적이다. 그에 의하면 자살을 다룰 때 심리적 측면보다는 사회적 요인이 중요하다. 개인의 인격은 스스로 결정되지 않는다. 우리가 태어날 때부터 불가피하게 접하는 사회 구조나 기구가 핵심적 역할을 한다. 개인은 한 사회를 구성하는 관계 전체에 있어서 하나의 구성요소다.

특히 뒤르켐은 사회적 통합의 정도와 자살의 관계에 주목하여, 개인에 대한 사회의 통합 기능이 상대적으로 약화된 현대사회에서 개인의 자아가 과도하게 자신을 주장하면서 생기는 자살을 이기적 자살로 규정한다. 반대로 사회적 통합의 정도가 지나치게 강해서 나타나는 자살, 사회적 가치나 목표가 개인에게 강제될 때 나타나는 자살을 이타적 자살이라 부른다. 다만 사회에 의해 의무가 강제될 때에는 의무적 자살, 사회적 가치를 자발적으로 스스로의 명예나 위신으로 여길 때에는 선택적 자살로 나뉜다. 또한 개인을 둘러싸고 있는 경제적 조건의 급격한 변동으로 인해 개인의 경제 상황이 갑작스럽게 상승 또는 하락 상황을 맞이할 때 일상생활이 불안정해지는데, 이때 도덕적 혼돈이 찾아오면서 아노미적 자살을 자극한다.

자살을 사회적 사실을 중심으로 분석하는 견해에 대해서는 카뮈가 《시지프의 신화》에서 제기한 반론이 경청할 만하다.

> 예전에는 자살은 사회적 현상으로만 취급되어 왔다. 그러나 그와는 상반되게 우선 개인의 사고와 자살과의 관계가 여기서는 문제다. 자살은 위대한 작품과 마찬가지로 마음의 침묵 속에서 준비된다. 본인 자신도 그것을 알지 못한다.

카뮈에 따르면 자살은 사회보다 개인의 마음과 관계가 있다. 하지만 그 마음은 이성이나 의식의 영역과는 거리가 있다. 그렇기 때문에 자신도 그것을 알지 못한다. 다분히 무의식 영역과 상당한 관련을 맺는다. 자살 충동은 자신도 모르는 사이에 자기 마음을 침식해 들어가기 시작한 그 무엇이 자극한다. "벌레는 사람의 마음속에 깃들여 있다. 벌레를 찾아야 할 곳은 바로 거기다." 의식을 통해 심사숙고하여 계획을 세우는 선택이나 행위가 아니다. 자살은 스스로 인생에 대처하지 못하고 끌려왔음을 고백하는 행위다. 그러한 의미에서 자신도 어쩔 수 없이 움직이는 마음의 작용이다.

만들어진 우울증

웬만한 규모의 산업 국가는 거의 예외 없이 65세 이상 인구가 총인구에서 차지하는 비율이 7% 이상인 고령화 사회로 진입했거나, 나아가서는 비율이 14% 이상인 고령사회로 진입하기 직전에 있다. 이와 동시에 노인 우울증이 큰 사회 문제로 대두되고 있다. 노인인구가 늘어나고 사회 · 경제적 상태가 악화되면서 우울증도 늘어나고 이와 함께 노인 자살 문제도 심각해지고 있다는 것이다.

노인 우울증은 흔히 생물학적 요인과 사회적 요인이 거론된다. 생물학적 요인은 노화로 인한 신체적 능력의 저하와 질병, 자아 존중감 상실은 물론이고 죽음에 대한 두려움과 관련이 있다. 사회적 요인은 경제력 상실, 가정과 사회에서의 역할 상실 등으로 인해 삶에 대한 의미가 흔들리는 것과 관련이 깊다.

노인 우울증 문제가 얼마나 부각되었는지, 이제는 대부분의 노인이 불가피하게 우울증 위험성이 있는 존재로 취급될 정도다. 노화와 우울증을 자연스럽게 연결시키는 것이 당연한 상식처럼 여겨진다. 우울증으로 진단하는 요소도 날이 갈수록 확대되고 있어서 병원을 찾은 노인

가운데 우울증 판정을 받는 경우가 증가일로에 있다. 정말로 현대인은 우울증 앞에 무방비로 노출된 무력한 존재인가?

고흐의 〈슬픔에 잠긴 노인〉은 노인의 아픔을 떠올리게 한다. 고흐가 자살로 막을 내리던 해에 과거의 스케치를 다시 유화로 그리는 일이 많았는데, 이 그림도 그 중 하나다. 1881년에 난로 옆에서 머리를 감싸 쥔 노인을 스케치한 〈절망〉을 유화로 다시 그린 작품이다. 노인이 홀로 의자에 앉아 얼굴을 가린 채 슬픔에 잠겨 있다. 이 노인이 어떤 연유로 고뇌와 슬픔에 빠졌는지는 알 길이 없다.

난로의 불을 보면서 장작불처럼 훨훨 타올랐던 젊은 시절을 그리워하며 슬픔에 잠겼는지, 아니면 현재 맞닥뜨린 생활의 곤란 때문인지, 아니면 또 다른 정신적인 고뇌 때문인지 알 수는 없다. 하지만 본래의 스케치인 〈절망〉에 비해 노인의 머리가 더 빠져서 노쇠해 보이고, 난로에 있던 주전자도 생략해서 무언가 더 큰 상실감을 드러내려 한 게 아닌가 싶다. 또한 옆모습을 거의 정면으로 바꿨다는 점에서 고흐의 시선이 노인의 내면으로 더 다가선 느낌도 든다.

현대 정신의학의 시선으로 이 그림을 본다면 아마 제일 먼저 노인 우울증을 떠올릴 것이다. 그만큼 노인과 우울증의 밀접한 관련성을 강조하기 때문이다. 과거에는 노인에게서 풍부한 삶의 경험에서 우러나오는 성숙과 내적인 안정에서 오는 관조의 태도를 찾는 시선이 많았다. 하지만 지금은 워낙 우울증에 대한 관심이 급증하다보니 일단 '우울증이 아닐까'라고 의심부터 하는 지경이다. 그들의 삶에 만족감을 느끼는 노인이 아주 드문 경우에 해당한다는 가정에서 출발한다.

고흐, 〈슬픔에 잠긴 노인〉, 1890년

노인만큼이나 여성과 우울증의 연결도 유행이다. 정신의학계에서는 생물학적 측면에서 생리 주기의 변화, 임신, 유산, 산후기간, 갱년기 전, 갱년기와 같은 호르몬 변화가 여성 우울증 증가와 관련 있다고 한다.

사회적 측면으로는 직장과 가정, 자녀양육, 노부모 부양 책임감 등 때문에 남성에 비해 여성의 우울증 빈도가 훨씬 높다고 단정한다.

조금 과장해서 말하면 우울증 전성시대다. 그런데 정말로 현대사회에 들어서 우울증 자체가 급격히 증가한 것인가? 크리스토퍼 레인 Christopher Lane은 《만들어진 우울증》에서 현대의학이 진단하는 우울증에 의문을 던진다.

> 어머니 세대에는 수줍음이 많은 사람에 대해 내성적이고 약간 어줍다고는 생각해도 결코 정신병이 있다고 여기지 않았다. 어른들은 오히려 숫기 없는 태도가 책을 좋아하고, 신중하고, 고독을 열망하는 성격과 연결된다며 높이 평가했다. 그러나 이제 수줍음은 병이다. 사회불안증, 회피성 인격장애를 비롯해, 일부 통계에 따르면 5명 중 거의 1명꼴로 앓고 있다고 알려진 갖가지 거창한 이름이 따라붙는다.

레인에 의하면 그토록 수많은 행동이 장애로 간주된다면 과연 그중 한두 가지에 걸리지 않고서 정상적인 삶을 사는 일이 가능한지 의심스러워 진다. 불안이나 두려움, 우울증을 역사상 고정불변한 것으로 묘사하는 현대 정신의학의 관점은 위험하다. 시기에 따라 수줍음에 대해 상반된 태도가 나타나듯, 현대사회에서 우울증을 비롯해 신경증이라고 병명을 붙인 정신 질병들이 어떤 주관적인 편향의 결과일 수도 있다.

레인은 우울증 판정기준을 끝없이 확대하는 경향에 제약회사의 이해가 상당 부분 결합되어 있다고 경고한다. 본래는 프로이트로부터 본격화된 정신분석학이 우울증을 비롯한 정신 질병을 진단하고 치료하는 가장 중요한 근거였다. 하지만 현대 정신의학계에서 정신분석은 무식하고 구시대적인 사고방식으로 조롱을 받는다. 대신 이 자리를 항정신성 의약품을 중심으로 한 치료약이 차지하게 되었다.

1952년에 최초의 항정신약인 클로르프로마진에 항우울 효과가 있다는 소식이 전해지면서 미국의 정신의학이 재편되고 정신분석은 믿을 수 없는 이론으로 밀려났다. 이윤 극대화를 지상 최대의 과제로 삼는 제약업체들은 정신질환 관련 약을 보다 대량으로 제작 · 판매할 수 있는 새로운 시장을 개척하기 위해 병의 범주를 대폭 확대했다.

예를 들어 '내향성 인격장애'라는 정신질환 분류가 얼마나 어처구니없는지를 설명한다. 인격장애는 습관 · 성격 · 사고방식 등이 사회적 기준에서 극단적으로 벗어나서 사회생활에 문제를 일으키는 경우를 말한다. 전 세계 정신의학을 좌우하는 미국의 정신의학계는 인격장애를 정신질환으로 규정하고 그 범위를 계속 확대해 왔다. 예를 들어 회피성 인격장애를 가진 사람은 거절에 매우 예민하게 반응하며 남들에게 은둔형으로 보인다. 내향성으로 인해 더욱 은둔형으로 보이며 사회공포증이 많이 나타난다. 진단 기준으로 비판 · 비난 · 거절이 두려워 대인 접촉을 포함한 직업 활동을 회피하는 경향, 자신을 좋아한다는 확신이 없으면 다른 사람과의 관계에 관여하지 않는 경향, 창피를 당하거나 조롱을 받을까 두려워 친밀한 관계를 갖지 않는 경향, 자신을 다른 사람에 비해 열등하게 여기는 경향 등이 주요하게 제시된다.

레인은 내향성 인격장애가 얼마나 실제의 임상과 동떨어진 무분별한 분류인지를 밝힌다. 8년에 걸쳐 동료들과 더불어 연구를 진행하면서 7만 5천 건이 넘는 사례에 진단 기준을 적용했다. 미국의 11학년과 12학년 학생들에게 찾아낸 내향성 비율은 남학생이 37퍼센트, 여학생이 31퍼센트였다. 표본 집단의 학생들이 나이가 들어 대학생이 되자 그 수는 남학생이 1만 2천 명, 여학생이 거의 1만 6천 명까지 늘어나면서 각각의 비율은 51퍼센트와 43퍼센트로 치솟았다. 이러한 진단 기준대로라면 인구의 절반이 정신질환자로 분류된다. 당연히 주요 치료 방법은 약물 복용이다. 내향성은 정상인의 정상적인 태도임에도 불구하고 정신질환 진단 기준을 무리하게 확대해 결국 돈벌이 수단으로 전락시킨 셈이다.

> 제약회사들은 사회공포증이라는 장애와 확실한 치료제를 선전하는 대대적 캠페인을 전개하기 시작했다. 유럽 · 북미 · 남미 · 중동 · 아시아 등 전 세계에 광고, 팸플릿, 비디오 선전물이 모습을 드러냈다. 바야흐로 사회불안장애가 전 지구적인 현상이 되었다.

한마디로 약을 팔기 전에 병을 팔아야 한다는 논리가 시장을 지배한다. 20세기 후반 이후에는 마침내 수줍음, 공중화장실 이용의 두려움, 엉뚱한 말을 할지 모른다는 걱정까지 모두 사회불안장애에 포함되기에 이른다. 그리고 이를 위한 가장 신속한 조정 수단으로 약물치료가 과학이라는 이름 아래 요구된다. 인간을 기계적인 관점으로 보면서 이제 무의식이라든가 정신분석은 의미 없는 요소나 과정으로 전락하고 오직 뇌에서의 화학 반응이 절대 권위를 차지하게 된다. 당연히 약을 필요로 하는 사람의 수가 획기적으로 증가하게 된다.

물론 우울증 자체에 대한 회의나 부정은 아니다. 문제는 현대 정신의학에서 우울증을 비롯한 정신장애를 무분별하게 확대함으로써 정상적인 경우조차 질병으로 규정하는 사태가 벌어진다는 점이다. 또한 심리학이 무의식과 연관된 정신분석에서 분리되고 오직 인간의 정신을 뇌의 기계적 · 화학적 작용으로만 좁게 해석한다는 점이다.

정신에서 건강과 질병, 정상과 비정상 사이에 만리장성을 쌓으려는 시도는 위험하다. 프로이트를 비롯한 많은 정신분석학자와 심리학자에 의하면 질환으로서의 신경증 증세는 우리가 흔히 정상이라고 말하는 사람들도 갖고 있는 요소다. 우울증을 비롯하여 다양한 신경증을 가진 사람이 보이는 증세는 정상인에게서 관찰되는 현상과 본질적인 차이를 찾기 어렵다. 그만큼 정상인으로 불리는 사람도 일정한 범위 내에서는 장애 경험을 갖는다.

각자의 개인적 성장 경험과 사회적 조건이 맞물리면서 사람마다 서로 다른 종류의 장애가 나타나기도 하고, 심한 경우 신경증이라 부르는 질환에 이른다. 보통 사람들은 특정한 장애가 나타났다가도 나름대로 해결 방법을 찾아 균형을 맞춰가지만, 신경증 상태에 있는 사람은 그 정도가 심해 단지 일시적 해결에 머물거나 혹은 스스로 해결 방법을 찾지 못한다. 경우에 따라서 약물이 도움을 줄 가능성을 모두 부정할 필요는 없지만 분명한 것은 인간의 정신을 다루는 한, 의식 · 무의식 관계와 사회적 조건 등에 대한 탐구가 중심의 자리를 잡아야 한다는 점이다.

3장

열등감과 우월감은 왜 생기는가?

렘브란트 〈사울과 다윗〉, 루쉰 《아Q정전》, 아들러 《삶의 과학》

렘브란트, 〈사울과 다윗〉, 1655년

열등감과 우월감에 빠지다

렘브란트Rembrandt의 〈사울과 다윗〉은 《성경》에 나오는 유명한 이야기에 기초하고 있다. 사울은 이스라엘의 역사에서 열등감의 상징처럼 다뤄진다. 그림의 상황을 이해하기 위해서 먼저 이야기 전개를 대략이나마 알 필요가 있다. 《성경》을 전혀 모르는 사람이라 할지라도 다윗은 골리앗과의 싸움으로 잘 알려져 있다.

이스라엘이 블레셋과의 전쟁 중에 적국의 거인 장수인 골리앗은 일대일로 맞서 싸워 상대가 이기면 진 쪽에서 종이 되어 섬기자고 소리쳤다. 사울 왕과 이스라엘 군은 이 말을 듣고 무서워 어쩔 줄 몰랐다. 아무도 나서지 않는데, 다윗이 골리앗과 싸우겠다고 사울의 허락을 구했다. 다윗은 무릿매를 돌려 던진 돌로 골리앗의 이마를 정통으로 맞혀 쓰러뜨리고는 곧바로 달려가 골리앗을 밟고 그의 칼을 뽑아 목을 베었다. 다윗의 공헌으로 이스라엘은 승리를 거뒀고, 왕이었던 사울은 다윗을 신임하게 되었다. 그 이후에도 다윗은 군인으로서 많은 전투에서 승리를 이끌었다. 다윗의 수금 연주 실력이 뛰어나서 사울은 자주 그의 연주를 들었다.

문제는 사울보다 다윗에 대한 백성의 평판이 높아지면서 생겼다. 백성 사이에 "사울은 전쟁에서 천 명을, 다윗은 만 명을 죽였다네."라는 노래가 퍼졌다. 사울이 수천 명의 적군을 상대하는 장수라면, 다윗은 수만 명을 무찌른 용장이라는, 다윗이 사울보다 더 위대하다는 노래였다. 다윗의 업적을 더 칭송하자 사울은 열등감에 몸을 떨었다. 왕이라는 지위가 주는 우월감이 위협을 당하고 백성에게 제대로 자신이 인정받지 못한다는 생각에 이르자 만사를 다윗과 비교하면서 병적인 열등감에 사로잡히게 되었다.

열등감은 시기를 낳고, 다윗을 죽이려는 시도로 나타났다. 증오하는 마음이 불일 듯 일어나 수금을 타고 있던 다윗에게 창을 두 번씩이나 던져 죽이려 했다. 결국 다윗은 사울 왕을 피해 도망자 신세가 되었지만, 백성의 지지와 성원에 힘입어 결국 나중에는 통일된 이스라엘 왕국의 왕이 되었다.

다윗과 골리앗은 서양 미술사에서 가장 즐겨 다루어진 일화 중 하나다. 당연히 《성경》에서도 그렇고, 오랜 세월에 걸쳐 기독교도에게도 다윗이 주인공이다. 하지만 렘브란트의 〈사울과 다윗〉에서 주인공은 단연 사울이다. 수금을 연주하는 다윗에게 사울이 창을 던지기 직전의 긴장된 상황이다. 다윗은 한쪽 구석에 작게 묘사된 조연일 뿐이다. 열등감에 사로잡혀 질투에 불타는 사울이 캔버스 전체 공간을 가득 채운다. 곧 한 손에 걸치고 있는 창을 들어 다윗에게 던질 기세다.

렘브란트는 사울에게서 극적인 요소를 느낀 듯하다. 동일한 주제와 상황으로 1629년에 그린 〈사울 앞에서 하프를 연주하는 다윗〉에서도 렘브란트는 다윗을 옆모습만 희미하게 보이도록 하고, 사울을 공간의 중심에 놓고 온몸으로 환한 빛을 받도록 배치했다. 하지만 몇 가지 점에서 〈사울과 다윗〉이 더욱 극적인 효과를 낸다. 20대 초반의 청년기 그림에 비해 이제 빛과 어둠의 대비가 훨씬 원숙한 경지에 들어서서 장면 전체에 더 팽팽한 긴장감이 흐른다. 고개를 살짝 숙이고 눈을 치켜뜨듯이 우리를 보는 눈과 눈가의 주름에서 몸서리치는 열등감에 사로잡힌 사울의 내면이 보다 생생하게 읽힌다.

이 작품을 그린 시기에 이미 렘브란트는 기존의 화려했던 명성을 모두 잃고 재정적으로도 완전히 파산한 상태에 있었다. 주위의 화가들은 물론이고 세상 사람들로부터 조롱을 받는 처지였다. 렘브란트는 사울의 열등감에 자신의 심정을 담았던 게 아닐까? 나아가서 우리를 정면으로 바라보는 사울의 시선도 심상치가 않다. 마치 '내 마음을 충분히 이해하지 않아?'라고 묻는 듯하다. 어쩌면 렘브란트는 사울의 모습을 통해 우리 마음속에 있는 뿌리 깊은 열등감을 들추어내려 했던 게 아닐까?

사실 정도의 차이가 있을 뿐 많은 사람의 내면에 열등감과 우월감이 한 쌍을 이루며 꿈틀댄다. 《잃어버린 시간을 찾아서》에서 프루스트는 자기 안의 열등감을 추적한다. 심지어 누군가를 사랑하는 감정조차 열등감이 우월감과 묘하게 겹치며 나타난다. 게르망트 부인을 사랑하지만 그녀는 그에게 아무런 관심도 없다. 많은 사람의 관심과 애정을 한몸에 받는 그녀만 생각하면 열등감이 조여 온다. 그리고 열등감은 이상한 방향으로 해결의 실마리를 찾는다.

천주님이 부인에게 온갖 재앙을 내려 망하게, 인망을 잃게, 나와 부인 사이를 떼어놓고 있는 모든 특권을 빼앗아, 거처하는 집도, 인사해 주는 사람도 없이 되어, 내 보호를 구하러 오게 하는 데 있었다. … 우월성을 모조리 한 몸에 모으고 있는 여성을 사랑하기 때문에 나는 그녀 눈에 아무런 위엄도 보일 수가 없었다. — 〈게르망트 쪽〉

그가 사랑하는 부인은 높은 지위를 가진 귀족인 데다가 최대 재산가에 못지않을 정도의 부를 가졌다. 게다가 사교계에서도 만인의 여왕으로 통하는 매력을 지니고 있다. 반면 모든 면에서 그녀에 비해 부족한 자신의 처지를 보면서 프루스트는 열등감에 휩싸인다. 그럼에도 불구하고 그녀에 대한 사랑을 억누를 수 없는지라 비뚤어진 방식으로 사랑의 가능성을 상상한다.

그녀가 지닌 모든 우월성을 열등한 상태로 바꾸는 상상이다. 지위와 재산은 물론이고 주위 관계에서도 비참의 구렁텅이 속에 떨어진 부인을 떠올린다. 반대로 자신은 유력한 재산가가 되어 그녀가 찾아와서 의지하는 상황을 그린다. 눈에 안 띄는 뛰어난 능력을 여인이 알게 되어 마음과 몸을 던지는 상황도 상상한다. 심지어 상상은 또 다른 상상을 낳아 자기 집에서 부인을 맞이하면서 할 말을 소리 내어 지껄이는 데 몇 시간을 보내기도 한다.

상대의 우월감을 열등감으로, 동시에 자신의 열등감을 우월감으로 바꿈으로써 만족을 구하는 방식이다. 프루스트는 "마치 일상생활에서 실격자들과 진저리가 나는 사람들이 그렇게 하듯" 상상의 나래를 펼친다. 열등감의 다른 이름이 우월감이고, 둘은 동전의 양면처럼 붙어 있다. 프루스트 자신만이 아니라, 주변 인물들 사이에서도 열등감과 우월감이 교차하는 추한 모습이 어김없이 등장한다. 가족은 물론이고 사교계에서 만난 사람들, 하다못해 하인들 사이에서도 어김없이 드러난다.

> 고모할머니는 다른 사람이 조금이라도 자기보다 우월하다고 생각되면, 그것이 장점이 아닌 단점이라고 확신하고는 부러워하는 태도를 보이지 않으려고 도리어 동정했다. – 〈스완네 집 쪽으로〉

유명한 신문에 스완의 이름이 난 것을 보고 할머니 여동생들이 그 기사에 대해 스완에게 말하겠다고 하자, 고모할머니는 만류한다. 미술품과 관련한 기사였는데, 그만큼 고상하고 훌륭한 사람이라는 인상을 줄 기회였기 때문에 본인에게 알리고자 했으나 할머니는 묘한 열등감이 작용한다. "내 이름이 그처럼 생생하게 신문에 나온 걸 보면 싫을 텐데. 남들이 거기에 대해 말하는 것도 좋아하지 않을 테고."라면서 오히려 스완을 동정하는 태도를 보인다. 상대방을 동정함으로써 자신의 열등감을 우월감으로 둔갑시키는 교묘한 방법을 사용하는 것이다.

동양에서 열등감의 화신처럼 되어 있는 인물은 단연 현대 중국 문학의 아버지로 불리는 루쉰魯迅의 《아Q정전》 주인공 아Q라고 할 수 있다. 신해혁명을 배경으로 당시 몽매한 중국 민중의 전형을 집약시켰다. 중국 남부의 한 가상 농촌에 사는 얼간이 날품팔이꾼 아Q가 보이는 생활과 인간관계에서의 태도, 사회변화에 대한 이해 속에서 우매함의 양상을 드러낸다. 특히 열등감과 우월감의 정체를 찾아나서는 과정에서 프루스트의 관점과 만난다.

아Q에게는 독특한 정신적 승리법이 있다. 자신이 다른 사람에게 두들겨 맞아도 어떻게든 맞아야 할 이유를 찾아내, 순식간에 열등감을 우월감으로 전화시킴으로써 승리감에 도취하곤 했다. 이제 마을 사람들도 그의 정신적 승리법을 알게 되어서 괴롭히거나 때릴 때 먼저 그에게 이렇게 말한다.

> 아Q, 이건 자식이 애비를 때리는 게 아니라 사람이 짐승을 때리는 거다. 네 입으로 말해봐. 사람이 짐승을 때린다고!
>
> 아Q는 두 손으로 자신의 변발 밑동을 움켜잡고 머리를 비틀면서 말했다.
>
> 벌레를 때린다. 됐지? 나는 벌레 같은 놈이다……. 이제 놔 줘!

자신이 놀림을 당하거나 맞는 상황임에도 맞는 대상이 짐승이나 벌레라고 생각함으로써 맞아도 괜찮은 이유를 기필코 찾아낸다. 그렇게 함으로써 현실에서는 당하고 있지만 적어도 마음속으로는 이기게 된다. 그런데 이날은 마을 사람들의 심술이 멈추지 않는다. 벌레가 되었어도 놓아주지 않고 그의 머리를 대여섯 번 소리가 날 정도로 벽에 짓찧는다. 그런 뒤에 이번에는 아Q도 황당한 우월감에 도취되지 못하고 괴로워할 것이라 생각하며 의기양양하게 돌아갔다. 하지만 아Q는 다시 열등감을 우월감으로 전화시킬 방법을 곧바로 찾아낸다.

그러나 십 초도 지나지 않아 아Q도 만족해하며 의기양양하게 돌아갔다. 그는 자기가 자기 경멸을 잘하는 제일인자라고 생각했다. '자기 경멸'이라는 말을 빼고 나면 남는 것은 '제일인자'이다. 장원壯元도 '제일인자'가 아닌가? 네까짓 것들이 뭐가 잘났냐!?

바보처럼 맞고 있는 자신을 최대한 경멸한다. 자기 경멸이 극대화될수록 경멸을 받는 자가 경멸을 주는 자로 다시 둔갑한다. 그 결과 경멸을 주는 데 둘도 없는 제일인자로 등극한다. 동시에 적을 극복했다는 만족감과 제일인자라는 우월감이 찾아오면서 기분이 유쾌해진다. 흐뭇한 마음으로 술집으로 달려가 술을 몇 잔 마시고, 또 다른 사람들과 한바탕 말싸움을 하다 또 다시 정신적 승리법을 동원해 기분을 한껏 끌어올린 후 잠이 든다.

어느 날 다시 누구라도 비참한 감정을 느낄 수밖에 없는 난감한 상황을 맞이한다. 아Q는 주머니에 약간의 돈만 생기면 노름판으로 달려갔는데, 얼마 지나지 않아 그의 주머니에 있던 돈이 다른 사람의 허리춤으로 옮겨간다. 결국 털리고 뒤쪽에 서서 자리가 파할 때까지 구경하다 돌아오곤 한다. 딱 한 번 많은 돈을 따는 듯하다 낭패를 맛본다. 있는 대로 신바람이 났는데, 어쩐 일인지 싸움이 있어났고, 정신을 차려보니 주먹질이나 발길질을 당해 여기저기 몸이 쑤신다. 무엇보다도 돈뭉치가 없어졌다는 사실을 알게 된다. 수북하게 쌓인 돈이 분명히 자기 손아귀에 들어왔었는데 사라진 것이다.

이번에도 평소에 사용하던 정신적 승리법이 동원된다. 자식이 가져간 셈 치자고 생각하지만 여전히 개운하지 않고, 자기를 벌레라고 해보아도 마음이 개운해지지 않는다. 정신적 승리법이 고갈되고 실패의 고통을 고스란히 느껴야 하는 상황을 맞이한다. 하지만 이번에도 아Q는 곧바로 새로운 방법을 찾아낸다.

> 오른손을 들어 자기 뺨을 힘껏 연달아 두 번 때렸다. 얼얼하게 아팠다. 때리고 나서 마음을 가라앉히자 때린 것이 자기라면 맞은 것은 또 하나의 자기인 것 같았고, 잠시 후에는 자기가 남을 때린 것 같았으므로 만족해하며 의기양양하게 드러누웠다.

자신을 때리는 방법으로 허구적인 가해자로 둔갑함으로써 금방 패배를 승리로 바꾼다. 그제야 흡족한 마음으로 잠이 든다. 자기 경멸의 방법으로 열등감을 우월감으로 바꿈으로써 자신을 합리화하고, 마치 자기 힘으로 열악한 상황을 개선한 것처럼 의기양양해 하는 방법이다. 한갓 자기기만 내지 허위의식의 발로일 뿐임에도 불구하고 정신적 만족을 구한다.

아Q의 태도나 행동을 놓고 여러 측면의 해석이 가능하지만, 심리적인 차원에서 열등감의 양상을 확인하는 데도 유용한 자료를 제공한다. 프루스트와 루쉰의 소설을 통해 우리가 제일 먼저 확인할 수 있는 것은 열등감과 우월감의 관계다. 현상적으로는 전혀 상반된 감정이나 심리처럼 보이지만 실질적으로는 동전의 양면처럼 같은 뿌리를 갖는다. 우월감은 열등감을 반영하는 양상으로 나타난다.

열등감, 우월감의 정체

열등감은 현대 심리학의 주요 관심사다. 아들러에 따르면 "세계적인 심리학자들이 자주 사용하는 개인심리학의 가장 중요한 발견은 '열등감'이라고 할 수 있다." 개인 심리학의 선구자라 할 수 있는 아들러는 다양한 저작에서 열등감과 우월감의 문제를 반복적으로 다룬다. 하지만 열등감 자체가 문제는 아니다. 《삶의 과학》에서 열등감은 인간이 일반적으로 갖고 있는 감정이라고 한다. 문제는 열등감이 병적인 상태로 심화될 때 생긴다.

> 우리 모두 열등감을 갖고 있다. 열등감은 병이 아니다. 건강하고 정상적인 노력과 발전에 자극제가 될 수 있다. 열등감이 병적인 조건이 되는 경우는 부적절하다는 느낌이 워낙 강하여 열등감이 긍정적인 쪽으로 자극하지 못하고 발전을 끌어내지 못할 때다.

실제로 대부분의 사람은 일상생활에서 열등감을 수시로 경험한다. 예를 들어 평소에 자연스럽다가도 많은 사람이 있는 앞에서는 우물쭈물 제대로 말을 못하고 주눅이 든 태도를 취하는 경우가 많다. 위압적인 청중 앞에서 열등감을 느끼기 때문에 생기는 현상이다. 그러나 일정한 열등감은 발전의 요인으로 작용하기도 한다.

정상적인 사람은 열등감을 느낄 때 이를 넘어 우월한 존재가 되려고 노력하고 이 과정에서 성취를 이루는 경우가 많다. 그러한 의미에서 열

렘브란트, 〈웃는 자화상〉, 1628년

렘브란트, 〈사도 바울 모습의 자화상〉, 1661년

등감은 우월감과 쌍을 이루고 있기도 하다.

렘브란트가 열등감이 불러낸 불타는 질투를 〈사울과 다윗〉을 통해 보여줬다면, 여러 점의 자화상은 자기 안의 우월감과 열등감을 드러낸다. 우리에게 익숙한 그의 이미지는 단연 우월감으로 가득한 표정이다. 40여 년 동안 100여 점의 자화상을 남겼는데, 대부분 자신에 찬 모습이다.

예를 들어 〈웃는 자화상〉는 20대 초반의 청년기 모습을 담았다. 성공적이고 인기 있는 화가로서의 삶을 시작하던 젊은 시절이다. 자신감에 가득 찬 도전적인 모습이고, 눈빛도 캔버스를 꿰뚫을 것처럼 초롱초롱하다. 활짝 웃는 얼굴이 활기찬 인생을 즐기는 듯하다. 이후 장년기의 자화상은 완숙한 장인의 기품을 느끼게 한다. 성공한 화가로서의 거만함까지 느껴질 정도로 꼿꼿한 이미지를 보여준다. 아무도 넘볼 수 없는 자신의 위상을 자화상을 통해 확인시키는 듯한 분위기다.

실제로 젊은 시절의 그는 우월감으로 가득 차 있었다. 부유한 제분업자의 아들로 태어났고 어릴 적부터 남다른 재능을 뽐냈다. 20세 이전에 친구와 함께 개인 스튜디오를 운영할 정도로 화가로서 성공의 길을 걸었다. 귀족출신의 딸인 부인이 가져온 막대한 지참금과 사회적 신분 상승은 화려한 생활을 뒷받침해주었고 신흥 부호들이 모여 사는 곳에 거대하고 그림같이 멋진 집을 장만하기도 했다. 그래서인지 〈웃는 자화상〉을 비롯하여 20~30대의 자화상을 보면 사치스러운 의상과 황금목걸이를 걸치고 세상에 거칠 것 없다는 듯이 당당한 모습 일색이다.

하지만 성공가도만을 달릴 것 같았던 인생에 실패의 그림자가 일찍 찾아온다. 1639년에 무리하게 빚을 지고 산 저택으로 재정적 어려움에 빠진데다 1640년을 전후로 세 명의 자녀를 잃는 슬픔을 겪는다. 엎친 데 덮친 격으로 1642년에 작품이 혹평을 받으면서 화가로서의 명성을 잃자 그림을 주문하는 고객의 발길도 눈에 띄게 줄고 아내마저 세상을 떠난다. 극도의 사치와 낭비로 인해 재산을 탕진하여 빚더미에 앉았고 고립 속에서 우울한 나날을 보낸 렘브란트는 결국 1656년, 50세가 되던 해에 파산하여 유대인 지구에서 가난에 시달리는 생활을 한다. 삶의 밑바닥으로 추락하는 치욕스런 고통을 겪으며 힘든 나날을 보낸다. 만년에는 끼니마저 굶으면서 비참하게 살다가 1669년에 고작 붓 몇 자루만 남긴 채 63세의 나이로 쓸쓸히 죽음을 맞이한다.

렘브란트의 〈사도 바울 모습의 자화상〉은 극심한 빈곤 속에 살던 시절의 자화상이다. 머리에는 동양풍의 터번을 두르고 한 손에는 바울의 서신을 든 모습이다. 가슴의 옷깃 사이로 단검 손잡이가 삐죽 튀어나와 있다. 말씀의 검을 품은 사도 바울의 이미지를 보여주는 장치다. 이미 〈웃는 자화상〉의 번지르르한 피부는 온데간데없고 나무 등걸의 패인 흔적처럼 깊은 주름이 곳곳에 박힌 상태다. 우리를 향해 눈을 치켜떴지만 총기를 잃은 지 한참은 되어 보인다. 입가에 미소를 지어보려 하지만 어설픈 기운이 역력하다. 두 그림은 비슷한 구도와 각도이지만, 하나가 빛 속에 있다면 다른 하나는 어두운 그림자 속에 자신을 둔 느낌이다.

바울은 기독교 초기의 포교와 신학에 주춧돌을 놓은 사도다. 신약성서 27개의 문서 중 13편에 달하는 서신을 썼고 초대교회를 이끈 뛰어난 지도자 중 한 사람이다. 꺼지지 않는 열정으로 북아프리카 지역을 제외한 로마 제국의 주요 도시를 다니며 선교활동을 했고 여러 번 죽을 위기를 넘긴다. 렘브란트는 왜 자신을 사도 바울에 빗대어 그렸을까? 프루스트나 아Q가 그러했듯이 열등감을 우월감으로 둔갑시키는 심리가 아닐까?

현실의 자신은 바울은커녕 사치와 방탕으로 얼룩진 생활 끝에 거지나 다를 바 없는 처지로 전락한 탕아다. 원래 예술가든 사업가든 높이 올라간 사람일수록 추락에 의한 열등감에 더 깊이 빠지기 마련이다. 한때 화가로서 전 유럽을 호령하던 렘브란트였기에 밑바닥으로 떨어진 자신에 대한 타인의 시선에서 상당한 모멸감을 느꼈음은 쉽게 예상할 수 있다. 누가 봐도 초라한 노인 모습에 기독교 선구자인 바울의 외피를 씌움으로써 여전히 유럽 미술의 선구자로서의 우월감을 드러내고자 했던 게 아닌가 싶다. 가슴의 칼도 말씀의 검이라는 의미와 함께 '나는 아직 안 죽었어!'라며 아직 미술의 판도를 뒤흔들 비수 같은 능력을 자신이 지니고 있음을 자랑하는 듯하다.

아들러는 열등과 우월을 위한 노력을 과도하게 펴는 상태를 콤플렉스라고 한다. 그리고 이 두 가지 콤플렉스는 같은 상태의 서로 다른 이름이다.

> 똑같은 개인에게서 열등감 콤플렉스와 우월감 콤플렉스라는 서로 대조적인 성향이 동시에 존재하는 모순적인 상황이 더 이상 역설적이지 않다. 우월을 추구하려는 노력과 열등감이 서로 보완적이라는 사실이 명백하기 때문이다.

일반적으로 자기가 타인에 대해 우월한 것처럼 행동하는 모든 사람의 배후에는 숨겨야만 하는 열등감이 존재한다. 아들러는 이를 동물원에 구경 간 세 명의 아이가 나타내는 반응을 통해 설명한다. 사자 우리 앞에 섰을 때, 첫 번째 아이는 어머니 치맛자락을 붙들고 "집에 가고 싶어요."라고 말했다. 두 번째 아이는 얼굴이 창백해지고 벌벌 떨면서 "나는 조금도 무섭지 않아."라고 말했다. 세 번째 아이는 사자를 노려보며, "침을 뱉어 줄까?"라고 말했다. 뒤의 두 아이는 언뜻 우월한 모습 같지만 사실은 모두 열등감을 갖고 있다. 열등감을 숨기지 위해 우월감을 가장했을 뿐이다.

우울한 사람의 심리 안에서도 열등감과 우월감은 동시에 나타난다. 우울증에 빠져 있음으로써 가족 안에서 관심의 초점이 된다는 사실은 안다. 자신이 정신적으로 허약하다는 점을 드러냄으로써 가족 가운데 가장 강력한 힘을 발휘하면서 사람들을 지배한다. 그들의 내면에서 열등감 콤플렉스가 휘두르는 힘을 확인하는 것이다. 이는 예외적인 경우는 아니다. 허약이 거꾸로 상당히 강력하고 막강한 무기가 될 수 있다는 점은 아기를 통해서도 확인할 수 있다. 아기는 열등한 상태이지만 이 때문에 집 안에서 가장 강력한 힘을 발휘하는 우월한 상태를 누린다.

적당한 열등감과 우월감은 현재를 개선하는 역할을 한다. 하지만 콤플렉스 수준에 이르면 유익함 쪽으로 발휘되지 못하고 자신을 나락에 빠뜨려 놓은 채 방치하거나 자기기만과 허위의식에 사로잡혀 현실과 유리된 삶을 산다. 그 결과 우울증이나 노이로제, 심하면 범죄에 빠져 고통스러운 생활을 해야 한다.

아들러가 보기에 열등감과 우월감의 원인은 하나일 수 없다. 다양한 통로를 통해 만들어지지만 몇 가지 중요한 원인을 찾아볼 수는 있다. 분명한 것은 어린 시절 경험이 핵심적으로 작용한다는 점이다. 특히 《심리학이란 무엇인가》에서 유아기 가족 관계를 통해 형성된 감정이 미치는 영향을 중시한다. 현재의 행위는 그렇게 하도록 무의식 속에 저장되어 있다.

열등감과 지배욕구가 비정상적인 노이로제 단계로까지 나아가는 경우는 그만큼 비정상적인 유아기 경험 때문이다. 특히 유아기의 협동 경험의 부재가 크게 작용한다. 누구나 유아기에 갖는 기본적 경쟁심이 장애로까지 심화되지 않도록 아이를 보호하는 일은 그들을 타인과 협력하도록 훈련시키는 노력에 의해서만 가능하다. 협동 경험이 부재할 때 병적인 열등감과 우월감을 유발한다.

아이가 사람들 사이에서 경험하는 최초의 협동은 부모의 협동이다. 그러므로 만일 부모의 협동이 결여되어 있다면 아이 스스로 협동을 터득할 수 없다. 더욱이 아이들이 결혼에 관해서나 양성 간의 협동에 관해 생각하게 될 때는 항상 부모의 결혼이 바탕이 된다.

경쟁에서 발생하는 열등과 보상의 굴레를 일정하게 완화시키기 위해서는 협동을 체화하는 처방이 필요하다. 아이로서는 당연히 최초의 관계이자 가장 긴밀한 관계인 부모의 협동이 결정적 역할을 한다. 부모의 협동 결여는 현상적으로 부모의 친밀하지 못한 관계를 의미한다. 어머니와 아버지 사이의 불화가 깊을 때 아이는 불안감이 증가하기 때문에 스스로의 경쟁력 강화에 더 큰 자극을 받게 된다. 하지만 아들러에 의하면 보다 중요한 부모의 협동은 성 역할 문제다.

인류의 존속은 남성과 여성의 성적 역할에 의존하고 있다. 특히 인류의 생명에 공헌하는 여성이, 어머니라는 역할로 인해 인간의 분업에 있어서 다른 어떠한 사람에게도 뒤지지 않는 높은 지위를 차지하고 있다는 점을 강조한다. 어머니는 전통적 여성의 역할인 육아와 가사에 충실하고, 아버지는 밖의 일을 담당하면서도 큰 울타리로서 자상함과 든든함의 역할을 하는 성역할 분담이 중요하다. 그러한 의미에서의 협동이 원활할 때 아이는 서로에 대한 친밀한 헌신과 상대방에 진실한 관심을 요구하는 관계를 맺을 수 있게 된다. 반대로 부모의 협동이 결여되어 스스로 협동을 터득할 수 없을 때 아이는 파괴적 경향을 지니게 된다. 살인범을 비롯한 범죄자의 성향도 상당 부분 성장 과정에서의 협동 과정 결여에 연관되어 있다. 아들러는 부모 중에서도 어머니로서의 여성 역할에 더 주목한다.

어머니가 육아와 가사에 충실하더라도 아이를 대하는 과정에서 중심을 잡지 못하면 문제가 생긴다. 무엇보다도 아이를 응석받이로 키울 때 협동 경험은 상실되고 열등과 우월이라는 심리 구조 안에 종속되는 결과로 나타난다.

> 또 하나의 유형은 응석받이로 자란 아이다. 우리는 범죄자가 불평을 늘어놓으면서, '내가 범행을 거듭해 온 이유는 어머니가 나를 너무 제멋대로 하게 내버려 두었기 때문이다.'라고 주장하는 것을 들을 수 있다.

응석받이로 자란 아이는 어머니를 독점하려고 하고 어머니의 의식을 지배하려는 경향을 갖는다. 그러한 아이에게는 오직 어머니와 자신의 관계만 남기 때문에 형제나 자매 사이의 협동은 애초에 기대할 수 없는 상태가 된다. 어머니 이외의 모든 사람은 경쟁 대상일 뿐이다. 열등감과 우월감의 교차만이 지배한다.

피그말리온 효과

열등감과 우월감을 심리적으로 이용해 개인의 성과를 증진시킨 사례도 있다. 흔히 피그말리온 효과Pygmalion Effect라는 이름으로 불리는 용어가 연관된다. 볼핀치의 《그리스 로마 신화》에 나오는 피그말리온 신화를 간략하게 소개하면 다음과 같다.

피그말리온이라는 조각가는 여자의 결점을 너무나도 많이 본 나머지 마침내 여성을 혐오하게 되어 평생 결혼하지 않고 지내기로 작정했다. 어느 날 빼어난 솜씨로 조각상을 만들었는데, 얼마나 아름다웠던지 살아 있는 어떤 여자도 따라갈 수 없을 정도였다. 그는 자신의 작품에 감탄하여 조각상과 사랑에 빠졌다. 조각상을 끌어안기도 하고, 반짝이는 조개껍질이라든가 갖가지 꽃 · 구슬 · 호박 등 젊은 처녀가 좋아할 만한 것을 선물로 주었다.

그녀를 자기의 아내라고 부르고 갈라테아라는 이름도 붙였다. 아프로디테 제전에 참여해서는 그녀를 자기 아내로 점지해 달라고 빌었다. 아프로디테는 그의 소원을 들어주었다. 집에 돌아온 피그말리온이 조각상에 입을 맞추니 입술에서 온기가 느껴졌고 팔다리에 손을 얹어보았더니 부드럽게 느껴졌다. 조각상은 정말 살아 있었다. 처녀는 수줍은 듯이 눈을 뜨고 사랑하는 이에게서 눈을 떼지 않았다.

장레옹 제롬Jean-Leon Gerome의 〈피그말리온과 갈라테아〉는 그가 아프로디테에게 소원을 빈 후 작업장으로 돌아와 조각상에 키스를 하는 장면이다. 제롬이 화가이자 조각가인 데다 신고전주의 양식의 조각적인 구상 회화에 심취해서인지 실제 그리스 시대 조각 작업장의 모습을 옮겨다 놓은 듯한 분위기다. 왼쪽 선반에는 몇몇 조각 작품이 진열되어 있고, 오른쪽 선반에는 축제의 비극 공연에 쓰이는 가면이 놓여있다. 피그말리온이 키스를 하자 조각상에 생명력이 돌아나 그를 껴안고 응하

제롬, 〈피그말리온과 갈라테아〉, 1890년

는 중이다. 조각상 다리는 아직 재료의 본래 흰색 그대로이지만 상체는 이미 연한 갈색이 섞이면서 온기가 돈다. 오른쪽으로는 에로스가 사랑의 황금 화살을 겨누고 있어서 사랑의 성공을 축하하는 중이다.

이 신화 역사 여러 의미로 해석이 가능하다. 그 중의 하나로 피그말리온의 간절한 염원이 조각상을 인간으로 변화시켰듯이 무언가를 목표로 삼아 정성을 다하면 성취될 수 있다는 메시지를 준다. 비록 처음에는 기대나 영원이 단지 가능성의 영역에 속하지만 간절함이 커질수록 현실화될 수 있다는 의미다.

심리학에서는 이 신화를 모티브로 삼아 칭찬하면 칭찬할수록 더욱 더 잘 하는 동기를 제공하는 것에 피그말리온 효과라는 이름을 붙였다. 칭찬 · 격려 · 신뢰 · 인정 · 애정 · 사랑 · 긍정 · 확신 · 믿음이 있는 곳에서 모든 것이 변화되는 놀라운 경험을 하게 된다는 점에서 매우 효과적인 교육방법이라고 한다. 심리적으로 우월감 · 열등감의 작용과 연관이 깊다.

1964년에 미국의 교육심리학자 로젠탈Rosenthal은 샌프란시스코의 초등학교에서 돌발성 학습능력 예측 테스트라는 지능 테스트를 했다. 학급 담임에게는 앞으로 수개월 간에 성적이 오르는 학생을 산출하기 위한 조사라고 설명했다. 그러나 실제 조사는 아무 의미가 없었고, 무작위로 뽑은 아동 명단을 담임에게 주었다. 그 아동들이 앞으로 수개월 사이에 성적이 향상될 학생이라고 알려주었다. 그 후 학급 담임은 그 아이들의 성적 향상에 기대를 품었고, 확실히 성적이 향상되었다.

교사나 아이 모두 자신이 우월하다는 기대를 의식했기 때문에 성적이 향상된 결과가 나타났다고 생각할 수 있다. 반대로 교사가 기대하지 않는 학습자의 경우 성적이 떨어지는 경향을 보였다. 교사나 아이 모두 자신이 열등하다는 생각을 의식할 때 더 나쁜 상황으로 귀결된다는 의미로 생각할 수 있다. 우월하다고 기대하면 능력이 향상되고, 열등하다고 실망하면 부정적 효과를 만들어낸다.

우월감과 열등감은 어떻게 받아들이고 이용하느냐에 따라 전혀 다른 결과로 이어진다. 우월감은 병적이지만 않다면 자신을 개선하고 바라던 결과를 이끌어내는 동력으로 작용한다. 열등감도 무조건 부정적이기만 한 것은 아니다. 만약 자신의 부족함을 정면으로 바라보고 노력 배가를 위한 자극제로 활용하기만 한다면 말이다. 하지만 열등감의 늪에 빠져 허우적대거나 자기기만을 통한 허구적 탈출만을 꾀할 때 열등감은 더 깊은 열등감으로 악화되거나 파괴적인 우월 행동으로 왜곡된다.

사회적으로 조장된 감정

장 앙투안 와토Jean-Antoine Watteau의 〈이탈리아 희극배우〉는 단순히 연극의 한 장면이 아니라 현실의 인간이 겪는 인생을 보여준다. 와토는 연극 장면을 캔버스에 즐겨 담았다. 대신 엄숙한 비극이 아니라 희극에 주목했다. 복잡한 대사로 얽히고설킨 비극보다는 배우의 판에 박힌 행동이나 제스처가 두드러진 희극에서 더 큰 묘미를 느꼈던 듯하다.

희극배우는 무언가 모자란 듯 바보스러운 연기를 한다. 그림에서 주인공으로 보이는 중앙의 인물이 입은, 실내복에 가까운 흰색에다 소매의 주름을 있는 대로 접어야 겨우 손이 보일 정도로 긴 옷은 바보 같은

와토, 〈이탈리아 희극배우〉, 1720년

모습을 연출하기 위한 의도일 것이다. 통이 넓지만 짧은 바지도 우스꽝스러움을 강조하기 위한 목적이리라. 얼굴도 짐짓 멍청한 표정을 지어서 희극배우의 특징을 살려낸다. 양 옆으로는 극에 등장하는 다양한 배역의 인물들이 저마다 특징적인 동작과 표정으로 한껏 흥겨운 분위기를 띄우는 중이다.

와토는 무대에서 겉으로는 관객을 향해 항상 웃음을 짓지만 현실 생활에서는 고단함이 묻어나는 희극배우를 통해 힘든 삶을 사는 자기 인생을 묘사한 게 아닌가 싶다. 좀 더 넓히면 인간은 누구나 무대 위의 희극 배우처럼 주어진 배역의 틀에서 벗어나지 않고 자기 내면과 상반된 말과 행동을 하며 산다는 점을 드러내려 했는지도 모르겠다. 실제로 개인의 삶, 그리고 개인의 내밀한 심리는 사회 환경과 무관하게 형성되지 않는다. 특히 개인마다 사회에서 요구되는 특정한 역할을 수행하며 살아간다. 마치 배우에게 맡겨진 배역처럼 상당 기간 고정된 역할을 수행하면서 특정한 심리적 성향에 영향을 받는다. 열등감과 우월감도 예외라고 할 수 없다.

루쉰의 《아Q정전》에서 아Q가 열등감을 우월감을 통해 해소하려는 태도도 사회적으로 학습된 바를 무시할 수 없다. 중국에서 신해혁명이 일어나자 아Q도 변모된 모습을 보여준다. 느닷없이 혁명당원이 된다. 하지만 원래부터 그런 생각을 가졌던 것은 전혀 아니다. 오히려 혁명당은 곧 반역이며 반역은 곧 자기를 곤란하게 만든다는 견해를 가지고 있었다. 그래서 혁명을 깊이 증오하고 있었다. 당연히 아Q 개인의 심사숙고에 기초한 의식적인 판단이나 선택이 아니다. 전통사회에서 강제된 지배세력의 이데올로기와 대중의 사회적 통념이 자기도 모르는 사이에 스며들어와 의식을 지배하고 있었다고 봐야 한다.

> 그런데 뜻밖에도 혁명이 백리 사방에 이름이 높은 사람들을 그토록 겁먹게 했으니, 그는 자기도 모르게 동경을 품게 되었고, 더구나 마을 사람들의 당황한 표정에 아Q는 더욱 유쾌해졌다. '혁명도 좋은 거구나. 나도 혁

명당에 가입해야지.'라고 아Q는 생각했다. … 마을 사람들은 두려운 눈빛으로 그를 바라보았다. 그 불쌍한 눈빛은 아Q가 이제껏 본 적이 없는 것이었는데, 그것을 보자 유월에 빙수를 마신 것처럼 속이 시원해졌다.

아Q는 평소에 자신을 업신여기던 지체 높은 사람들이 혁명당에 쩔쩔매는 것을 보고 혁명당에 가입한다. 혁명당에 가입하는 것이 지금까지 자신을 열등한 인간 취급해오던 자들에게 복수할 수 있는 확실한 기회로 보였기 때문이다. 증오하는 사람이라면 누구라도 죽일 수 있다고 여긴다. 제일 먼저 죽여야 하는 건 누구일지, 그리고 그 사람들 가운데 몇 놈이나 남겨둘지 미리 계획을 세운다. 마을 사람들이 자신에게 무릎을 꿇고 살려달라고 애원하는 모습을 미리 상상하니 기분이 한껏 좋아진다.

게다가 원하는 것은 전부 다 자기 것이고, 마음에 드는 여자도 전부 취할 수 있다고 생각한다. 이 집 누이동생은 너무 못생겼고, 저 집 딸은 젖비린내 나고, 그 집 마누라는 눈꺼풀에 흉터가 있고, 또 다른 여인은 발이 너무 커서 적당하지 않다며 있는 대로 부푼 꿈을 꾼다. 사람들의 운명을 자기 마음대로 좌지우지할 수 있는 존재가 되었다는 생각에 너무나 유쾌해진다.

사람들 앞에 군림할 수 있다는 우월감이 아Q의 마음을 지배한다. 혁명을 증오하던 때와 마찬가지로 혁명당에 가입한 이유도 개인의 이념적인 판단과는 거리가 멀다. 오직 뼛속 깊이 찌들어 있는 열등감을 단번에 우월감으로 변신시킬 기회라는 점 말고 다른 어떤 이유도 없다.

열등감이 병적인 가기기만을 통해 우월감으로 나아갈 때 얼마나 파괴적인 상태에 이를 수 있는지를 잘 보여준다.

아Q가 혁명당에 가입해서 우월감을 확인하려 했던 것도 사회적 학습의 결과라 할 수 있다. 권력이 개인을 어떻게 무력화시키고 자기 지배 아래 두는지를 온몸으로 확인한 결과다. 아Q만이 아니다. 마을 사람들이 그에게 보인 태도 역시 권력의 논리를 너무나 잘 알기 때문에 보이는 현상이다. 권력은 역사를 통해 손쉽게 우월감을 충족시킬 기회를 왜곡된 방식으로 준다는 점을 집단적으로 학습할 기회를 제공한다.

열등감도 마찬가지 방식으로 사회에 의해 조장되고 주입될 수 있다. 심리학 용어 가운데 하나인 '학습된 무기력'은 이와 관련하여 좋은 참고가 된다. 1975년에 셀리히만Seligman이 동물을 대상으로 회피 학습을 통하여 공포의 조건 형성을 연구하던 중 발견한 현상이다. 실험 과정은 대략 다음과 같다.

24마리의 개를 세 집단으로 나누어 상자에 넣고 전기충격을 주었다. 제1 집단은 코로 조작기를 누르면 전기충격을 멈출 수 있는 환경을 제공했다. 제2 집단은 전기충격을 피할 수 없고, 몸이 묶여 대처할 수 없는 환경이었다. 제3 집단은 전기충격을 주지 않았다. 24시간 이후 세 집단 모두를 다른 상자에 옮겨 놓고 전기충격을 주었다. 상자 중앙의 담을 넘으면 전기충격을 피할 수 있다. 제1 집단과 제3 집단은 담을 넘어 전기충격을 피했으나, 제2 집단은 피하려 하지 않고 구석에 웅크리고 앉아 전기충격을 받아들이고 있었다. 자신이 어떤 일을 해도 상황을 극복할 수 없다는 무기력이 학습된 것이다.

셀리히만은 "유기체가 자신의 환경을 통제할 수 없게 되면 그 결과로 통제하려는 시도의 포기를 학습한다."라는 결론을 내렸다. 곧이어 다른 연구자에 의해 비슷한 조건을 인간에게 적용한 실험이 광범위하게 이루어졌다. 전기충격 대신 소음을 사용했을 뿐 비슷한 상황을 주었다. 연구 결과는 학습된 무기력이 종을 초월하여 일반화 될 수 있음을 입증했다. 제2 집단은 대부분 수동적으로 앉아서 불쾌하고 고통스러운 소음을 받아들이고 있었다. 인간이 스스로 통제할 수 없는 상황을 반복 경험하면, 선택과 행위로 미래의 결과에 영향을 미치지 못한다고 미리 예측하고 무기력에 빠진다.

무기력은 열등감에 근접해 있는 감정이다. 상황을 통제하고 미래를 예측하며 문제를 해결할 수 있다는 자신감을 스스로에게 부여하지 못하는 상태라는 점에서 열등감의 정서와 상당 부분 맞물려 있다. 사회는 정해 놓은 조건 내에 사람들이 머물도록 학습시킨다. 중앙의 담을 넘지 못하도록 규범과 사회관계, 사회적 역할을 통해 집단적으로 학습시킨다. 어빙 고프먼이 《상호작용 의례》에서 강조한 내용도 비슷한 맥락이다.

> 체면에 위협이 될 상황을 막는 가장 확실한 방법은 위험이 될 법한 접촉을 피하는 것이다. … 자기주장을 할 때도 강한 단서를 붙이거나 별일 아니라고 덧붙이며 겸손하게 말한다. 그는 그렇게 울타리를 치면서 개인적인 실패나 노출, 다른 사람의 예기치 못한 행동으로 인해 망신을 당할 일이 없도록 준비하는 것이다.

사람들은 사회가 정한 규범이나 질서를 통해 특정한 선택과 행동방식을 따르도록 훈련받는다. 가정교육은 물론이고 십 수 년에 걸친 초등 · 중등 · 고등 교육과정이 일차적으로 이를 담당한다. 나아가서는 직장에서의 규율이라든가 인간관계를 통해 보다 확장된 형태로 주입된다. 이미 만들어진 사회질서에 역행하여 해를 줄 수 있는 일체의 행동을 했을 때, 학습된 무기력 실험에서의 전기충격이나 소음처럼 개인이 불이익을 받을 수 있다는 점을 반복 주입받는다. 직장에서는 승진이 지체되거나 탈락하는 방식을 통해, 사회관계에서는 고립의 위험성을 통해 순응하도록 요구된다. 자아가 현실에 맞춰지고 회피절차를 정신과 몸에 익숙하도록 습득하는 과정이다.

나아가서 현실의 사회는 지배세력의 특정한 이해를 위해 병적인 열등감, 즉 열등감 콤플렉스를 집단적으로 학습하도록 만든다. 지배체제의 안정성을 공고히 하는 데 큰 역할을 한다. 예를 들어 유포된 열등감 콤플렉스가 빈곤문제와 만나면 극심한 사회적 빈부격차를 정당화하는 효과적인 역할을 한다. 열등감 콤플렉스는 가난한 사람이 자신이 빈곤한 이유가 사회보다는 개인의 무능에 있다는 식으로 여기게 만든다. 이는 자신이 열등하기 때문에 현실의 고통을 어쩔 수 없이 받아들여야 하는 것으로 다가온다. 불평등한 사회체제에 대한 불만이나 저항은 사그라진다. 열등감 콤플렉스를 통해 노동자 · 농민 · 도시빈민을 비롯한 빈곤층의 집단적 무기력을 만들어낸다.

어떻게 벗어날 것인가?

렘브란트의 〈마지막 자화상〉은 63세로 생애를 마치던 해에 그려진 자화상이다. 앞에서 본 젊은 시절이나 중년기의 자화상과 사뭇 다른 분위기다. 20~30대의 자화상에서는 세상 거칠 것 없다는 우월감이, 명성과

렘브란트, 〈마지막 자화상〉, 1669년

부를 잃고 초라한 생활을 하던 50대의 자화상에서는 우월감으로 가장한 열등감이 보인다. 하지만 마지막 자화상에서는 이렇다 할 표정을 읽어내기 어렵다. 패기에 찬 눈길도 아니지만 그렇다고 해서 위축되거나 억지로 꾸미는 과장도 없다. 한결 차분한 표정이다.

애써 웃음을 짓지도 않고 치켜 뜬 눈에서 보이던 숨겨진 불안도 찾아보기 어렵다. 화려함에서 오는 오만도, 잃어버린 화려함에서 오는 초조함도 없이 고요함이 흐른다. 단정한 차림의 외투만큼이나 두 손을 모으고 있는 자세도 한결 더 원숙하고 안정되어 보인다. 중년기까지의 자화상이 그림을 보는 이에게 자신에 대한 어떠한 메시지를 애써 던져주고 싶어 하는 느낌이었다면 여기에서는 더 이상 전할 말이 없다는 듯 무덤덤하다.

이제 우월감도 열등감도 모두 벗어 던진 상태에 도달한 것일까? 자신에게 바짝 다가온 죽음의 그림자를 정면으로 마주하며 나름대로 타인 속에서 자신을 바라보는 비교 감정에서 벗어나 온전히 자신의 내면과의 대화에 충실한 마음을 보여주는 것일까? 그가 이즈음 자신과 어떤 대화를 나누었고, 정말 마음의 안정을 찾았는지 여부는 알 길이 없다. 하지만 이전의 자화상에 비해 한층 내적 성찰의 분위기를 풍기고 있다는 점은 분명히 느껴진다.

렘브란트가 어떤 상태에 도달했는가와 별개로 개인적인 차원에서 내적 성찰을 통해 열등감과 우월감의 굴레에서 벗어나는 것도 중요한 한 방법이다. 열등감과 우월감은 상당 부분 경쟁을 통한 성공과 실패라는 감정과 상관이 있는 만큼 삶의 가치관을 어디에 두느냐에 따라 일정한 정도에서 마음의 평온에 도달할 가능성은 있다. 자신의 가치를 자기 외부의 어떤 척도나 사회적 기준에 두지 않고 내적 만족과 성찰에 둔다면 한층 다른 정신과 삶을 누릴 수 있다.

개인적인 가치관의 변화와 의지를 통한 문제 해결을 강조하는 견해로는 웨인 다이어가 《행복한 이기주의자》에서 주장한 내용도 포함된다.

> 거의 모든 부정적인 감정이 결과적으로 어느 정도 자기 매몰 상태를 일으킨다. … 아무리 증상이 경미해도 그 무기력에 맞서 싸울 수 있는 한 가지 방법은 '지금 이 순간'을 살아가는 법을 배우는 것이다. 현재와 밀착해 현재의 순간을 살아가는 것이야말로 효율적인 생활의 핵심이다.

병적인 열등감과 무기력은 제대로 살아가는 데 어떠한 도움도 주지 않는다. 무기력은 어떠한 행동에도 나서고 싶지 않은 소극성부터 우유부단과 망설임에 이르기까지 다양하다. 그리고 그 바탕에는 자신을 열등하게 바라보는 사고방식이 깔려 있다. 무기력 때문에 직장에서 일을 하는 데 지장을 받고, 잠을 청할 수 없거나 배우자와 잠자리를 할 수 없는 상태에 이른다.

그 정도가 심각하든 경미하든 원하는 정도로 기능할 수 없는 무기력 상태에서 벗어나야 한다. 그가 제안하는 가장 확실한 방법은 사고방식의 혁신이다. 열등감과 무기력은 자기 삶의 가치를 미래에 두고 자신과 타인을 비교하는 데서 생겨난다. 미래의 결과에 대한 막연한 두려움이 스스로의 열정을 갉아먹고 사람을 소극적 · 수동적이게 만든다. 내일에 매달리는 것이 아니라 현재의 삶에 충실할 때 불안과 무기력에서 벗어나 활기차고 능동적인 상태에 자신을 세울 수 있다는 제안이다.

아들러는 《삶의 과학》에서 가정에서 부모를 통해, 학교에서 친구 관계를 통해 얻는 협력 경험을 강조한다.

> 누구에게나 공통적으로 있는 열등감이 열등감 콤플렉스나 우월감 콤플렉스로 이어지지 않도록 막는 것은 오직 아이들의 사회적 적응 훈련을 통해서만 가능하다. 사회적 적응과 열등의 문제는 동전의 양면과 같다. 인간이 사회를 이뤄 사는 이유는 개인은 열등하고 약한 존재이기 때문이다. 그러므로 사회적 관심과 사회적 협력은 곧 개인의 구원이다.

열등은 인간의 노력과 성공의 바탕이다. 한편 열등감은 심리적 부적응에 따른 모든 문제의 원인이다. 그러므로 열등이 발전적인 자극으로 기능하고 열등감 콤플렉스로 나아가지 않도록 개입하는 작업이 중요해진다. 개인의 심리에 유년기와 성장기 경험이 가장 큰 영향을 미친다는 점을 고려할 때 부모의 역할이 더욱 중요해진다. 경쟁에 모든 것을 맡기거나 아이를 시행착오에 방치하기보다는 어려서부터 공동으로 문제를 해결하는 경험을 쌓도록 해주는 일이 필요하다. 이를 위해 아버지와 어머니의 협력, 부모와 아이의 협력이 유기적으로 이루어지도록 세심한 고려와 조정을 해야 한다.

만약 열등감과 우월감의 원인을 개인과 가정을 넘어 사회적으로 강제된 콤플렉스와 무기력에서 찾는다면 대안은 다른 방향으로 마련될 것이다. 무엇보다도 경쟁 위주의 사회체제와 이데올로기에 제동을 걸어야 한다. 생존경쟁과 적자생존을 사회 운영의 가장 주된 원리로 강요하는 사회에서 열등감과 우월감은 집단적 양상의 콤플렉스로 계속 치달을 수밖에 없다. 적어도 이를 완화하지 않고 이루어지는 개인적 처방은 지극히 한계적인 성과에 머물게 된다. 경쟁의 결과를 전적으로 개인의 책임으로 돌리는 사회 시스템을 근본적으로 개선할 때 대안은 의미를 가질 수 있다.

학습된 무기력을 양산하는 사회 시스템에 대한 적극적인 수술도 중요해진다. 특히 교육정책 혁신이 핵심 과제가 된다. 유연기와 성장기의 경험이 개인에게 미치는 영향이 상당히 크다는 점은 누구도 부정할 수 없다. 그토록 기나긴 제도교육 과정에서 스스로에 대한 신뢰, 특정 계급 · 계층을 넘어선 공동체 전체에 대한 존중, 나아가서 특히 사회적 약자에 대한 배려를 습득하지 않는다면 학습된 무기력이 집단적으로 형성되는 결과를 막기 어렵다.

4장

사람은 왜 거짓말을 하는가?

티치아노 〈아담과 이브〉, 몰리에르 《타르튀프》, 하틀리 《거짓말의 비밀》

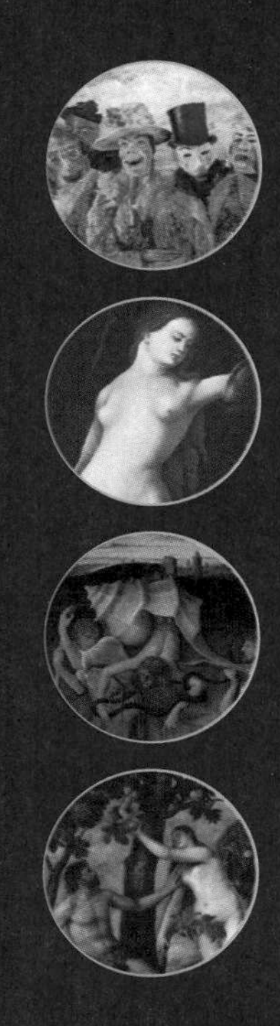

티치아노, 〈아담과 이브〉, 1550년

거짓말로 시작된 인류?

티치아노Tiziano의 〈아담과 이브〉는 너무나도 잘 알려진 《성경》의 〈창세기〉 내용을 다룬다. 신은 인간을 영원히 죽지 않는 몸으로 창조한 후 에덴동산에서 아무런 고통도 없는 행복한 삶을 약속했다. 하지만 하나의 금기를 만들었다. 신이 만든 모든 자연의 산물을 취할 수 있으나 오직 선악과를 따먹어서는 안 된다는 명령이었다. "에덴동산의 모든 나무의 실과는 너희가 임의로 먹되 선악을 알게 하는 나무의 열매는 먹지 말라. 네가 먹는 날에는 반드시 죽으리라." 신의 계획이 파괴되기를 원했던 사탄이 뱀의 모습으로 나타났다.

사탄이 최초의 인간을 악에 빠뜨린 무기는 거짓말이었다. 사탄은 선악과를 먹어도 결코 죽지 않으며, 나중에는 눈이 밝아져 신의 피조물이 아니라 신과 같은 존재가 될 수 있다는 거짓말로 이브를 유혹했다. 거짓말로 아담과 이브를 죽음의 구렁텅이로 빠뜨린 뱀에게 신은 배로 기어 다니고 살아 있는 동안에 흙을 먹어야 하는 저주를 내렸다. 거짓말을 믿고 따른 것도 죄이기에 아담과 이브는 물론이고 그들의 자녀인 모든 인간이 병과 고통, 육체적 죽음을 겪는 저주를 받고 에덴동산에서 쫓겨났다. 인류를 영원한 죄에 빠지게 한 가장 중요한 계기가 거짓말과 그 거짓말 때문에 약속을 어긴 행위인 것이다.

티치아노의 〈아담과 이브〉를 보면 나무 위에서 사탄이 선악과를 건네고 이브는 호기심으로 가득한 눈으로 선악과를 받는다. 아담은 손을 슬며시 뻗어 이브의 행동을 제지하려는 몸짓이다. 이브의 뒤로 보이는 여우는 악을 상징한다. 서양 회화에서 오랜 기간에 걸쳐 수도 없이 그려진 장면이다. 아마 단일 장면으로는 예수가 십자가에 못 박힌 모습과 함께 가장 많이 다루어졌으리라. 언뜻 보면 티치아노의 작품도 아담과 이브를 다룬 다른 그림과 별로 다를 바가 없다. 나무 아래 아담과 이브가 있고, 사탄이 선악과를 건네는 설정에서 조금도 벗어나지 못한, 지극히 상투적인 구조다.

하지만 자세히 보면 다른 화가의 그림에서 볼 수 없는 독특한 요소가 있다. 사탄의 모습이 특이하다. 꼬리는 뱀이지만 얼굴과 몸은 천진난만한 어린아이다. 보통은 머리부터 꼬리까지 뱀 모습으로 등장하거나 미켈란젤로가 시스티나 성당 천장에 그린 〈천지창조〉의 사탄처럼 근육질 남성, 혹은 흉측한 괴물 모습이다. 사탄의 이미지와 전혀 어울리지 않는 어린아이의 모습에 뱀의 꼬리를 붙인 경우는 거의 찾아볼 수 없다. 왜 티치아노는 생뚱맞게 순수한 얼굴을 한 아이에게 인류의 고통과 비극의 원흉이라 할 수 있는 사탄 역할을 맡겼을까?

보통 어린아이는 사회적인 영향과 거리가 있는 존재를 묘사할 때, 즉 인간 본성의 문제를 다룰 때 즐겨 사용된다. 사탄은 "거짓의 아비"다. 결국 거짓이 악의 핵심이라는 의미일 텐데, 티치아노는 그 거짓이 인간 본성에 해당한다는 메시지를 그림에 담은 게 아닐까? 거짓말은 성장 과정에서 형성된 나쁜 버릇이 아니라, 인간이라면 태어날 때부터 누구나 갖고 있는 특성이 아닐까?

거짓말이 인간 심리에 원래 내장되어 있는지는 더 검토해야 할 일이다. 하지만 현실의 인간이 수시로 거짓말을 하며 살아간다는 점은 의심할 여지가 없다. 심리학자들에 따르면 대부분의 사람이 하루에 평균적으로 한두 번 이상 거짓말을 하고, 처음 만나는 사람 앞에서도 얼마 지나지 않아 거짓말을 한다. 그러한 의미에서 우리는 거짓말과 함께 살아간다.

프루스트의《잃어버린 시간을 찾아서》에도 수시로 다양한 계기와 양상의 거짓말이 등장한다. 소설 안의 설정이라고 볼 수 없는, 우리의 일상에서 얼마든지 발견할 수 있는 종류의 거짓말이다. 누군가에 대한 경멸이 시기심의 거짓된 표현인 경우가 많다

> 시기심은 경멸조로 표현된다. '나는 그를 알고 싶지 않아.'라는 말은 '나는 그와 아는 사이가 될 수 없어.'라는 말로 해석해야 한다. … 자신의 말이 진실이 아니라는 걸 알지만, 단순한 기교만은 아니다. 그렇게 느끼기 때문에 말한다. – 〈꽃핀 소녀들의 그늘에서〉

대화 상대방이 자신보다 우월한 어떤 사람에 대해 말할 때 퉁명스럽게 그 사람에 대해 관심 없다고 내뱉는 장면이다. 실제의 마음은 그 사람과 대등한 관계가 되거나 관계를 맺기 어려운 자신을 감추는 반응이다. 교제를 거부당할 가능성을 알기에 자존심이라는 고마운 기적을 핑

계로 벗어난다. 열등감을 오히려 상대에 대한 경멸로 대신한다.

이러한 심리는 우리 자신이나 주변에서도 종종 확인한다. 나름대로 성공한 친구나 친구의 지인이 대화 소재로 올라왔을 때 흔히 보이는 반응이다. 이렇듯 자기중심주의 덕분에 우리는 각각 왕으로 군림하며 세상을 자기 발밑에 두고 내려다보는 느낌을 가지며 자기만족에 빠진다. 더욱 흥미로운 프루스트의 지적은 스스로 거짓된 태도라는 점을 알면서도 마치 자기의 실제 느낌인 것처럼 말한다는 내용이다. 한편으로는 경멸로 시기심을 포장한 거짓임을 알면서도 다른 한편으로 자기감정에 솔직하다는 모순된 느낌을 갖는다. 거짓말이 스스로를 속이는, 거짓말을 진실로 믿는 상황이다.

감정을 전면적으로 드러내는 사랑에서도 어김없이 거짓말은 등장한다. 프루스트는 일정 기간 동거생활을 하던 여성인 알베르틴에게 이별의 편지를 쓴다. 하지만 글로 드러난 바와 본심 사이에는 상당한 거리가 생긴다.

> 다시 만나지 않을 의사에서 썼지만, 알베르틴에게 그렇게 말한 건 오로지 화해를 가져오기 위한 새빨간 거짓말에 지나지 않았다. 우리 둘은 사실과는 매우 다른 외관을 서로 보이고 있었다. 틀림없이 두 인간이 마주 대할 적에는 늘 이런 법이다. – 〈갇힌 여인〉

마찬가지로 누구나 연애 과정에서 자주 겪는 감정이다. 집착이 엉뚱하게도 배타적인 태도와 혼합된다. 어느 날 겉으로는 이별을 통보하지만, 실제의 마음은 이를 계기로 상대방이 나에게 더욱 가까이 다가와서 오직 나만 바라보기를 바라는 욕구인 경우가 많다. 상대를 향한 간절함이 있지만 자칫 자존심에 상처를 받을까 우려하여 겉으로는 멸시나 냉랭함으로 표현했던 경험을 웬만한 사람이라면 몇 번쯤 가졌으리라. 매우 진지한 표정과 말로 표현했지만 실제로는 거짓말인 것이다.

프루스트의 소설에서 보이는 거짓말은 우리 일상에서 수시로 나타난다. 보다 심각한 종류는 타인에게 피해를 주는 악의적인 거짓말이다. 서구 문학에서 악의적인 거짓말의 상징처럼 되어 있는 인물은 단연 17세기 프랑스를 대표하는 극작가 몰리에르Moliere의 《타르튀프》에 등장하는 주인공 타르튀프다. 타르튀프가 '위선'이나 '거짓'을 의미하는 일반명사가 되었을 정도다. 기독교 신앙을 매개로 거짓말을 퍼부어대는 타르튀프 때문에 귀족과 성직자의 비난을 한 몸에 받았고, 공연이 중지당하는 시련도 겪어야 했다.

타르튀프는 사기꾼이자 오르공 집안의 식객이다. 겉으로는 경건한 신앙인처럼 꾸미지만, 속으로는 돈과 음식과 여자를 탐한다. 오르공은 거짓말에 속아 그를 성자처럼 떠받들면서 가족들은 아예 돌보지 않는다. 심지어 타르튀프를 붙잡아 두기 위해 딸을 그에게 시집보내려 한다. 하지만 타르튀프는 겉으로는 자신과 딸이 맺어지도록 오르공을 설득하고, 뒤에서는 오르공의 젊은 아내 엘미르에게 "제 바람은 오로지 부인께 제 모든 영혼을 보여드리는 것뿐"이라며 수작을 건다. 이 장면을 우연히 목격한 오르공의 아들이 타르튀프가 성자의 가면을 쓰고 어머니를 유혹한 일을 아버지에게 고한다. 하지만 타르튀프는 거짓말로 다시 변명한다.

하늘이 저를 벌하시려고 고행을 겪게 하셨나 봅니다. 아무리 큰 벌을 받아도 감히 변명할 생각은 없습니다. … 하늘이시어, 그가 제게 준 고통을 용서하여 주시옵소서. 제가 얼마나 힘들었는지 모릅니다. 오르공 형제에게 날 모함하는 걸 보고 있으려니 말입니다.

타르튀프의 거짓말에 완전히 마음을 빼앗긴 오르공은 오히려 아들에게 화를 낸다. "이런 못된 놈! 그런 거짓말을 해서 어진 분의 순수함에 먹칠을 하려느냐?" 아들이 직접 보았다면서 억울함을 호소하고 진실을 밝히려 하자 급기야 몽둥이를 찾는다. 곧이어 아들에게 유산을 한 푼도 남겨줄 수 없다며 집에서 쫓아낸다.

타르튀프는 한술 더 떠 집을 나가겠다면서 파격적 제안을 하도록 이끈다. 다급해진 오그공은 신앙심이 투철한 타르튀프가 아내를 자주 만나주길 원한다며 매달린다. 더 나아가 모든 식구에게 맞서기 위해 어떤 상속자도 두지 않고 대부분 타르튀프에게 주겠다는 확답을 이끌어낸다. 아예 증여를 확실하게 매듭짓기 위해 즉시 이와 관련한 문서를 만들게 한다. "만사가 하느님의 뜻대로 이루어지기를 빌 따름"이라며 서류를 받는다. 그리고 이를 비난하는 사람에게 타르튀프는 다음 같이 다시 거짓말을 한다.

세상의 어떤 재물도 제 흥미를 끌지는 못합니다. 전 허무한 광채에 현혹되지 않습니다. 그가 봉헌하는 돈을 받아들인 이유는, 재산이 못된 사람의 손에 들어갈까, 세상에 나가 욕되게 써서 하늘의 영광을 위해 쓰지 못하게 될까 걱정되어서일 뿐입니다.

오르공 부인이 거짓말을 증명하기 위해 남편을 탁자 밑에 숨기고 타르튀프를 만난다. 이 사실을 모르는 타르튀프는 다시 부인을 성적으로 농락한다. 그녀가 자신의 모든 감각에 한 번도 맛보지 못한 감미로움을 준다며 들이댄다. "죄는 세상에 드러날 때만 죄가 되는 겁니다. 이 세상의 추문은 신에 대한 죄입니다. 그러나 침묵 속에 가려진 죄는 죄가 아닙니다." 자신과 살을 섞어도 몰래 하면 아무 문제가 없다며 유혹한다.

탁자 밑에 숨어서 진실을 알게 된 오르공이 그를 내쫓는다. 하지만 이미 저택과 재산에 대한 모든 권리가 넘어가 있는 상태다. 계약서에 근거할 때 모든 재산의 주인이 바뀌었음은 분명했다. 타르튀프는 곧 집달리를 보내 오르공 가족을 내쫓는다. 결말에서는 타르튀프가 사기꾼임이 밝혀져 오르공 가족은 왕에 의해 구제를 받는다.

거짓말은 자기애의 한 형태

조반니 벨리니Giovanni Bellini의 〈거짓말〉은 서구사회가 거짓말에 대해 갖고 있던 증오를 압축적으로 보여준다. 두 사람이 거대한 소라껍질을 메고 간다. 소라에는 나선형으로 말린 길을 따라 속으로 깊은 구멍이 나 있다. 은폐된 마음, 비밀스러운 자기만의 속셈이 거짓말의 배경이라는 점을 암시하는 게 아닌가 싶다. 소라껍질에서 불쑥 고개를 디밀듯이 거

벨리니, 〈거짓말〉, 1490년

발둥, 〈분별〉, 1529년

짓말이 빠져 나온다. 아담과 이브 이후 거짓말의 화신이 된 뱀을 손에 칭칭 감은 상태다. 소라를 짊어진 사람처럼 인간은 평생을 거짓과 함께 살아간다. 뱀 이빨이 사람 얼굴로 향하는 걸로 봐서 거짓말이 스스로를 자멸로 이끈다는 점을 경고하려는 듯하다.

한스 발둥Hans Baldung의 〈분별〉은 거짓에서 벗어나기 위한 방법을 제안한다. 나체의 여인은 다분히 이브의 이미지를 연상시키는데, 자신을 숨김없이 드러낼 때 진실과 만날 수 있다는 의미도 담겨 있을 것이다.

무엇보다 먼저 여인이 뱀을 발로 짓밟은 모습은 거짓의 유혹을 단호히 거부해야 함을 나타낸다. 다분히 이브의 행동과 반대 의미, 일종의 안티 이브를 통해 거짓을 넘어 진실에 도달할 수 있다는 의미일 것이다. 뒤편의 사슴은 순수한 마음을 상징한다. 한 손에 들고 있는 거울도 같은 맥락이다. 거울은 사물을 그대로 비추는 기능을 한다. 왜곡 없이 자신의 마음을 드러내고, 마찬가지로 타인의 거짓된 마음도 분별하는 눈을 가져야 한다는 의미다.

몽테뉴Montaigne는 《수상록》에서 아예 〈거짓말쟁이에 대하여〉라는 별도의 글을 통해 거짓말을 악덕 중의 악덕으로 꼽는다.

> 거짓말은 저주받을 악덕이다. 우리는 오로지 언약을 지킴으로써만 사람이 되며 서로 믿고 살아갈 수 있다. 거짓말의 가중함과 그 무서운 결과를 잘 알고 있다면, 다른 범죄보다도 이런 짓을 마땅히 화형에 처해야 할 것이다.

거짓에서 벗어날 때 비로소 인간일 수 있다. 거짓은 거짓으로 끝나지 않고 다른 죄악으로 연결되는 지름길이기에 결과로 나타난 범죄보다도 더 엄중한 대응이 필요하다. 문제는 거짓을 구별하기가 너무나 어렵다는 점이다. 거짓말은 "수없는 얼굴과 무한한 벌판"을 가지고 있기 때문이다. 진실은 둘일 수 없으므로 하나의 얼굴만을 가지고 있다. 만약 거짓말에도 얼굴이 하나밖에 없다면 어렵지 않게 구별할 수 있다. 그리고 그 반대로만 이해하고 행동하면 될 일이다. 하지만 현실에서는 수없이 많이 변신하고 다양한 방법으로 다가오기에 거짓에서 벗어나기란 너무 어렵다.

몽테뉴에 의하면 거짓은 워낙 교묘하게 다가오고 한번 습관이 되면 잘 고쳐지지 않으므로 어린아이 시절부터 엄격하게 막아야 한다. 보통은 부모와 어른이 굳이 혼내지 않아도 되는 일로 경계하곤 한다. 철없이 하는 행동을 크게 나무랄 필요는 없다. 아이 때부터 확실히 막아야만 하는 결함은 바로 거짓말이다.

하지만 심리학의 관점에서 볼 때 거짓말을 아예 못하도록 막는 일은 불가능하다. 하틀리Hartley는 《거짓말의 비밀》에서 거짓말을 인간이 지닌 본질적 속성으로 본다.

> 사람들은 사랑이나 미움 혹은 욕심 때문에 거짓말한다. 자기 보호 본능은 사람들이 거짓말하는 가장 큰 이유인 '자기애'의 한 형태다. 이러한 자기 보호 본능은 상황에 따라 다르게 이해해야 한다.

사랑과 미움은 서로 없이는 존재할 수 없는 감정이다. 흔히 사랑의 반대 상태를 미움이 아닌 무관심이라고 한다. 미움은 상대에게 끌림이나 집착이 있기에 생겨난다. 사랑이 있기에 섭섭함이 생기고 미움도 자라난다. 그러하다면 인간은 사랑 없이 살 수 없는 이상 미움 없이도 살 수 없으며 욕심은 더 말할 나위가 없다. 그의 말대로 확실히 거짓말의 동기에는 사랑과 미움, 욕심 등이 작용한다. 무언가 내적으로 지키거나 얻고자 하는 욕구가 없다면 누가 거짓말을 하겠는가? 그 의도가 선하든 악하든 마음을 가리거나 왜곡해야 할 이유는 욕구와 무관하지 않기 때문이다.

결국 자기 보호 본능이 작동하는 상태라는 점에서 거짓말은 자기애의 한 형태다. 거짓말을 해서라도 상대방에게 흠이 드러나거나 예기치 않은 상황에 처하는 것을 막고자 하는 행위다. 하틀리는 부부 사이에서 흔히 나타날 수 있는 사례를 들어 설명한다. 집에 돌아온 어느 날 밤, 아이를 막 재우고 나온 아내가 "어디 갔다 이제 들어오는 거예요?"라고 물으면, 당신은 솔직하게 "형과 스트립 바에서 한잔하고 오는 길이야." 라고 대답할 수 있다. 아니면 "퇴근하고 형과 한잔하면서 일 얘기 좀 했어. 요즘 형이 일에 대해 불만이 많거든."이라고 말할 수도 있다. 이러한 순간에 대부분의 사람은 얼버무리듯 후자의 거짓말을 선택한다. 솔직하게 말해서 생길 수 있는 분란이나 불리한 상황에 대한 방패막이를 거짓말을 통해 손쉽게 마련하고자 한다.

그나마 이런 종류의 거짓말은 훨씬 사소한 상황에서 보다 다양한 매개와 방식을 통해 더 일상적으로 나타난다.

> 사람들은 기본적으로 다음 네 가지 방법으로 거짓말을 한다. 특정 이야기를 빼먹거나, 사실이 아닌 이야기를 꾸미거나, 진실을 왜곡하거나, 남의 이야기를 마치 자기가 경험한 것처럼 말한다.

특정 이야기를 빼먹는 방법은 아주 상습적으로 사용된다. 의도적인 경우도 있지만 의도와 무관하게 이루어지기도 한다. 원래 기억이란 게 무의식 속에서 자신의 상태에 적합하도록 변형되거나 의도되는 경우가 많기 때문에 거짓말인줄 모르고 자연스럽게 일부를 누락하여 편집된 내용을 전달한다.

좀 더 심해지면 사실이 아닌 이야기를 꾸미거나, 진실을 왜곡하는 경우도 생긴다. 물론 악의적으로 꾸미거나 왜곡하는 거짓말도 있다. 하지만 자신도 모르게 자기에게 유리하도록 변경하는 일이 생긴다. 예를 들어 지인을 만나 그 자리에 없는 제삼자에 대해 흉을 보는 이른바 '뒷담화'는 어딜 가나 자주 접한다. 그럴 때마다 실제 그 사람의 말이나 행위를 그대로 전하기보다는 좀 더 혐오감이 들도록 살짝 꾸미거나 과장하는 경험을 누구나 갖고 있다.

문제는 좋지 않은 감정을 가진 상대에게만 거짓말을 하는 게 아니라는 점이다. 자신을 진심으로 아끼고 대하는 상대방에게조차 거짓말을 한다.

그러나 모든 사람에게 거짓말을 한다면 상황은 복잡해진다. 거짓말쟁이라도 자신의 이야기를 솔직히 할 수 있는 믿음직스러운 지인, 친구, 성직자, 의사가 주변에 있기 마련이다. 그런데도 종종 그들에게까지 진실을 숨기고 거짓말할 때가 있다.

거짓말을 하게 만드는 자기 보호 본능이 꼭 경쟁관계를 비롯한 이해관계에 있는 상대에게만 나타나는 게 아니다. 뚜렷하게 자신을 은폐해야 할 필요가 없는데도 불구하고 사소한 이유로 나타나기도 한다. 가장 절친한 관계에 있는 친구는 물론이고 두터운 신뢰를 주고받는 부모와 자식 관계에서도 예외가 아니다. 자식에게는 언제나 거짓말을 하지 말고 솔직해야 한다고 충고하면서도 정작 스스로는 이 규칙을 지키지 않는다. 어릴 때 항상 자신과 함께 있고 싶어 하는 아이에게 여러 핑계를 대며 불가피하게 밖으로 나가야 하는 이유를 만든다. 퇴근 후에 동료나 친구들과의 술자리를 자식이나 아내에게 곧이곧대로 전부 이야기하기도 어려운 노릇이다.

그런데 재미있게도 현대 진화심리학에서는 거짓말이 인간의 진화를 이끌었다고 한다. 스티븐 핑커는 《마음은 어떻게 작동하는가》에서 거짓말을 생존 경쟁에서 자신을 지키고 종의 번성을 이루어내기 위해 만들어진 장치로 이해한다.

> 자연선택은 공공심을 선택하지 않는다. 이기적인 변이체는 순식간에 이타적인 경쟁자들을 물리치고 더 많은 자손을 퍼뜨린다. … 호의를 교환하는 행위는 항상 사기꾼에게 이용당할 수 있다. 그런 행위가 진화하려면 누가 호의를 받았는지를 기억하고 그로부터 답례가 오는지를 확인하는 인지 장치가 수반되어야 한다. 동물계에서 가장 이타적인 동물인 인간은 사기꾼 탐지 알고리듬을 비대하게 발전시켰을 것이다.

인간 진화에서 가장 두드러진 특징은 뇌의 발달이다. 뇌는 점점 커지는 방향으로 진화를 거듭해 왔다. 덕분에 인류는 들소를 비롯하여 자신보다 훨씬 더 짐승을 사냥할 수 있었고, 언제나 주변에서 시시탐탐 노리는 맹수로부터 스스로를 지킬 수 있었다. 그런데 사냥이든 보호든 대부분 뇌가 활용하는 방법은 거짓말을 통해 상대방을 속이는 일이다. 자신보다 훨씬 강한 상대를 제압하고 포획하기 위해서는 상대가 의도를 알아차리지 못하게 하거나 교묘하게 함정에 빠뜨려야 한다.

사냥대상이나 맹수를 속이기 위해서는 무언가 세밀한 시나리오를 상상하고, 나타날 수 있는 여러 가지 경우의 수를 계산한 다음 가장 적합한 방법을 선택해야 한다. 구석기 시대의 생존 조건에서 종의 보전과 발전을 위해 자연선택은 최대한 인간의 거짓말 능력을 강화하는 쪽으로 진화의 방향을 밀어붙였다.

물론 이러한 필요나 능력을 인간에게만 고유한 것으로 여겨서는 안 된다. 리처드 도킨스Richard Dawkins는 《이기적 유전자》에서 자기 이익을 위해 상대를 속이는 행위가 상당수 동물에게 공통적으로 나타난다고 한다.

> 우리는 '종의 이익'이라는 관점에서 진화를 배워왔기 때문에 거짓말쟁이나 사기꾼은 포식자와 먹이 그리고 기생자 등과 같이 다른 종에 속하는 것으로 생각하기 쉽다. 그러나 서로 다른 개체의 유전자들의 이해가 다양화되어 가면, 항상 거짓이나 속임이나 커뮤니케이션의 이기적 이용이 생길 수 있음을 생각해야 한다.

미물이라고 여기는 곤충조차도 속임수를 사용한다. 예를 들어 먹어도 독이 없는 많은 곤충은 다른 맛없는 곤충이나 침을 쏘는 곤충의 모습을 흉내 내어 몸을 지킨다. 장수말벌은 침을 쏘는 능력이 없음에도 불구하고 노란색과 흑색의 얼룩으로 벌의 외관을 갖추는 속임수로 포식자가 다가오지 못하게 한다. 심지어 똑똑하기로는 따라올 자가 없는 사람마저 속이는 경우가 많다.

바다의 아귀도 속임수의 귀재다. 해저에 몸을 숨기고 머리끝의 지렁이처럼 생긴 돌기로 작은 물고기를 유혹한다. 지렁이를 닮은 미끼에 속아 '지렁이가 있다.' 라는 거짓말을 '믿는' 작은 물고기가 입 가까이 다가오면 즉시 잡아먹는다. 동물의 모든 커뮤니케이션에는 처음부터 속인다는 요소가 포함되어 있다고 보는 것이 타당할지 모른다. 왜냐하면 동물의 모든 상호작용에는 적어도 무엇인가의 이해 충돌이 포함되기 때문이다. 서로를 잡아먹거나 포식자에게서 자신을 지켜야 할 필요성에서 동물이나 인간 모두 거짓을 발달시킨다.

그런데 인간은 종과 생존조건의 특성상 거짓을 더 고도로 발전시켜야만 하는 상황에 놓여있다. 거짓이나 속임, 커뮤니케이션의 이기적 이용을 극대화시킬 필요가 훨씬 크다. 거짓은 상대 종에 대한 대응으로만 국한되지 않는다. 동일한 종의 개체들도 포함된다. 인간의 경우 사냥 대상만이 속임수를 요구하지 않는다. 오히려 함께 사냥에 나서는 동료 사이의 인간관계에서 더 큰 문제가 생긴다. 무리를 이뤄 협력하며 생활하고 사냥을 하면서 생존 차원을 넘어서 내부적으로 서로 경쟁해야 하는 훨씬 복잡한 지적 능력을 요구받는다.

그래서 스티븐 핑커는 "이타적인 동물인 인간은 사기꾼 탐지 알고리듬을 비대하게 발전"시킨다고 주장한다. 자연선택에서 기본적으로는 이기적인 개체가 유리한 위치에 있다. 하지만 인간 종의 집단적인 이익을 위해 상호 호의, 즉 미래에 돌아올 도움을 기대하고 도움을 제공하는 호혜주의와 이타주의를 필요로 한다. 문제는 호의를 제공하지만 상대방이 이기적으로 행동한다면 이타적인 개체는 큰 손실을 볼 수밖에 없다는 점이다.

친구와 적이 누구인지 구분할 수 있어야 더 안정적으로 살 수 있기 때문에 뇌는 민감하게 기능을 향상시킨다. 핑커가 보기에 이를 위해 "자체적인 논리로 사기꾼을 탐지하는 장치"를 만들어야 했다. 구성원이 늘수록 처리해야 할 관계 정보의 양은 늘어나고 탐지 장치는 더 고도화됐다. 진화속도는 폭발적으로 빨라졌고 현재의 두뇌 상태에 이르렀다. 결국 거짓말을 하거나 거짓말을 탐지하는 능력은 진화의 필수적인 요소였고, 그러한 의미에서 인간에게서 뗄 수 없는 불가피한 속성으로 자리 잡았다는 주장이다.

우리는 모두 비밀이 있다

애너 리 메리트Anna Lea Merritt의 〈이브〉는 선악과를 먹은 이브에 대한 전통적인 통념과 전혀 다른 이미지를 보여준다. 기독교 신앙에서 만들어진 이브는 그저 뱀의 거짓말에 바보같이 속아 금기를 어기고 경솔하게 행동함으로써 인간을 낙원에서 쫓겨나게 한 죄인일 뿐이다. 도무지 깊이 있는 생각이라고는 전혀 없는 단순 반응의 덩어리다. 마치 그리스·로마 신화에서 금단의 상자를 열어 인류에게 죽음과 병을 안겨준 처녀 판도라의 다른 버전처럼 느껴진다. 그나마 판도라의 상자에는 마지막에 희망이라도 남아있지만, 이브는 거짓말에 속아 원죄만을 남긴다.

벨리니, 〈거짓말〉, 1490년

하지만 메리트의 〈이브〉에는 뱀이나 사탄이 없다. 아담도 없다. 오직 이브와 몇 개의 열매가 달린 선악과만 있다. 그녀의 옆에는 한 입만 베어 물고 옆에 던져 놓은 선악과 하나가 덩그러니 놓여있다. 메리트가 특별히 의도를 풀어서 설명한 내용을 접할 수 없으니 그림을 통해 의미에 접근해보자. 캔버스 전체에 이브만을 놓은 점으로 봐서 선악과를 따 먹은 행위가 사탄의 거짓말에 속아 넘어간 결과가 아니라 이브의 의지이자 선택이라는 메시지 아닐까? 그렇기에 역사적으로 비슷한 주제의 서양회화에 나타난, 이브의 행동을 만류하거나 경솔함을 타박하는 아담을 그림에서 아예 배제했던 게 아닐까? 다른 그림에서도 그녀가 남성적인 주제나 문제의식보다는 여성성에 대한 관심을 일정하게 드러내고자 했던 점을 고려할 때 이러한 해석이 무리는 아닐 것이다.

또한 그림 안에서 이브가 취하고 있는 자세도 눈여겨볼 만하다. 《성경》 내용이나 그간의 선악과 관련된 그림에서 아담과 이브가 고민하는 과정은 아예 생략되어 있었다. 하지만 메리트의 작품에서 이브는 머리를 무릎에 파묻고 고민하는 여인의 모습을 보인다. 신이 질책한 후에 허겁지겁 핑계를 대며 변명하거나 낙원에서 쫓겨난 후에 후회하는 것이 아니라 자신의 선택과 행위에 대해 고민하는 과정이 비친다.

그림의 상황에서 이미 선악과를 먹은 사실을 놓고 이중의 비밀이 이브에게 생겼다. 하나는 아담에게, 다른 하나는 신에게 사실대로 말할 것인가의 여부를 놓고 비밀의 공간이 생겨났음을 보여준다. 만약 마음속에 비밀 공간이 없다면 고민이나 거짓의 여지도 별로 없다. 거짓말은 비밀을 지키는 활동이다. 거짓말을 하지 않는다는 것은 내적인 비밀이 없다는 의미가 되는데, 현실의 인간에게는 가능하지 않다. 게일 살츠Gail Saltz는 《비밀스런 삶의 해부》에서 우리는 모두 비밀을 갖고 있다고 한다. 그 비밀을 완강하게 유지하고자 하는 과정에서 거짓말이 일상화된다.

> 우리 모두는 비밀을 간직하고 있다. 그 비밀과 함께 동거하면서 숨 쉬고 있다. … 자아와 이드 사이, 우리가 세상에 보이고 싶은 이미지와 감추고 싶은 사악한 이미지 사이의 싸움은 악성 비밀 한가운데 놓여 있다.

비밀은 갖기 싫다고 해서 안 가져지는 게 아니다. 내부에 서로 다른 내가 있기 때문이다. 의식 영역에 해당하는 자아와 본능적 충동에 의한 무의식의 지배를 받는 이드는 우리에게 서로 다른 요구를 갖고 있다.

자아는 직접 외부 세계와 교감하며 스스로를 드러내는 면이 상대적으로 강한데 비해, 성적 에너지와 연관된 이드는 남에게 보이고 싶어 하지 않는, 세상의 관점에서 볼 때 추악한 면을 지닌다. 이러한 비밀을 유지하기 위해 자기도 모르게 거짓말을 하게 된다.

물론 의식적인 자아 영역도 의도적으로 비밀을 갖는 일이 가능하고 실제로 많다. 자아의 입장에서 볼 때 비밀을 간직하는 건 물론 좋은 일일 수 있고, 어떤 면에서는 필수적일 수도 있다. 하지만 이드로 인한 비밀과 차이가 있다. 자아와 연관을 맺는 의식적인 비밀과 거짓말은 자기 선택에 의해 스스로 뚜껑을 열 수 있는 가능성이 있다. 하지만 이드와 연관을 맺는 비밀과 거짓말은 무의식의 속성상 자신도 그 실체를 뚜렷이 알고 있지 못한 경우가 많기에 뚜껑이 어디에 있는지도 잘 못 찾는다. 오히려 어떤 희생을 무릅쓰고라도 숨겨야 할 비밀을 위해 무모한 행동을 저지르게 만든다.

자기 거짓말을 믿다

게다가 자기 거짓말을 거짓이 아니라 진실이라고 믿는 경향도 나타난다. 심지어 거짓말은 자신조차 속인다. 어릴 때 일기를 썼던 기억을 떠올려 보라. 자기 내면과 솔직한 대화를 나누는 자리인 일기에서조차 생각이나 행위를 꾸몄던 경험이 있을 것이다. 그리고 반복될 경우 거짓으로 꾸며진 내용이 마음속에서 실제로 둔갑한다.

엔소르, 〈음모〉, 1890년

벨기에의 근대미술을 대표하는 화가 중 한 명인 제임스 엔소르James Ensor의 〈음모〉는 항상 거짓의 가면을 쓰고 살아가는 현실의 인간을 보여준다. 엔소르는 환상적인 '가면의 화가'로 잘 알려져 있는데, 내면의 세계를 가면이나 해골을 통해서 표현한다. 일반적으로 내면을 가리는 것이 가면이고 내면이 사라진 상태가 해골일 텐데, 그는 가면과 해골을 통해 더 생생하게 내면의 표정을 보여준다.

대표작 중의 하나인 〈음모〉를 보면 가면을 쓴 사람이 가득하다. 각각의 가면은 인간에게 나타나는 전형적인 감정 표현의 특징을 갖고 있다. 기쁨 · 슬픔 · 의혹 · 당혹 · 공포 · 경악 · 불안 · 우울 등의 특색 있는 표정을 짓고 있다. 더군다나 각 등장인물은 사회 속에서 살아가는 계층과 직업의 특징을 담고 있기도 하다. 시민계급을 상징하는 모자를 쓴 남성, 화려한 장식의 부유층 복장을 한 여인, 구겨진 노동자 모자를 쓴 남성, 흐트러진 머리로 볼 때 자유로운 직업을 가진 것으로 보이는 사람, 동네 아줌마로 보이는 여성, 장난감 인형을 안고 있는 아이 등 사회에서 흔히 마주치는 인간 군상을 망라한다.

그에게 가면의 기능은 얼굴을 숨기는 것이 아니다. 가면을 통해 적극적으로 자아를 드러낸다. 원래 가면의 어원은 그리스로 거슬러 올라간다. 그리스 비극 배우들은 가면을 쓰고 연기했는데, 그 가면을 '페르소나Persona'라고 불렀다고 한다. 여기에서 오늘날 '인격'을 의미하는 'Person'이라는 단어가 생겨났다고 하니 의미심장한 개념이 아닐까 싶다. 엔소르는 가면을 통해 인간의 삶이 가려진다고 봤던 것일까, 아니면 진정한 삶이 가면을 통해 드러난다고 생각했던 것일까? 후자가 아닐까?

우리는 마치 배우처럼 계층과 직업, 상황에 맞는 가면을 쓴다. 아니 보다 정확히 말하면 가면을 써야만 한다. 만약 그에 맞게 가면을 쓰지 않는다면 사회관계와 직업관계에서 불이익을 당하게 될 테니 말이다. 현실의 지위와 상태를 유지하기 위해 적어도 외형적으로는 자발적인 가면 쓰기에 나선다. 그렇게 연기를 하면서 살아가는 생활이 운명이라면 일상적인 표정이 일종의 가면 역할이라고 볼 수 있다.

가면 안의 본심과 가면으로 드러난 꾸밈 사이에는 적지 않은 간격이 있고, 그만큼 비밀과 거짓말의 공간이 만들어진다. 그런데 어느 순간 가면과 진짜 얼굴이 역할을 바꾼다. 아니 가면이 진짜 얼굴이 되어버린다. 가면을 잠시만 써야 한다면 이런 일이 생기지 않을지도 모른다. 하지만 우리는 삶의 기간 대부분을 가면 속에 산다. 심지어 유아기에도 부모의 반응을 보며 가면을 쓰는 법을 터득해야 한다. 점차 가면을, 나아가서는 거짓말을 진짜 자신으로 여기는 상태에 이른다.

물론 처음에는 의식적인 전략의 일종으로 시작된다. 스티븐 핑커는 《마음은 어떻게 작동하는가》에서 인간은 진화에 적응하면서 훌륭한 거짓말쟁이가 되는 길을 찾는다고 한다.

> 걸어 다니는 거짓말탐지기들의 세계에서 최고의 전략은 자신의 거짓말을 믿는 것이다. 만일 당사자가 자신의 거짓말이 진짜 의도라고 생각한다면 그의 숨겨진 의도는 드러나지 않을 것이다. 의식적인 마음은 때때로 남들보다는 자신에게 진실을 더 잘 감춘다.

진화 과정에서 두뇌는 거짓말을 중요한 생존전략으로 터득한다. 문제는 다른 한편으로 두뇌가 상대방의 거짓말을 감지하는 거짓말탐지기 기능도 발전시킨다는 점이다. 그렇기 때문에 거짓말탐지기를 탑재한 인간들끼리 서로에게 거짓말을 진짜로 여기는 방법을 찾아야 한다. 배우가 극중 인물을 동일시하여 극사실주의적 연기를 하는 메소드 연기법의 대가가 아닌 이상 감정을 꾸며 내기란 보통 어려운 일이 아니다.

만약 자신의 거짓말을 믿는다면, 그리하여 연기가 아니라 실제의 자신을 드러내는 것이라고 믿는다면 거짓말은 가장 성공적인 효과를 발휘한다. 뇌는 자신의 동기에 대한 틀린 설명들을 즐겁게 짜 맞추는 쪽으로 스스로를 진화시킨다.

심한 경우는 병적 증상으로까지 나타난다. 심리학에서 한 가지를 옳다고 되풀이해서 믿으면 거짓말이 진실이 되는 병적 증상을 공상허언증空想虛言症, 혹은 리플리Ripley 증후군이라 부른다. 이처럼 거짓말에 빠져서 진실이라고 믿는 경우 뇌에 내장되어 있는 거짓말탐지기가 동원돼도 알기 어렵다.

대표적인 예로 1992년 미국에서 수뢰 혐의로 재판을 받다 자살한 잭 몽고메리 판사가 거론된다. 그는 평소 "한국전쟁 때 중공군에게 붙잡혀 모진 고문을 받았다"고 말했다. 그러나 수사 도중 그가 군복무 때 한국에 간 적이 없으며 아버지의 학대를 받으며 자란 것으로 밝혀졌다. 하지만 본인은 자신의 기억에 확신을 갖고 있었다.

한국 TV의 〈그것이 알고 싶다〉라는 프로그램에 방영된 '엑스맨' 사례도 비슷한 경우다. 6년 동안 전국 48개 대학교를 돌며 신입생 행세를 한 엑스맨 A씨의 사연이다. 그는 전국 각지 대학의 신입생 환영회와 동아리 멤버십트레이닝 등에 참가했다. 해를 거듭할수록 A씨의 대담함은 더해져 심지어 한 유명대학교의 신입생 신상정보를 알아낸 뒤 완벽히 그 학생으로 둔갑하려는 등 범죄에 가까운 행위로 발전했다. 전문가들은 그의 행동을 리플리 증후군으로 분석했다. 자신의 현실을 부정함과 동시에 스스로 만들어낸 허구의 세계를 진실이라고 믿고 거짓된 말과 행동을 상습적으로 반복하는 인격 장애라는 지적이다. 학력에 대한 열등감과 피해의식을 상습적이고 반복적인 거짓말의 원인으로 해석한다.

이러한 증상은 극소수의 특정한 병적 증상으로만 나타나는 것이 아니다. 미국 워싱턴대학 다니엘 폴라그 교수는 140명에게 거짓말을 시킨

다음 되풀이해서 물었더니 10%는 자신의 거짓말을 나중에 진실로 여기게 됐다고 발표했다. 우리 주변에서도 정말 거짓말인 것이 알려지고 밝혀졌음에도 불구하고, 스스로 억울하다거나 내 말이 맞는데 절대 믿어주지 않는다고 억울해하는 경우를 종종 접할 수 있다. 정도는 다르지만 자신의 거짓말에 대한 확신을 보인다.

거짓말에 대한 심리학적인 분석은 하나같이 인간의 본질적 특성으로 귀결된다. 자아와 이드의 관계든 아니면 진화과정에서 자연스럽게 형성된 뇌의 작용이든 인간의 내재적 요인에서 비롯된 이상, 거짓말을 완전히 제거하는 일은 가능하지 않다. 그러면 우리는 거짓말에 대해 어떤 태도를 지녀야 하는가?

칸트는《인류의 이름으로 거짓말할 권리에 대하여》에서 모든 거짓말은 죄이므로 어떠한 경우든 용납해서는 안 된다고 한다.

> 거짓말은 가벼움이나 선을 명분으로 내세울 수도 있다. 그러나 아무리 그래도 거짓말이 목적을 위해서 정당화될 수는 없으며, 그래서 거짓말은 본인의 인격을 침해하는 죄이며, 스스로의 존엄성을 상실하게 하는 비천한 짓이다.

칸트에 의하면 어떠한 명분으로도, 선의에 기초했다 하더라도 거짓말은 정당화될 수 없다. 예를 들어 '친구가 살인자들에게 쫓겨 당신 집에 숨어들었는데도, 거짓말을 하면 그것이 죄가 되는가?'라는 의문에 대해서도 거짓말은 죄라고 한다. 정직해야 한다는 이성의 명령은 편리

함을 이유로 제한받을 수 없기 때문이다. 설사 다른 사람이나 자신의 목숨이 걸려 있는 상황이라 하더라도 거짓말은 정당하지 않다. 거짓말에는 선함 · 경건함 · 관대함이라는 개념이나 상태가 결합될 수 없다.

앙드레 콩트-스퐁빌Andre Comte-Sponville은 《미덕에 관한 철학적 에세이》에서 모든 거짓말을 죄로 규정하는 칸트의 관점을 비판한다. 예를 들어 유태인이나 레지스탕스를 다락방에 숨겨준 상황을 가정해보라고 한다. 그를 추적 중인 게슈타포가 물으면 사실을 말하겠는가, 아니면 거짓말을 할 것인가?

> 나는 단호히 말하겠다. 거짓말을 하라고. 왜냐하면 여기에서의 거짓말은 거짓말이 아니기 때문이다. … 그 거짓말은 아름다운 미덕의 거짓말이다. 그런 점은 진실이 절대적 의무일 수만은 없으며 무조건적이고 보편적인 의무일 수는 없음을 반증한다.

진실은 무조건적인 의무나 진리가 아니다. 인간은 독립된 원자 물질이 아닌 이상 다양한 사람과 관계를 맺고 살아가며 사회적 관계에서 벗어난 고립된 존재도 아니다. 진실은 이 모든 관계와 상황 속에서 규명된다. 현상적으로는 거짓이지만 그 어떠한 진실보다 고귀한 미덕일 수 있다. 또한 정직이라고 해서 곧바로 미덕으로 연결되는 것도 아니다.

> 정직한 깡패가 얼마나 많은가? 또 성실성 때문에 저지른 끔찍한 일은 또 얼마나 많은가? 그리고 광신자보다 더한 위선자는 또 어디 있는가? 타르

튀프는 많다. 하지만 광신자보다는 적을 것이며 덜 위험할 것이다. 정직한 나치도 나치는 나치다.

충직한 깡패나 파시스트는 얼마든지 정직할 수 있다. 오히려 왜곡된 소신이나 신념 때문에 일반적인 사람들보다 훨씬 거짓말을 덜하고 정직할 수도 있다. 하지만 그 정직함으로 인해 더 끔찍한 범죄를 저지르고 이를 합리화한다. 현실에서는 악의적인 거짓말로 타인에게 직접적인 피해를 입히는 타르튀프보다 왜곡된 신념에 정직함까지 지닌 광신자가 훨씬 더 많다. 현대사회에서 전쟁을 일으켜 수많은 사람을 죽이고, 극단적인 부를 추구하여 지구 인구의 상당부분을 기아로 내모는 광신자, 즉 정치적 · 종교적인 차원만이 아니라 부에 대한 광신자가 얼마나 많은가? 아무리 정직하고 성실해도 깡패는 깡패고, 나치는 나치다. 검은 정직보다는 하얀 거짓말이 훨씬 더 미덕에 가깝다.

하얀 거짓말이 아닌 경우는 어찌해야 하는가? 거짓말 자체의 제거가 불가능하다고 해서 이를 줄이기 위해 노력이 불필요한 것은 전혀 아니다. 특히 악의적인 거짓말에 대해서는 항상 경계하고 자신을 늪에서 건져내야 한다. 설사 악의가 아닌 흔한 상습적 거짓말이라 하더라도 성찰은 필요하다. 직접적인 물질적 · 육체적 피해는 아니지만 상대에게 불쾌감과 불신을 비롯한 다양한 부정적 영향을 준다. 또한 스스로의 인간성에도 해를 끼친다. 정직하려는 노력은 반성적 사고능력을 지닌 인간이 포기해서는 안 되는 태도이고, 우리는 이를 통해 미덕에 보다 가까워질 수 있다.

자아와 이드, 즉 억압된 본능적 충동과의 관계에서 발생하는 비밀과 거짓말은 무의식에 근거하기 때문에 손을 놓고 있어야 하는가? 그렇지는 않다. 자아와 이드 사이에서 생겨나는 거짓말은 이드에 대한 억압, 즉 성적 에너지를 비롯한 본능적 충동에 대한 억압에서 생겨난다. 이드가 자아로 접근하지 못하도록 봉쇄당했기 때문에 거짓말이라는 틈새를 통해 자기도 모르게 정체를 슬며시 드러낸다. 해결 방법은 억압된 이드에 보다 솔직해 짐으로써 자아와 이드의 사이, 의식과 무의식의 간격을 보다 좁혀놓는 방식에서 찾아야 하지 않을까?

5장

남자와 여자는 왜 다른가?

에이크 〈아르놀피니 부부〉, 셰익스피어 《햄릿》, 프란츠 《개성화 과정》

에이크, 〈아르놀피니 부부〉, 1434년

너무나 다른 남자와 여자

15세기 초기 네덜란드 미술의 거장 얀 반 에이크Jan van Eyck의 〈아르놀피니 부부〉는 작가의 대표적인 작품으로 잘 알려져 있다. 아르놀피니의 저택 실내를 배경으로 하여 아내와 함께 있는 모습을 담은 초상화다. 상단이 스테인드글라스로 치장되어 있는 창문으로 밝은 빛이 들어온다. 창밖으로 체리 나무가 살짝 보인다. 두 사람은 옷 가장자리를 모피로 장식한 겉옷을 걸치고 있다. 부부애를 과시하듯 손을 잡은 채 우리에게 인사를 건넨다.

이 그림은 미술사나 풍속사 측면에서 여러 검토할 만한 점이 있지만, 여기에서는 주인공이 보여주는 남자와 여자로서의 특징에 주목해보자. 두 사람은 이른바 문명사회에서 나타나는 남자와 여자의 전형적인 이미지를 보여준다. 밋밋한 자세로 그냥 서 있는 당사자들은 전혀 의식하지 못했겠지만, 더욱이 화가도 이를 의도하지 않았겠지만 꼼꼼하게 살펴보면 남자와 여자가 사회 속에서 보여주는 정형화된 성적 특징을 고스란히 담고 있다.

먼저 남자부터 보자. 표정과 자세에서 권위를 드러내고자 하는 의도가 뚝뚝 묻어난다. 뚫을 듯이 한 곳을 응시하는 눈은 모든 사람을 자신의 아래에 두고 있다는 느낌으로 다가온다. 입을 꽉 다물고 아무런 표정도 없는 얼굴은 사람들이 함부로 다가설 수 없는 위엄을 자아낸다. 사람들을 향해 정면으로 서서 한 손을 들어 올린 자세를 취함으로써 주위의 이목을 집중시키고 무언가 자리를 주도하는 분위기다. 남자들이 일반적으로 보여주는 권위주의에 가득 찬 모습 그대로다.

권위와 자신만만함의 근거를 부에서 찾는 남자의 속성도 보인다. 실제로 그는 상당한 부를 축적한 상인이다. 상인 신분에 맞는 의상을 입어야 하는 당시의 사회적 제약 때문에 귀족처럼 장식이 많은 의상을 입지는 못했지만 여러 장치를 동원해 어떻게 해서든지 부를 과시한다. 천장에 달려있는 황동 샹들리에는 부유함의 상징이다. 섬세한 나무 조각과 장식으로 두른 침대와 의자, 바닥 한쪽으로 보이는 오리엔탈 카펫도 상당한 지위를 가진 귀족 집안에서나 볼 수 있는 것이다. 예수의 고난 · 처형 · 부활 장면을 조각으로 새기고 푸른색 보석으로 치장한 거울도 일반 가정에서 구경할 수 없는 고가품이다.

그의 아내는 흔히 '여성적'이라는 말 속에 담긴 이미지를 풍긴다. 먼저 표정부터 남편과 대조적이다. 눈을 살짝 내리 깔고 남편을 은근한 눈길로 바라보는 모습은 자신을 남성의 권위 아래 두고 있음을 보여준다. 입가에 보일 듯 말 듯한 수줍은 미소를 머금고 있어서 애교 있는 여성이라는 점을 은연중에 드러낸다. 몸을 옆으로 튼 자세로 서서 주인공 자리를 남편에게 양보한다.

몸을 아름답게 꾸미고자 하는 욕망이 스친다. 당시에 매우 비싼 장

신구라 할 수 있는, 황금으로 된 목걸이와 팔찌를 하고 있다. 양 옆으로 금실을 사용해 화려하게 주름을 잡고, 바닥에 몇 겹이 접힐 정도로 긴 드레스를 입은 자태를 뽐낸다. 유행하는 머리 모양과 레이스로 꾸민 천으로 멋을 더한다. 한 눈에 보기에도 만삭의 몸이어서 곧 출산을 하고 어머니로서의 삶을 살게 될 것이라는 점을 알 수 있다. 태내의 아기를 느끼고 보호하려는 듯이 배에 손을 살며시 얹고 있어서 신비로운 모성애로 지칭되는 여성의 특성도 보여준다.

프루스트의 《잃어버린 시간을 찾아서》에 나오는 여러 종류의 연애에서도 남자와 여자의 통념적 속성이 곳곳에 묻어나온다. 사랑을 하면서도 서로에게 바라는 바나 접근하는 방식이 판이하게 다르다. 먼저 남성의 시각을 보자.

> 오데트가 많은 남자의 눈에 매력적인 욕망의 대상으로 보인다는 사실을 알고 난 후부터는, 그들이 그녀 육체에 느끼는 매력 탓에 그 역시 그녀 마음 구석구석까지도 완전히 지배하고 싶다는 고통스러운 욕구를 느꼈다.
>
> ─ 〈스완네 집 쪽으로〉

오데트에 대한 스완의 감정은 본래 그다지 열렬한 정도가 아니었다. 평소에 오데트가 여러 면에서 뛰어난 여자가 아니라고 생각했다. 자기보다 열등하게 여겼고 사람들 앞에서 연애하는 사이라고 밝혀도 자랑거리는 아니었다. 하지만 그녀가 다른 남자들의 눈에 매력적인 여인으로 비춰지는 순간 전혀 다른 감정이 솟구친다. 남들이 넘보자 배타적으로 차지하고 싶다는 소유욕이 들끓는다.

소유욕이 사로잡자 느긋하던 태도는 사라지고 날마다 만나자고 요구한다. "이 세상에서 가장 소유하고 싶은 그 유일한 재산"으로 여겨졌기 때문이다. 뭔가를 소유한 사람이 그것을 잠시 소유하지 못하게 되면 불안한 나머지 전전긍긍하는 태도와 다를 바 없다. 과거의 자신으로서는 생각하거나 예측할 수도 없었던 낯선 감정 상태에 빠진다.

프루스트도 비슷한 감정을 수시로 느낀다. 약간의 돈을 벌려고 애가 단 여인으로밖에 보이지 않던 갈보 집 여인도 만약 다른 남자가 욕심을 내면 다르게 보인다. 타인의 욕구로 인해 붙잡아 간직하기 어려운 신비스런 인간으로 상상하기 시작하면 집착이 생긴다. 백만금보다, 온갖 지위보다 더 값어치 있는 여인으로 여겨진다.

많은 남자가 경험에 비추어 공감하는 상황이다. 대부분의 남자는 여자를 소유 대상으로 인식한다. 상대 여인에 대한 관심이나 사랑하는 마음이 다가 아니다. 아무리 큰 매력을 지니고 있는 여인이라 하더라도 소유욕을 자극하지 않으면 시들해진다. 반대로 일반적인 기준에 못 미쳐도 소유 감정이 일어나면 일거수일투족이 관심 대상이다. 결국 남자의 여자에 대한 태도는 상당부분 재산이나 부에 대한 태도와 겹치는 면이 많다.

여자는 남자와 상당히 다른 양상을 보인다. 스완에 대한 오데트의 태도를 통해서도 잘 나타난다.

지금까지 오데트의 삶을 이끌어 왔던, '당신을 사랑하는 남자에게는 모든 걸 다 시킬 수 있어. 남자는 아주 바보니까.'라는 말은, '걱정하지 마, 저 사

람은 아무것도 깨지 않을 테니까.'라는 말을 할 때처럼 윙크로 표현되었다. – 〈꽃핀 소녀들의 그늘에서〉

남자가 공격적인 특징을 갖는다면, 여자로서 오데트는 다분히 수동적이다. 외형적으로 보기에 상황을 지배하고 이야기를 이끌어나가는 주체는 남자다. 여자는 남자가 만들어놓은 상황 안에서 안주하는 듯하다. 하지만 남자를 움직이려는 시도를 멈추지 않는다. 대신 부나 권위를 통해 지배하는 남자와 다른 방법으로 타나난다. 표면으로 드러나는 행동보다는 그 이면에 아주 섬세하게 감정을 조종하는 방법이다. 남자의 마음을 움직임으로써 자신이 원하는 바를 이룰 수 있다고 생각한다. 요구와 압박이 아니라 자신을 떠나지 못하도록 애교나 감싸주는 마음으로 표현된다.

셰익스피어는 《햄릿》에서 남자와 여자의 속성이라고 알려진 바를 보다 거칠게 드러낸다. 오필리아에 대한 햄릿의 행동은 공격적이다. 물론 아버지 죽음의 비밀을 안 후 몸서리치는 괴로움을 겪는 와중에 나타나는 격한 반응이기는 하다. 갈래를 잘 타면서 살피면 여자를 대하는 남자의 일반적인 태도를 은연중에 보여준다. 평소의 관계에서도 그러하지만 무엇보다 성적인 측면과 연결됐을 때는 더욱 공격적이다.

햄릿 : (오필리아 발 앞에 누우며) 아가씨, 무릎 사이로 들어가도 될까요? …
처녀 다리 가운데로 들어간다는 건 즐거운 생각이오.

오필리아 : 어째서요?

햄릿 : 빈 집이니까.

햄릿의 성적 도발이 거침없다. 노골적으로 오필리아에게 성 관계를 요구한다. 그녀의 다리 가운데로 들어간다는 말은 이미 암시라고 말할 수 없을 정도로 직접적이다. 아예 빈 집이라며 여성의 성기를 떠올리게 한다. 더 나아가서 "당신과 나의 그게 노는 꼴"을 보고 싶다며 치근댄다. 이제는 자기 성기까지 들먹거린다. 말이 너무 날카롭다며 오필리아가 항의하자 햄릿은 음란의 끝을 보여준다. "내 칼날이 들어갈 땐 신음 깨나 할 거요." 여기에서 칼날이 성기의 비유이고, 신음이 여자가 성행위 과정에서 내는 소리라는 점은 웬만한 사람이라면 누구나 다 알 수 있을 정도로 대놓고 말한다.

실제로 현실의 남자와 여자 사이에서 보이는 장면을 다소 과장된 표현으로 옮겨놓은 듯하다. 극히 예외적인 경우를 뒤로 한다면, 대부분 남자가 신체 접촉을 비롯해 일체의 성관계에 공격적인 태도를 취한다. 연애를 시작하고 손을 잡거나 키스를 시도하는 것도, 첫 성관계를 향해 돌진하는 것도 대부분 남자의 공격성에서 시작된다. 이에 비해 여자는 관계와 성행위에서 수동적이고, 이를 여성다운 모습으로 받아들인다.

오필리아는 햄릿의 공격적인 태도와 상반된 모습을 보인다. "가장 정숙한 처녀가 자기 아름다움을 달에게만 드러내도 방탕하기 짝이 없어. 악담의 타격은 미덕의 화신도 못 피해."라는 오빠의 말에 그녀는 "이 훌륭한 교훈의 골자를 제 마음의 파수꾼으로 삼을 게요."라고 한다. 아버지의 "햄릿에게 글을 주거나 말을 하면 안 된다."는 명령에도 "분부를 따르겠어요."라고 대답한다. 남성을 상대로 정숙함을 유지하고, 부모의 말에는 순종하는 수동적 여성상을 전형적으로 보여준다.

또한 오필리아를 상대로 한 햄릿의 말은 현실 사회에서 남자가 여자의 성격적인 특성으로 규정하는 바를 그대로 옮겨놓은 듯하다.

> 현명한 사람들은 여자가 자기네를 어떤 괴물로 만드는지 족히 아니까. … 하느님은 여자에게 한 가지 얼굴을 주셨는데, 여자들은 딴 얼굴을 만들어. 삐딱 빼딱 걸음에 혀 짧은 소리를 내며, 아무 데나 별 이름을 다 붙이고, 변덕을 무식으로 치부하지.

흔히 여자의 성격을 논할 때 상습적으로 사용되는 소재다. 여러 얼굴을 가졌다는 것은 그만큼 이성적 · 합리적이기보다는 감정적 · 충동적이라는 의미이기도 하다. 엉덩이를 흔드는 걸음걸이나 애교 섞인 말투로 남자의 혼을 빼놓는다. 또한 신념이나 의리보다는 감정이나 이해에 속 좁게 몰두하기 때문에 변덕이 죽 끓듯 한다고 규정한다.

화성 남자, 금성 여자?

인상주의 미술의 아버지로 불리는 에두아르 마네Edouard Manet의 〈라튀유 씨의 레스토랑에서〉도 남자와 여자의 기질 차이를 보여준다. 어느 화창한 날에 파리의 야외 레스토랑에서 흔히 벌어지는 장면을 스냅사진처럼 잡아낸 그림이다. 번지르르하게 생긴 한 남자가 식사를 하던 여자에게 '작업'을 건다. 두 사람이 원래 알던 사이인지 처음 보는 사람인지는

마네, 〈라튀유 씨의 레스토랑에서〉, 1879년

알 수 없다. 다만 테이블 위에 여자의 접시만 있는 점으로 봐서 초대 받지 않은 손님이라는 점은 짐작할 수 있다. 와인 잔도 하나만 있어서, 여자의 식사로 나온 것을 남자가 어색함을 달래기 위해 만지작거리는 중인 듯하다. 뒤편의 종업원은 저 사람이 뭐하는 짓인가 싶은지, 한 손에 주전자를 들고 이쪽을 힐끔 쳐다본다.

유럽의 레스토랑이나 커피숍에 몇 시간만 앉아 있으면 한두 번은 목격할 수 있는 장면이다. 여자 혼자 앉아 있는 테이블이 있으면 얼마 지나지 않아 한 눈에 초면으로 보이는 남자가 다가와서 아무렇지도 않게 말을 걸곤 한다. 그림 속의 남자도 그런 경우이지 싶다. 의자걸이에 손을 짚고 몸을 여인 쪽으로 바짝 기울여 능동적으로 달려든다. 이에 비해 여자는 못이기는 척 남자의 수작을 받아주는 분위기다. 아직 호응하는 분위기는 아니지만 그렇다고 차갑게 내칠 것 같지도 않다. 일단 시간을 두고 남자가 하는 이야기를 들어보자는 심산이지 싶다. 다분히 남자에 비해 수동적인 자세다.

그림 속의 남자가 간절한 눈길로 여인을 바라보듯이, 일단 연인 관계가 되고 나서 처음에는 있는 대로 비위를 맞춘다. 그렇기 때문에 한동안은 갈등을 일으킬 일이 별로 없다. 여자가 조금은 까칠하게 굴어도 마치 모든 걸 다 이해할 수 있다는 듯이 포용하기 마련이다. 하지만 시간이 지나 익숙한 관계가 되면 서로의 대화가 엇나가기 시작한다. 대화 속에서 사사건건 사고방식 차이가 드러난다.

오죽했으면 남자와 여자는 서로 다른 별에서 온, 전혀 다른 종이라는 말이 다 나왔겠는가 말이다. 존 그레이John Gray는 《화성에서 온 남자, 금성에서 온 여자》에서 남자와 여자가 서로 다를 수밖에 없다는 사실을 인식하라고 지적한다. 미국에서만 600만부 이상이 팔리고, 전 세계 40여 개 언어로 번역되어 읽힐 정도로 남녀 차이에 대한 생각에 큰 영향을 주었다. 그레이는 메리와 톰을 등장시켜 이야기를 풀어간다. 메리가 아주 피곤한 하루를 보내고 집으로 돌아와서 벌어지는 대화다.

메리 : 할 일이 너무 많아요. 내 시간을 가질 수가 없어요.

톰 : 그 일 그만두고 정말 하고 싶은 걸 찾아봐.

메리 : 내 일이 좋아요. 그들은 한 번에 바꿔 놓기를 기대해요.

톰 : 그 사람들 말 들을 거 뭐 있어? 할 수 있는 것만 하면 되지.

메리 : 당연하죠. 아참, 오늘 이모한테 전화하는 걸 깜빡 잊었어요.

톰 : 걱정하지 마. 이해하실 거야.

메리 : 이모가 어떻게 지내는지 알아요? 나를 필요로 하신다구요.

톰 : 당신은 너무 걱정이 많아. 그러니까 불행하다는 생각이 들지.

메리 : (화가 나서) 불행하다고 느끼지는 않아요. 내 말을 그냥 듣지는 못해요?

톰 : 듣고 있잖아.

메리 : 왜 짜증을 내요?

남녀의 대화에서 빈번하게 나타나는 갈등이다. 아마 상당수 사람이 소재만 조금씩 다를 뿐 비슷한 패턴으로 갈등이 일어났던 기억을 갖고 있을 것이다. 단지 한쪽은 대화하고 싶은데, 다른 한쪽이 이를 기피하거나 무시해서 생기는 문제가 아니다. 서로 대화할 의향이 있어도 얘기가 진행되는 과정에서 어긋난다.

이 대화를 보면 여자는 그냥 자기 얘기를 하고 싶을 뿐이다. 그때그때의 감정을 토해내고 남자가 이를 듣고 공감하길 바란다. 대화 과정 자체가 중요하다. 사랑, 개인 간의 친밀한 관계, 대화, 아름다움 등에 높은 가치를 둔다. 서로 도와주고, 관심을 쏟고, 보살펴 주는 일에 많은 시간을 할애한다. 주된 관심사는 인간관계다. 즉 사물이나 사실이 아니라 사람이다. 그러한 의미에서 목표 지향적이라기보다 관계 지향적이다.

남자는 접근 방법이 전혀 다르다. 일관되게 어떤 결론을 내리고 대책을 제시하려 든다. 몇 마디만 듣고 자기 마음대로 문제가 무엇인지 판단하고는 자랑스럽게 해결 방안을 제시한다. 능력과 효율, 업적을 중요하게 여기기에 능력 입증이나 힘과 기술 신장에 몰두한다. 능력과 성공을 통해 존재감을 느낀다. 주된 관심사가 사람보다는 사물이나 사실로 향한다. 자기 느낌이나 속 이야기는 좀처럼 하지 않는다.

여자는 공감을 기대하는데, 남자는 그녀가 문제를 해결해주기를 바란다고 생각한다. 당연히 여자 입장에서는 몇 번이고 말을 해도 남자는 알아듣지 못하고 엉뚱한 말을 하는 것으로 느껴진다. 서로에게 자기가 원하는 것을 원하고 자기가 느끼는 대로 느끼기를 바란다. 한 마디로 자신과 비슷해지기를 바란다. 너무나 상이한 기질을 가진 남자와 여자가 자신과 비슷해지기를 바라니 불만이 생기고 자주 충돌이 생길 수밖에 없다.

남자와 여자의 성격 차이는 자주 학문적 관심 대상이 되어 왔다. 신중함으로 정평이 나있는 칸트도 《실용적 관점에서의 인간학》에서 여성성과 남성성을 간편하게 구분하려 든다.

> 여성성은 연약함이라 일컬어진다. 여성성은 남성성을 조종하고 자기의 의도대로 사용할 수 있는 기중기다. … 부인은 가정의 전쟁을 피하지 않으며, 혀를 가지고서 수행한다. 남편은 외부의 적에 대항해서 가정을 보호해야 하기 때문에, 명령하는 강자의 권리에 기반하고 있다. 부인은 남편에 의해 보호받을, 약자의 권리에 기반하고 있다.

칸트는 자연의 필요라는 점에 주목하여 여성성과 남성성을 구분한다. 특히 여성성으로 알려진 특징이 왜 생겼는지를 추적한다. 종의 보존이라는 자연의 배려가 여자와 남자에게 각각 다른 기질을 부여한다. 여자의 특유성인 연약함과 애교도 이와 관련된다. 사실 연약함과 애교는 동전의 양면이다. 연약하기 때문에 애교를 부리는 것이고, 애교를 통해 남자를 조종하여 자신의 필요를 관철시키기 때문이다.

자기의 매력을 모든 섬세한 남자에게 끌리게 하려는 여자의 애교는 세상에서 교태라는 이름으로 악평을 받음에도 불구하고 종의 보존이라는 관점에서 볼 때 정당화가 가능하다. 왜냐하면 젊은 부인이라면 언제나 과부가 될 위험에 처해 있기 때문이다. 인류 역사에서 전쟁을 비롯한 다양한 위험에 남자가 노출되는 경향이 강하므로 아이를 안정적으로 지키고 키우기 위해 안정 장치를 마련해야 한다. 자연은 종의 보존을 위해서 신체적 훼손에 대한 두려움과 위험에 대한 소심함을 여자의 본성 안에 심었다. 수다와 애교는 연약한 여자가 여러 남자에 대한 호의를 보여줌으로써 미래를 대비하여 종의 보존에 기여하려는 자연의 필요가 만들어낸 결과다. 그러한 의미에서 여자의 특성은 약자의 권리에 기초한다.

여자의 시선이 강자인 남자로 향한다면, 남자의 시선은 외부의 적을 향한다. 남자의 공격성은 이 과정에서 생겨난다. 연약함을 통해 보호받기를 원하는 여자의 요구에 남자가 부응하기 위해서는 경쟁에서 승리해야 한다는 강자의 논리를 가져야 한다. 남자의 거친 속성과 공격성도 마찬가지로 자연의 요구인 셈이다.

성기 차이와 성격 차이

티치아노Tiziano의 〈유로파의 납치〉는 성적인 측면에서 나타나는 남녀 차이를 이해하는 데 도움을 준다. 그리스 신화의 한 장면이니 먼저 어떤 이야기인지 알 필요가 있다. 무료한 시간을 보내던 제우스가 어느 날 해변에서 꽃을 꺾고 있는 미모의 페니키아 공주 유로파Europa를 보고 반한다. 신의 모습으로 다가서면 그녀의 마음을 사로잡지 못하리라 생각한 제우스는 황소로 변신해서 유혹한다. 예상대로 그녀는 황소를 겁내지 않았고, 황소가 재롱을 부리자 귀여워 해주기까지 한다. 멋진 황소에 반해 올라타자 제우스는 쏜살같이 바다를 달려 크레타 섬에 도착한 후 그녀를 범한다. 둘 사이에 삼형제가 태어나는데, 그중 하나가 미노스Minos고, 유럽 최초의 문명으로 알려진 미노아Minoa문명의 어원이 된다. 유로파는 오늘날 유럽의 어원이기도 하다.

그림은 황소로 변신한 제우스가 유로파를 등에 태우고 바다를 건너는 장면이다. 황소가 물살을 일으키며 바다를 달리는 중이고, 화들짝 놀란 유로파가 몸을 기우뚱한 모습이다. 신화 내용을 역동적인 움직임에 담아 설명한 것처럼 보인다. 그런데 티치아노는 단순히 이야기를 설명하는 데 머물지 않는다. 몇 가지 상징을 통해 성행위를 노골적으로 표현한다. 그녀의 자세가 심상치 않다. 업힌 자세가 아니라 누운 자세고, 다리 모양을 봤을 때 성행위 과정을 암시한다. 또한 서양에서 황소의 뿔이 남성의 성기를 상징한다는 점을 고려할 때 유로파가 뿔을 손으로 쥐고 있는 모습도 의미심장하다. 그녀의 표정은 두려움이 아니라 황

티치아노, 〈유로파의 납치〉, 1560년

홀경일 수도 있다.

분명 남자인 제우스가 여자인 유로파를 납치해서 강제로 범하는 상황이다. 그럼에도 불구하고 티치아노는 성에 대한 남자의 공격적 · 폭력적 행위를 범죄가 아니라 마치 자연스러운 과정이고, 나아가서 여자도 이에 응함으로써 황홀에 이르는 것으로 묘사한다. 게다가 하늘과 바다에서 천사들이 제우스의 행동을 축복함으로써 성적 폭력을 사랑으로 정당화시켜 준다. 남자의 공격적 성충동과 행위를 자연스럽고, 나아가서는 긍정적인 작용으로 이해하는 경향은 티치아노뿐만 아니라 동서양을 막론하고 가부장제 사회에서 나타나는 사고방식이라 할 수 있다.

프로이트는 성격이나 기질에서 나타나는 여자의 수동성과 남자의 능동성을 성과 관련해서 해석한다. 《새로운 정신분석강의》에서 일단 수태 과정 자체에서 나타나는 차이가 일정하게 각각의 심리에 영향을 미친다고 주장한다.

> 남성적이라 함은 대체로 '적극적'이라는 뜻이고, 여성적이라 함은 '수동적'이라는 뜻을 가진다. … 남성의 성세포는 활발하게 움직이며 여성의 성세포를 찾아다니고, 난자는 움직이지 않으며 수동적으로 기다린다.

프로이트는 인간을 정신적인 측면보다는 육체적인 기능에 주목하여 접근한다. 남자는 남성적인 성의 산물로서 정자와 이를 운반하는 유기체고, 여자는 난자와 이를 간직하고 있는 유기체를 말한다. 이로부터 남자와 여자의 기질 차이가 발생한다.

수태를 위해 남자는 여자의 몸 안으로 들어가고, 여자는 남자의 성기를 기다려야 한다. 그리고 몸 안에서 벌어지는 상황도 마찬가지다. 정자는 왕성한 활동성을 보이며 난자를 향해 질주한다. 하지만 난자는 고정된 위치에서 정자가 다가오기를 기다린다. 남자는 여자를 좇고 낚아채서 안으로 들어가게 되어 있다. 성행위와 수태과정의 특징은 남녀 각각의 행위와 성격에도 영향을 미칠 수밖에 없다는 것이다.

그러나 정자와 난자의 특징만으로 남녀의 심리를 규명하는 데는 아직 한계가 많다. 적어도 심리학 차원에서 접근할 때는 보다 심층적인 검토가 필요하다. 동물도 정자와 난자 작용이 있는데, 암놈이 더 강하고 공격적이며, 수놈은 성적 교합 행위에서만 적극적인 경우를 얼마든지 발견할 수 있기 때문이다. 고등동물에서도 수놈이 새끼를 돌보는 일에 전적으로 매달리는 경우, 혹은 암놈과 함께 분담하는 경우가 많다. 그러므로 정자와 난자 작용만으로 남자의 능동성과 여자의 수동성을 설명하기에 불충분한 면이 많다.

사실 처음에 아기는 남성과 여성의 소질을 모두 가진다. 정신분석을 위해서는 한 발 더 들어가 양성적인 소질이 다 주어진 한 아기로부터 어떻게 하여 여자의 특성으로 변하는지를 규명해야 한다. 성기의 차이에서 출발하되 심리의 차이로까지 가는 과정을 탐구해야 한다. 성기 형태의 차이가 어떻게 여자를 대체로 덜 공격적이고 덜 반항적이며, 더 의존적이고 더 유연해지도록 만드는지를 연결하는 일이다.

> 훨씬 더 멋있는 육체를 가진 소년과 비교함으로써 자신에 대한 사랑에 상처를 입은 그녀는 음핵 자위를 통한 만족을 포기하게 된다. … 자위를 포기하는 과정에서 다른 신체적 · 정신적 활동성도 함께 어느 정도 위축된다. 수동적인 면이 이제 우위를 차지하게 되고, 아버지로 향한 관심도 주로 수동적 본능 충동에 의해 이루어진다.

먼저 어느 정도 시간이 지나면 여자아이가 자신에게는 페니스가 없다는 사실을 인정하게 된다. 하지만 곧바로 포기하지는 않는다. 자기도 그것을 갖고 싶다는 소원을 오랫동안 간직한다. 현실 지식을 통해 페니스에 대한 소원이 이루어질 수 없다는 점을 알게 된 후에도 무의식 속에는 갈증으로 남는다. 어쨌든 현실의 의식에서 여자 아이는 자신이 거세되었음을 어쩔 수 없이 인정하게 되면서 성격 형성의 전환점이 찾아온다.

프로이트는 이를 자위행위와 연관시킨다. 어린아이는 자기 몸을 통해 성적 욕구를 충족시킨다. 자신에게 페니스가 없고, 영원히 가질 수 없다는 점을 알게 되면서 여자아이는 스스로에 대한 사랑에 상처를 입는다. 이와 함께 음핵 자위를 통한 만족도 시들해져서 포기하게 된다. 거세 사실을 개인적인 불행으로 간주하면서 어머니로 애정이 향하지만 어머니도 거세된 존재임을 알게 되면서 더 이상 선망의 대상은 아니게 된다. 거세되지 않은 존재인 아버지로 애정이 향하지만 어머니가 허용하지 않기 때문에 다시 좌절된다.

음핵 자위를 통한 육체적 만족의 포기는 심리적으로 주체적인 만족, 즉 능동적인 활동성의 포기로 이어진다. 자연스럽게 성격 안에서 수동적인 면이 지배적인 지위를 차지한다. 이른바 모성애라 불리는 감정도 이와 연관을 맺는다. 페니스에 대한 선망이 현실에서 충족될 수 없다는 점을 거듭 확인하면서 점차 아기를 향한 것으로 대체된다. 이와 함께 여자다운 분위기가 만들어진다는 것이다.

남자와 여자의 정체성

융은 남자에게 남성성을, 여자에게 여성성을 대입시키는 방식을 비판한다. 인간에게 본래 마음의 근원은 언제나 어머니다. 남성적 성격은 어머니로부터 떨어져 나오면서 형성된다. 원시인에게서 보이는, 성년 입문을 위한 절차는 어머니의 감독에서 벗어나기 위한 지도를 받으면서 남성성을 습득하고, 그 이후 성인 남자로 인정을 받는다.

이 때문에 많은 사람의 마음속에는 여성성과 남성성 각각에 해당하는 특징이 섞여 나타나기 마련이다. 가부장제 아래에서 여자는 남성성을, 남자는 여성성을 억눌러 왔기 때문에 분리된 듯 보인다. 하지만 우리 심리 속에 반대되는 두 가지 성적 요소는 어느 하나가 지배적인 요소로 자리 잡기는 하지만 위태로운 갈등을 일으키는 경우가 많다. 나이를 먹어감에 따라, 남자는 좀 더 여성적이 되고 여자는 좀 더 호전적이 되는데, 이 사실은 내면세계에서만 움직이던 심리의 일부분이 외면세계로 돌려지기 때문이다.

융은 이렇게 남자의 마음속에 있는 여성성을 아니마Anima, 여자의 마음속의 남성성을 아니무스Animus라 부른다. 이 두 가지를 자기 안에서 제대로 발견해낼 때 심리의 참된 성격에 도달할 수 있다. 자신 속에 있는 반대되는 성의 요소를 알아내어 의식으로 끌어올리면, 깊이 뿌리를 내리고 있는 자기 심리의 근본적인 성격을 알게 되고, 감정의 괴리에서 벗어나 자신은 물론이고 타인을 보다 깊이 있게 사랑할 수 있게 된다.

융의 제자인 마리-루이제 폰 프란츠Marie-Louise von Franz는 《개성화 과정》에서 아니마와 아니무스에 대해 보다 구체적으로 설명한다. 남자 마음속에 있는 모든 여성적 심리 경향이 인격화된 아니마는 여성성의 특징을 망라한다. 즉 막연한 느낌이나 기분, 비합리적 감수성, 감정이나 무의식과의 관계 등이 두드러진다. 특히 부정적 아니마를 잘 발견하는 일이 중요하다.

> 남성 인격 속에 존재하는 부정적 아니마는 모든 가치를 깎아내리려는 신랄하고 표독스런 여성적 의견으로 표명될 때가 있다. 이런 종류의 의견에는 진실이 왜곡된 흔적과 기묘한 파괴력이 잠재한다. '독부毒婦'는 어느 나라 전설에나 등장하는 부정적 아니마다.

프란츠 폰 슈투크Franz von Stuck의 〈살로메〉는 부정적 아니마로서 독부의 이미지를 담고 있다. 이 화가는 장식적인 색채 사용과 대담한 구도로 성서나 그리스 신화를 주제로 많은 작품을 남겼는데 〈살로메〉도 그중 하나다. 캔버스 한쪽 가득 춤추는 여인을 두는 대담한 구도나 요한의 머리를 두른 푸른색 장식은 슈투크의 특징을 잘 보여준다.

살로메는 성서에서 악한 여성으로 가장 유명하다. 유대 지배자 헤롯이 자기 동생과 결혼한 적이 있는 헤로디아를 아내로 맞아들이자 세례자 요한이 율법에 어긋난다며 비판한다. 헤롯은 그를 감옥에 가두었지만 사람들이 요한을 선지자라고 믿었기 때문에 처형을 망설인다. 악한 감정을 품은 헤로디아는 첫 결혼에서 얻은 딸 살로메를 이용해 계략을 꾸민다. 춤으로 매혹시켜 헤롯이 무슨 소원이든 들어주겠다는 약속을

슈투크, 〈살로메〉, 1906년

도레, 〈푸른 수염〉, 1867년

받아낸 뒤, 요한의 머리를 베어 접시에 받쳐달라고 요구한다. 결국 요한의 목이 잘린다.

그림은 시간을 무시하고 이야기의 과정을 한 장면 안에 담았다. 앞에서 살로메는 상체를 다 드러내고 육감적인 동작의 춤을 춘다. 그녀는 '일곱 베일의 춤'을 추었다고 알려져 있는데, 베일을 한 장씩 벗는 춤이었으리라 추측된다. 이미 치마만 남겨놓고 대부분을 벗어던진 모습이다. 뒤로는 접시에 담긴 요한의 머리가 보인다. 잘린 머리를 보며 웃는 살로메의 표정이나, 접시를 받쳐 든 하인의 추한 모습 모두 독부로서의 살로메를 드러내는 장치다.

아니마로서의 독부는 아름다운 여인이지만, 몸에 무기를 숨기고 있거나 몰래 독을 지니고 있다가 첫날밤만 지나면 애인을 죽여 버린다.

문학작품 속에 자주 등장하는 다양한 악녀, 유럽을 풍미한 마녀숭배사상은 이 독부 신앙의 잔재라고 할 수 있다. 남자의 마음속에 불안이나 두려움의 형태로 남아 있는 악녀의 잔인성은 부정적 여성성이 인격화된 아니마다.

여성의 무의식에 존재하는 인격화된 남성성인 아니무스도 긍정적인 면과 부정적인 면을 모두 지닌다. 마찬가지로 아니무스의 부정적인 측면에 주의해야 한다.

> 여성이 은밀하고 확고하며 성스러운 신념을 시끄럽고 완고한 남성적 목소리로 내세우거나, 난폭하리만치 격정적인 태도로 신념을 강요하려고 들 때 그 여성의 마음속 깊은 곳에 존재하는 남성성을 쉽게 발견할 수 있다.

동판화나 삽화를 통해 세계의 명작 속에 독특한 상상력과 생생한 묘사력이 넘치는 그림을 넣었던 프랑스 화가 귀스타브 도레Gustave Dore의 〈푸른 수염〉은 아니무스의 부정적 측면을 이미지로 보여준다. 〈푸른 수염〉도 같은 제목의 동화에 그림으로 들어간 동판화다. 동화는 대략 다음과 같다.

무서운 모습의 푸른 수염은 귀족이지만 이전 아내들이 어떻게 되었는지 아무도 몰라서 마을 처녀들에게 두려움의 대상이었다. 그러던 중 한 여인과 결혼한다. 성의 모든 열쇠를 아내에게 건네주면서 오직 한 방만은 절대 들어가면 안 된다는 금기를 통보한다. 그녀는 금지된 방이 궁금한 나머지 문을 열어 끔찍한 비밀을 발견하게 된다. 전 아내들의 시체가 벽에 걸려있던 것이다. 푸른 수염이 돌아온 후 들통이 나고 아내는 생명의 위협을 받게 된다. 뒤로 더 이야기가 있지만 그림과 관련된 상황은 여기까지다.

도레의 그림은 무시무시한 외모의 푸른 수염이 아내에게 추궁하는 장면이다. 눈을 부라리며 묻자 아내는 공포에 떨며 얼굴도 마주보지 못한 채 절대 문을 열지 않았다고 변명한다. 하지만 이미 열쇠에는 비밀의 방에서 묻은 피가 얼룩져있다.

신화나 옛날이야기에서 부정적인 아니무스는 이처럼 도둑이나 살인자로 등장하기도 한다. 남성의 아니마상이 어머니에게서 영향을 받는다면, 여성의 아니무스는 기본적으로 아버지에게서 영향을 받아 형성된다. 부정적 아니무스는 아버지에게서 비롯된 일방적이고 강압적인 모습으로 나타난다. 아내로 맞이한 여자들을 죽이고 비밀의 방에 숨기는 푸른 수염의 행위는 일방적이고 냉혹하며 파괴적인 일체의 부정적 성격을 반영한다. 흔히 여성의 마음속에 잔혹성 · 무모함 · 허황됨 · 과묵함 · 완고함 등이 나타날 때 남성성의 부정적 요소가 인격화된 아니무스를 발견하게 된다. 심리학은 이를 극복하고 아니무스의 긍정적 측면인 진취적 정신, 용기, 진실성, 그리고 가장 높은 차원의 영성으로 나아가는 과제를 안게 된다.

성기의 차이와 여자의 페니스 선망을 통해 남성성과 여성성의 차이를 설명하는 프로이트에 대한 비판은 다른 차원으로도 제기된다. 그의 이론이 남성 우월주의, 남근 중심주의에 불과하다는 비판도 그중 하나다. 어렸을 때 여자에게 남근이 없음을 알게 된 데서 기인하는 남성의 우월감, 반대로 여성이 남성의 성기를 갖고 있지 않다는 상실감 때문에 나타나는 페니스 선망 모두 지독한 가부장적 남성 중심주의의 산물이다. 남성을 남근으로, 여성을 결핍으로 보는 대립적 성 차별론에 불과하다는 비판이다.

"여성은 태어나는 것이 아니라 만들어지는 것"이라는 내용을 담은, 보부아르Beauvoir의 《제2의 성》도 이러한 비판의 일환이다. 프로이트를 비롯하여 신체적 능력과 생식기 기능에 관련된 생리적 숙명을 중심으로 여성성을 설명하려는 모든 시도는 여성을 단지 태어나는 존재로 보는 견해다.

> 어떤 주체도 자발적으로 비본질적 객체가 되려 하지는 않는다. 자기를 주체로서 정립하는 주체에 의해 타자는 타자로 규정된다. … '여성다운' 여성의 본질적 특성이라 불리는 수동성도 유년시절부터 줄곧 키워진다. 교육자나 사회에서 강요받는 숙명이다.

비유를 통해 보면, 노예가 스스로를 노예로 규정하지는 않는다. 노예를 지배하는 주인에 의해 노예의 지위를 강제 당한다. 마찬가지로 여성이 스스로에게 차별의 족쇄를 채웠을 리 만무하다. 자기를 주체로 정립하려는 남성에 의해 여성은 타자, 즉 부차적 대상으로 일방적으로 강제당한다.

사회적으로 여성은 주위의 시선, 특히 남성의 시선에 의해 상당 부분 결정된다. 교육 과정이나 사회적 관계에서 끊임없이 수동적인 모습이 여성다운 것이기에 이를 따르라는 요구를 주입받는다. 아예 갓난아기 때부터 아빠와 엄마의 말투나 행동을 보면서 남성다움과 여성다움이라고 규정된 사회적 편견과 습성을 배운다. 여성은 스스로의 눈이 아니라 남성의 눈에 의해 사고와 행위를 정하게 된다. 이러한 사회적 · 문화적 풍토가 아이에게 오랜 기간 누적적으로 적용되면서 여성은 수동적 · 수세적 성향을 갖는다. 인간은 육체에 의해 일방적으로 결정되지 않는, 정신적 · 사회적 존재라는 점에서, 여성성과 남성성을 본성이거나 고착된 그 무엇으로 보는 견해는 남성 중심주의의 억압적 논리에 불과하다.

에리히 프롬도 《프로이트 이론의 명암》에서 비슷한 비판을 한다.

> 프로이트가 사회적 성격의 개념에 도달하지 못한 이유는 성욕이라는 좁은 기초 위에서 그러한 개념이 발달될 수 없기 때문이다. 사회적 성격은 많은 사회구성원에게 있어서는 공통적인 성격구조가 되고 있으며 그 내용을 움직이는 것은 특정한 사회의 필요다.

심리학은 진정한 의미의 사회 심리학으로 발전해야 한다. 하지만 프로이트는 가정생활만이 어린아이의 발달에 결정적인 영향을 미친다고, 특히 그 중에서도 유아기의 성과 관련된 경험이 중요하다고 여겼기에 사회적 의미의 성격 개념으로까지 나아가지 못했다.

하지만 인간의 성격 형성은 가정이라고 하는 가장 협소한 집단만이 아니라 학교와 직장을 비롯하여 다양한 사회적 관계 속에서 이루어진다. 가정에서의 경험이 무의식에 작용하는 것은 분명하지만 대신 전체가 아닌 일부 영역이다. 게다가 가정 자체가 계급과 사회 구조에 의해 상당 부분 결정된다는 점을 고려해야 한다. 가정은 사회를 대신해 사회가 남성과 여성에게 필요로 하는 바를 전달하는 통로 역할을 한다. 사람들이 무엇을 하기를 바라고 있는가는 특정한 사회체제의 필요나 요청에서 자유롭지 못하다는 점을 분명히 해야 한다.

3부

심리가 사회적 행동을 조종하다

1장

사람들은 왜 범죄를 저지르는가?

제리코 〈도벽환자〉, 도스토예프스키 《죄와 벌》, 게일 살츠 《비밀스런 삶의 해부》

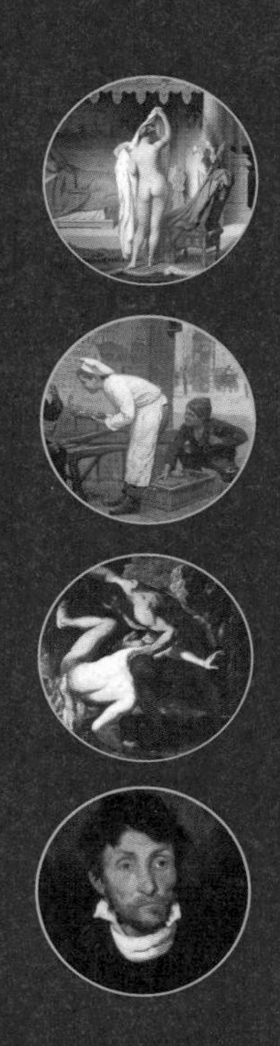

제리코, 〈도벽환자〉, 1822년

범죄와 악의 정당화

19세기 낭만주의 회화의 창시자 테오도르 제리코Theodore Gericault의 〈도벽환자〉는 범죄자의 초상화라는 점에서 특이하다. 보통은 범죄자를 다루더라도 신화의 상황 안에서 다루기 마련인데, 이 그림은 다른 요소는 배제하고 습관적으로 물건을 훔치는 버릇이 있는 범죄자의 얼굴만 담았다. 프랑스 낭만주의 회화는 캔버스를 통해 개인의 감정을 드러내는 데에 적극적이었다. 제리코는 일상생활에서 접할 수 있는 다양한 표정을 통해 개인의 감정을 담아내고자 했다.

제리코는 정신과 전문의인 친구의 도움을 받아 망상이나 충동, 강박관념에 시달리는 편집증 환자 열 명의 초상화를 그렸다. 이 연작의 모든 그림은 오직 표정을 통해 각각의 편집증적 성격을 나타내는 데 초점을 맞췄다. 이 환자가 습관적인 도둑질 버릇이 있다는 점까지는 아니어도, 최소한 그림에 보이는 표정만으로 '정상적'이라고 지칭되는 마음에서 비켜나 있다는 느낌이 온다. 비뚤어진 입, 한 곳을 보지만 어딘지 초점이 흐려진 퀭한 두 눈, 흐트러진 머리칼, 자기 주변에서 일어나는 모든 것에 불만을 품은 듯한 인상에 이르기까지 괴이한 분위기를 풍긴다.

또 하나의 특이한 점이 있다. 상습 범죄자임에도 불구하고 자신의 죄에 대해 후회하거나 반성하는 기색이라고는 전혀 발견할 수 없다. 도둑질로 피해를 본 사람들에 대한 미안한 마음이라고는 단 한 번도 가진 적 없었다는 느낌이다. 부끄러움의 흔적도 읽어내기 어렵다. 오히려 세상에 대한 불만이 가득 들어차 있다. 화가 앞에 앉아 있는 지금 이 순간에도 자기 행위를 정당화하고 있을지 모른다.

범죄의 정당화는 범죄자 심리와 관련하여 많은 사람에게 인상적인 메시지를 던져준 도스토예프스키Dostoevskii의 《죄와 벌》에서도 비슷하게 발견할 수 있다. 주인공 라스콜리니코프는 비범한 사람이 갖는 범죄의 권리를 주장한다.

러시아 페테르부르크에서 악독한 전당포 주인과 여동생이 도끼에 찍혀 살해된 채 발견된다. 선택된 강자는 사회의 도덕률을 짓밟을 권리가 있다고 생각한 라스콜리니코프가 저지른 일이었다. 가난 때문에 대학을 중퇴한 그는 시계, 담배케이스 등을 저당 잡히려 전당포에 자주 들렀다. 시골 노부모의 경제적 어려움에다 여동생도 가정교사 일을 하던 집에서 쫓겨났다. 징그러운 가난에서 벗어나기 위해 악착같이 높은 이자를 받아내던 전당포 노파를 살해하고 돈을 훔친다. 사건을 맡은 노회한 검사는 법학과 대학생 라스콜리니코프를 범인으로 지목한다. 정확한 물증은 없지만, 그가 발표한 논문 〈범죄에 관하여〉를 심증으로 삼는다. 라스콜리니코프는 자기 논문의 내용을 다음과 같이 옹호한다.

나는 단지 이렇게 암시한 것에 불과합니다. '비범한' 사람은 권리를 가지고 있다. … 그렇다고 공적인 권리는 아닙니다. … 자신의 양심상 모든 장애를 제거할 수 있는 권리를 가졌다고 말한 것뿐입니다. 그의 신념을 실행에 옮기기 위해 그렇게 하는 것이 요구되는 경우에 한해서 말입니다.

비범한 사람이 언제나 온갖 불법을 행하지 않으면 안 된다거나 그러한 의무가 있다고 주장하는 것이 아니다. 하지만 비범한 사람에게는 자기 생각을 실현하는 데 장애가 되는 것을 제거할 권리가 있다. 역사상 그 비범함을 누구나 인정할 만한 사람을 예로 들어 설명한다.

17세기 천문학 혁명을 이끌었던 케플러와 근대 과학의 주춧돌을 놓은 뉴턴이 그러하다. 이들의 발견을 방해하거나 장애로 작용할 수 있는 상황을 가정한다. 수십 명, 수백 명의 사람을 희생시키지 않고서는 위대한 발견이 도저히 사람들에게 알려질 수 없는 상황이라면 어찌해야 하는가? 비범한 사람은 전 인류에게 자신의 발견을 알리기 위해 그들을 제거할 권리를 갖는다. 나아가서 이는 의무이기도 하다.

그가 보기에 인간은 자연의 법칙에 의해 두 개의 부류로 분류된다. 하나는 평범한 인간이다. 서로가 특별할 것이 없이 그저 그런 저급한 부류다. 본래 누리던 지위나 생각이 그대로 유지되길 바라기 때문에 천성적으로 보수적이고, 복종의 태도를 갖고 살아간다. 순종을 굴욕으로 느끼지도 않는다.

다른 하나는 타고난 소질과 재능을 가진 부류다. 평범한 사람들과 달리 전통적 사고방식에서 벗어나 새로운 내용을 만들어 제기할 수 있는 능력이 있다. 라스콜리니코프는 바로 이들에게 장애를 제거할 권리,

필요하다면 범죄를 비롯하여 기존 규범에서 벗어난 행위를 할 권리가 있다는 것이다.

> 재능의 다소에 따라서 법률을 범하는 파괴자거나 그럴 경향이 있는 사람입니다. … 대부분 다양한 분야에서 더 좋은 것의 이름으로 현재 질서를 파괴하기를 요구합니다. 목적을 달성하기 위해서 죽음이나 피도 불사해야겠다고 생각하게 되면, 내면의 양심에 따라서 피를 불사하는 것을 스스로에게 용납할 수 있습니다.

우월한 능력을 지녔기에 범죄에 대한 권리가 유효하다. 평범한 사람은 현재를 유지하고 비범한 사람은 미래의 주인공이다. 미래를 열고 확대하기 위해 범죄가 불가피할 수 있다. 라스콜리니코프의 논리는 자신의 논문을 매개로 자백을 유도하는 검사의 심문에 대한 변명 성격을 띠고 있기 때문에 노골적으로 스스로의 범죄 행위로 연결시켜 정당화하기보다는 지극히 일반화시켜 에둘러 가는 논변을 사용한다. 비록 추상적인 논리 차원에서의 정당화이기는 하나 이 과정에서도 은연중에 자기 행위를 합리화할 여지를 만들어놓는다.

우발적인 경우가 아니라 계획적인 행위인 이상, 현실에서 상당수의 범죄자도 비슷한 경향을 보인다. 여러 이유를 통해 범죄를 저지를 수밖에 없는 이유를 마음속에서 만들어낸다. 라스콜리니코프처럼 거창한 의미를 부여하거나 나름대로 논리적인 구조를 구사하지는 않는다 하더라도 스스로가 인정할 만한 근거를 마련한다. 라스콜리니코프가 나중에는 양심의 가책에 몸부림치듯이 이들 가운데 참회하는 사람이 있을 수 있다는 점은 부정할 필요가 없다. 하지만 적어도 지속적으로 범죄행위를 하는 범죄자의 경우는 이미 마음속에 자기 정당화가 동반되어 있는 상태라고 봐야 한다.

왜 악한 행위를 하는가?

틴토레토Tintoretto의 〈카인과 아벨〉은 기독교 문화에서 인간에 의해 자행된 최초의 살인 행위로 여기는 사건을 담았다. 《성경》에 의하면 카인은 타락 이후 낙원에서 쫓겨난 아담과 이브가 낳은 맏아들이고, 아벨은 둘째 아들이다. 카인은 농사를 짓고 아벨은 양을 치는 목자가 되었다. 카인은 추수한 곡식을, 아벨은 양의 첫 번째 새끼를 신에게 제물로 바쳤다. 하지만 신은 아벨의 제물만을 기쁘게 받았다. 신을 우선하는 마음이 아벨만 못했기 때문이다. 화가 난 카인은 동생 아벨을 들판으로 유인하여 쳐 죽인다.

그림은 들판에서 카인이 느닷없이 동생을 죽이는 장면이다. 한 손으로 아벨의 머리를 내리 누르고 다른 손으로 몽둥이를 휘두르는 중이다. 이미 불의의 일격을 당한 후라 아벨은 중심을 잃고 몸이 기우뚱한 상태다. 오른쪽 나무 아래에 양의 머리가 보이는데, 아벨이 신에게 바친 제물을 의미한다. 카인의 얼굴과 몸을 어두운 그림자 속에 배치하여 악의 이미지를 부각시키고 있다.

틴토레토, 〈카인과 아벨〉, 1551년

카인은 왜 아벨을 죽였을까? 물론 성경에 소개된 표면적인 이유는 동생에 대한 질투, 모든 것을 차지하려는 욕망이다. 그 역시 자신이 악한 행위를 했다는 점을 안다. 그러하기에 아벨이 어디 있느냐 묻는 신에게 모르는 일이라고 거짓말을 하고 동쪽으로 도망을 간다. 범죄라는 점을 알면서도 추악한 욕망을 이기지 못한 이유는 무엇인가? 이 질문은 카인만이 아니라 인간이 악한 행위를 하는 이유를 묻는 것이기도 한다.

이에 대해 기독교 이전의 서양 철학에서부터 이미 뜨거운 논쟁이 이어져 왔다. 가장 대표적인 논란이 소크라테스를 내세운 플라톤과 아리스토텔레스 사이에 벌어졌다. 소크라테스에 의하면 "덕은 곧 지식"이다. 플라톤Platon은 《메논》에서 덕을 안다는 것과 행동한다는 것은 다른

게 아니라고 한다.

> 앎이 인도할 때 영혼의 모든 시도와 인내가 결국 행복에 이르지만, 무지가 인도할 때는 결국 그 반대에 이르는 게 아니겠나? … 그러므로 우리는 덕이 앎이라고 주장하는 것이지? 전체든 일부든 말일세.

덕은 앎을 전제로 한다. 보다 분명하게 규정하면 덕과 앎은 하나다. 반대로 범죄를 비롯한 악한 행위는 무지에서 나온다. 알지도 못하면서 안다고 생각하는 무지 탓에 행동상의 잘못이 생긴다. 만약 알면서 나쁜 행동을 하는 사람이 있다면 무의식적 행동이거나 아는 체에 불과하다. 그러므로 정의 · 절제 · 용기 등 덕에 반대되는 부덕은 불의 · 방종 · 비겁이 아니라 무지다. 사람들은 흔히 덕과 지식을 구분하면서 잘못인줄은 알고 있었지만, 그렇게 하지 않을 수가 없었다고 변명한다. 하지만 그러한 앎은 결코 진정한 진리일 수 없다. 선을 파악하지 못한 것에 문제가 있다. 선으로 보였던 어떤 쾌락에 잘못 인도되었을 뿐이다.

악덕은 무지로부터 나온다는 견해에 대해 아리스토텔레스Aristoteles는 《니코마코스 윤리학》을 통해 반론을 펼친다.

> 안다고 해서 곧 그것을 행하는 경향이 조금이라도 증가하게 되는 것은 아니다. 마치 건강하고 건전한 것들의 경우와 같다. 즉, 우리는 의술이나 체육을 알고 있다고 해서 반드시 그 실천적 경향을 증가시키는 것은 아니다.

덕을 안다고 해서 곧 실천으로 이어지지는 않는다. 의술을 알고 있기 때문에 의술을 행할 수 있지만 반대로 행하지 않을 수도 있다. 더 심한 경우로는, 어떤 것이 옳다고 생각하면서도 잘못된 행동을 하는 사람도 많다. 한 마디로 아는 것과 행하는 것은 다른 문제라는 비판이다.

앎과 실천 사이에는 적지 않은 간극이 있으므로 이를 메울 수 있는 별도의 '선의지'가 필요하다. 앎을 실행에 옮길 실질적인 의지가 있어야 한다. 모든 것에는 목적과 수단이 있는데, 덕은 올바른 목적과 관계를 맺는다. 하지만 목적이 있다고 실현되는 것은 아니다. 잘못된 방법에 의지하면 목표를 이루지 못하고, 반대의 결과를 맺을 수도 있다. 결국 악한 행위는 올바름을 이행할 실천 의지가 없거나 부족하기 때문에 생겨난다.

플라톤과 아리스토텔레스는 서로 다른 관점을 가졌지만 지식이든 선의지든 모두 주체의 의식적 파악과 결단에 의존한다는 점에서는 공통적이다. 지식이든 의지든 범죄의 원인을 철저히 개인에게 국한시키는 견해다. 근대 이후에는 범죄 원인을 개인적 차원이 아니라, 사회적 차원에서 분석하려는 시도가 이어진다.

근대 사회학의 거장 중 한 사람인 에밀 뒤르켐Emile Durkheim은 범죄와 일탈을 사회 내 구조적 긴장과 도덕적 규제의 부족이 초래한 결과로 이해한다. 새로운 규범과 기준이 아직 마련이 안 된 현대사회에서 전통적인 규범과 기준이 약화될 때 규범의 무정부상태가 생긴다. 이는 자아정체성의 혼란 또는 위기로 이어지고 일탈적 행위에 빠져들기 쉬우며, 심한 경우 범죄로 나아갈 수 있다.

사회적 차원에서 분석하는 또 다른 견해는 규범의 부재보다 사회 구조, 특히 사회 체제의 불평등에 주목한다. 사회구조와 지배집단의 권력 유지라는 관점에서 범죄와 일탈을 분석한다. 정상적인 방법으로 성실하게 일을 해도 사회적으로 평균적인 삶을 살기 어려울 정도로 극심한 빈부격차가 형성되었을 때 범죄가 증가한다.

심리학자들은 또 다른 측면에서 접근한다. 유아기를 포함한 성장 과정에서 겪은 상황을 중시한다. 특히 아들러는《심리학이란 무엇인가》에서 다른 주제에 적용한 개인심리학 관점을 다시 사용한다. 가정 내의 협동 경험 부족과 범죄 경향을 연결시킨다.

> 협동 능력이 한계에 도달하면 다른 이들에게 공헌할 수 없다. 협동의 마지막 잔재를 잃고 범죄에 끌린다. … 범죄자들은 타인에게 흥미가 거의 없다. 경력을 보면, 학교시절이나 그 이전에 직업에 대한 흥미를 잃어버리게 한 요인이 있다. 협동을 배운 적이 없다.

범죄자의 생애를 더듬어보면 협동정신 결여가 인생의 매우 이른 시기에 나타난다. 거의 모든 문제가 어린 시절 가정생활 경험에서 시작된다. 살인범이 가진 성격의 주된 특징은 5~6세 때 이미 결정된다. 특히 아이의 입장을 이해하고 곁에서 설명해 준 사람이 아무도 없었다는 점이 문제가 된다. 협력 능력이 결여되어 있기 때문에 직업 문제에 직면할 준비가 되어 있지 않다. 타인과 공감하는 능력이 없기 때문에 고립적인 성격을 갖는다. 비밀이나 고립에 의해 자신을 지키려 하고, 방어보다는 먼저 무기를 이용해 습격한다.

이를 통해 범죄자가 자신의 행위를 정당화하는 심리도 이해 가능하다. 범죄자는 공감 능력 부족에서 오는 고립 때문에 열등감을 가진다. 기가 꺾여서 자신들은 아무 쓸모없는 사람이라고 느끼고 만다. 그런데 이 열등감은 반대로 왜곡된 우월감을 통해 표출된다. 그래서 대개의 "범죄자들은 자신의 행동을 용기 있는 자의 행동이라고 생각"한다. 사실 범죄는 겁쟁이가 저지르는 영웅주의에 대한 흉내에 불과함에도 불구하고 마음속에서 우월감을 통해 정당화의 근거를 마련한다.

《죄와 벌》의 라스콜리니코프는 2개월이나 침대에 누워 범행 실행 여부를 생각했다. '나는 나폴레옹인가, 그렇지 않으면 한 마리의 벼룩인가'라는 생각으로 자신을 몰아세운다. 범죄자들은 그러한 생각으로 자신을 속여 스스로 박차를 가한다.

우발 사건이 아닌 이상 어떤 범죄자도 미리 계획하지 않고는 범행을 저지를 수 없다. 그리고 계획 속에는 항상 행위에 대한 정당화가 들어 있다. 사회와의 접촉을 일종의 투쟁으로 간주하고 그 안에서 승리를 얻으려 한다. 승산이 없어도 행동을 계속 해낼 수 있는 능력 있는 사람으로 생각한다. 처벌의 위험조차도 이겨낼 수 있는 강인한 존재로 자임한다. 범죄자가 자신을 정당화하려고 하지 않은 예를 발견하기 어렵다.

누구나 범죄자가 될 수 있다

쇼카르네-모로Chocarne-Moreau의 〈교활한 도둑〉은 화가의 재기발랄한 특징이 잘 살아난다. 프랑스의 자연주의 화가로, 길거리의 어린아이들을 소재로 다양한 일상을 유머러스하게 표현한 작품을 자주 그렸다. 제목 없이 그림만을 보면 천진난만한 동네 아이들이 장난치는 모습으로만 보인다. 하지만 제목이 장난과는 거리가 멀다. 도둑질 현장이다. 왼편의 아이가 빵 파는 아이의 정신 줄을 빼놓는 중이다. 일종의 바람잡이 역할이다. 빵집 아이는 상황이 어떻게 돌아가는 줄도 모르고 매상 올릴 생각만 한다. 그 사이에 오른쪽 아이가 빵 바구니로 살금살금 다가온다. 이미 빵 하나를 손에 넣을 찰나다.

남자라면 그림 속 아이와 비슷한 나이 즈음에 직접 경험했든, 주변 다른 아이를 통해 간접 경험했든, 아니면 누군가의 무용담을 들었든 그리 낯설지 않은 광경이다. 편의점이나 문방구에서 소란스러운 틈을 타 껌이나 팬을 슬쩍 하는 행위 말이다. 보통은 한두 번 일과성으로 하는 치기 어린 행동이기 마련이다. 하지만 이 행위로부터 지속적으로 묘한 쾌감을 느끼고 점점 큰 물건에 손을 대는 소수의 아이들이 생긴다. 바늘 도둑이 소 도둑이 되듯이 한 발씩 빠져든다. 제리코 그림의 도벽환자도 어린 시절에 그렇게 시작했을 것이다. 〈교활한 도둑〉에 등장하는 아이들은 바람잡이 역할까지 둔 것으로 봐서 한두 번의 충동적 행위에서 이제 막 재미를 붙여나가는 과정으로 보인다.

그렇게 우연찮게 시작된다는 점에서 우리는 누구나 범죄자가 될 가

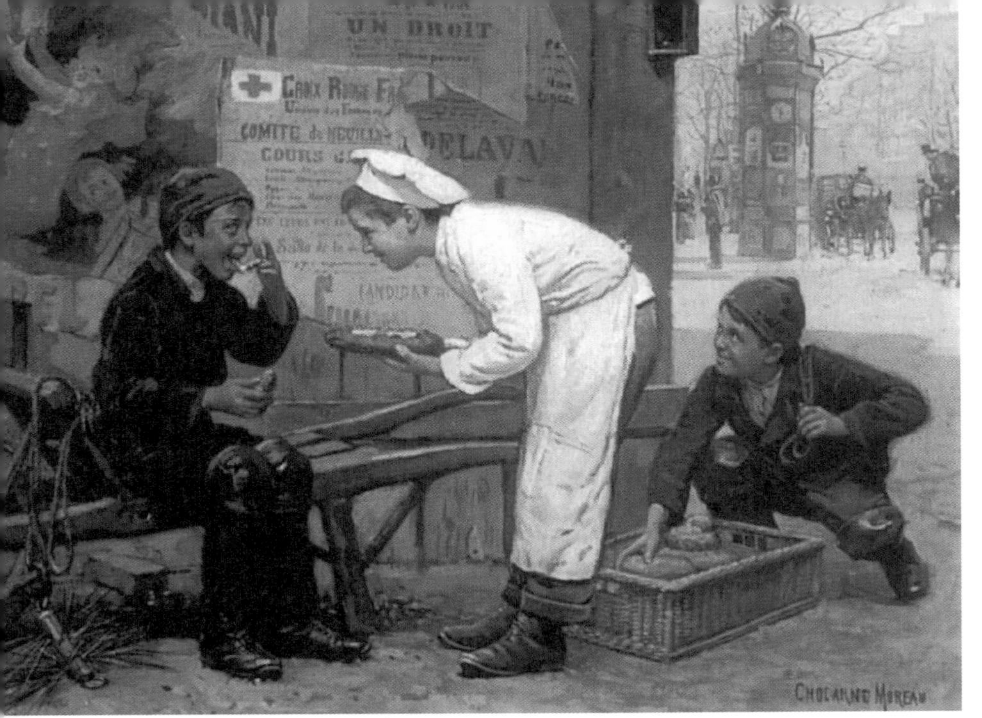

쇼카르네-모로, 〈교활한 도둑〉, 1931년

능성을 가지고 있다. 게일 살츠는 《비밀스런 삶의 해부》에서 다이앤이라는 여성을 통해 어떻게 평범한 아이가 점차 상습적인 도벽환자로 변해나가는지를 추적한다.

> 중년 여성인 다이앤은 그 물건들이 필요해서 훔친 게 아니었다. 그냥 훔쳤다. … 좀도둑질은 어느 날 오후 옷 가게를 나오는 도중 어깨 위에 누군가의 손이 올라가 있음을 느낀 그 즉시 끝났다. … 그녀는 신분이 높은 사람이었다. 돈도 있었다. 도대체 물건을 훔칠 이유가 없는 데다 오늘 가방에 밀어 넣은 옷은 확실히 필요 없었다.

그녀의 도둑질은 처음에 작은 물건에서 시작되었다. 스포츠 용품 가게에 진열된 여성 양말을 아무런 목적 없이 갑자기 '그냥' 카트에 넣었다. 어느 날인가는 문구 코너에 진열된 형광 펜이 눈에 들어와서 슬쩍 주머니에 넣었다. 정작 그 펜을 단 한 번도 쓰지 않았다. 점차 머그잔, 잡지, 절대로 바르지 않을 밝은 색 립스틱까지, 늘어가는 좀도둑질에 숙고 따위는 없었다. 어느 날부터 사소한 싸구려 물건이 아니라 값나가는 물건을 훔치기 시작했다. 그녀는 절도 이유는 고사하고 절도 습관 변화조차 알아차리지 못했다. 대형 마트에는 그녀처럼 금전적으로 절박하지 않는 별난 절도범이 흔하다.

살츠는 심리 상담을 통해 그녀의 어린 시절에서 원인을 찾아냈다. 아버지가 매우 비판적이었고 권위를 마구 휘두르며 사생활을 심하게 구속했다. 아무런 토를 달지 못했고, 주말 저녁 외출도 허락되지 않았다. 권위적이고 혹평이 심한 아버지로 인해 무력감과 비통함이 안으로 쌓였다. 무의식에 자리 잡은 아버지에 대한 분노와 열등감은 앙갚음을 하고 싶다는 마음으로 변질됐다. 분노를 좀도둑질로 행동화했다. 다분히 아들러의 관점과 연관성을 갖는다.

나아가서 살츠는 어린 시절의 경험과 별도로, 인간이 기본적으로 가지고 있는 충동 성향을 근거로 누구나가 범죄자가 될 가능성을 갖고 있다고 한다.

> 충동 자체는 인간의 본성이다. 우리는 공격적인 종이다. 우리는 때리고 훔치고 붙잡고 소리치고 강하게 밀치고 싶은 충동을 느낀다. … 충동 스

펙트럼의 극단에는 옳고 그름을 분별하지 못해서 무슨 짓을 하든 죄의식을 느끼지 않는 범죄자들이 있다.

타인에게 해를 입혀서라도 욕망을 충족시키고 싶은 충동을 본성적으로 갖고 있다는 주장이다. 인간 본성이 악하다는 전제 위에서 나온 주장이다. 인간 본성이 악한가 선한가를 둘러싼 논란은 여기에서 일단 접어두자. 살츠의 문제의식을 이해하는 방향에서 나올 수 있는 근거를 찾는 일이 그리 어렵지는 않다.

예를 들어 우리의 어린 시절을 떠올려 보면 여러 가지 재미있는 상상 가운데 투명인간도 들어간다. 투명망토를 입어서 투명인간이 되는 동화 속 이야기를 떠올린다. 투명인간이 된다는 것은 남들에게 들키지 않고, 처벌의 위험 없이 어떤 행위든 할 수 있는 상태를 의미한다. 투명인간이 되었을 때 하고 싶은 일을 떠올려 보라고 하면 상당 부분 평소에는 할 수 없는 못된 짓을 꼽는다.

플라톤의《국가》에 나오는 '기게스의 반지' 이야기도 같은 맥락이다. 글라우콘이 소크라테스에게 올바름의 본질과 기원, 즉 사람들은 왜 올바른 행위를 하게 되는가에 대해 반론을 펼치는 과정에서 나오는 내용이다. 옛날에 리디아 사람 기게스는 칸다우레스 왕에게 고용된 목자였다. 어느 날 지진으로 땅이 갈라져서 들어가 보니 금반지를 끼고 있는 송장이 한 구 있었다. 기게스는 이 반지를 빼서 끼고 다녔다. 어떤 모임에서 우연히 반지를 손 안쪽으로 돌렸는데, 다른 사람들에게 보이지 않게 된다는 점을 알게 됐다.

보석을 안쪽으로 돌리면 보이지 않고, 바깥쪽으로 돌리면 보인다는 점을 확인하게 된 그는 왕한테 가는 사자들 속에 자신도 끼이게 일을 꾸며서는, 왕비와 간통을 한 후에, 왕비와 더불어 왕을 덮쳐 살해하고서는 왕국을 장악했다고 합니다.

기게스의 반지 이야기를 통해 글라우콘은 올바른 행동이 개인의 자각과 자발성에 의해 나타나는 것이 아니라는 점을 강조한다. 올바름을 실천하는 사람은 올바르지 못한 짓을 저지를 수 없는 무능 때문에 마지못해서 한다. 각자가 하고 싶은 것은 무엇이나 할 수 있는 자유를 부여한 다음에, 각자의 욕망이 각자를 어디로 이끌고 가는지를 관찰하면 악한 행동을 발견한다. 만일 어떤 사람이 그와 같은 자유로운 힘을 얻고도 남의 것엔 손도 대려 하지 않는다면, 주변 사람들은 이 사람이야말로 가장 딱하고 어리석은 자로 생각할 것이다.

그리스 신화와 관련하여 많은 작품을 남긴 장 레옹 제롬Jean Leon Gerome의 〈칸다우레스 왕〉은 기게스의 반지에 얽힌 이야기를 담고 있다. 대신 플라톤의 책에 소개된 내용과는 다소 다른, 그리스 역사가 헤로도토스Herodotus의 《역사》에 나온 이야기를 담았다. 조금은 더 성인 버전에 가깝다.

칸다우레스 왕은 왕비가 세계 최고의 미녀라고 여기고 측근인 기게스에게 아름다움을 늘 자랑했다. 그는 백문이 불여일견이라며 직접 왕비의 알몸을 엿보라고 한다. 왕의 거듭된 권유에 따라 숨어서 왕비의 알몸을 엿

제롬, 〈칸다우레스 왕〉, 1859년

본다. 이를 알아차린 왕비는 남편에 대한 배신감에 기게스에게 왕을 죽이게 한다.

그림의 배경은 왕의 침실이다. 가운데 왕비가 옷을 벗으며 눈부신 몸을 드러내는 중이다. 오른쪽 구석의 어둠 속에서 기게스가 이 모습을 엿본다. 왕비의 시선이 그에게 향한 것으로 봐서 이미 어느 정도 눈치를 챈 듯하다. 가장 흥미로운 것은 왕의 모습이다. 자기 부인의 알몸을 다른 남자가 보고 있다는 사실을 즐기는 분위기다. 일단 왕비는 이날 기게스를 못 본 체 한다. 다음날 그를 불러 왕을 죽이도록 요구한다. 기게스는 그 요청을 받아들여 왕을 살해하고 왕비와 결혼해서 왕이 된다.

비록 버전은 다르지만 자신의 행위가 타인에게 드러나지 않거나, 혹은 적어도 처벌의 위험에서 벗어나 있는 조건일 때 사회적으로 악한 행위라고 여기는 욕망이 꿈틀댄다는 점은 마찬가지다. 그리고 기게스의 반지나 투명망토가 아니라 하더라도 우리 주변에서 비슷한 심리는 얼마든지 발견할 수 있다. 예를 들어 범죄 영화를 볼 때 범죄자의 성공을 기대하는 우리들의 심리도 비슷한 경우다.

범죄와 '깨진 창문 이론'

어떤 경우든 범죄 자체가 정당화될 수는 없다. 특히 현대사회에 접어들어 범죄 건수나 잔혹함의 정도에서 더 심각해진 상황이라는 점도 분명하다. 당연히 어느 국가든, 또한 어떤 학문 분야든 범죄를 줄이기 위한 나름대로의 대책 마련에 골몰한다. 대체로 국가 차원에서는 범죄자 개인에 대한 강력한 처벌 중심의 정책을 선호하는 경향이 강하다.

통제와 처벌 강화가 단기적으로는 마치 효과가 있는 것처럼 보이고, 사회 구성원들의 불만에 대해 국가가 적극적으로 반응하는 모습을 보여주기 용이하기 때문에 정부의 입장에서는 가장 인기 있는 대책이다. 이 정책은 통제이론 혹은 '깨진 창문 이론'으로 알려진 논리와 긴밀하게 연결된다. 무질서와 범죄 사이에 직접적인 연관성이 있다고 전제한다. 대략의 내용은 다음과 같다.

깨진 창문 하나가 수리되지 않고 방치되면, 경찰이나 지역 주민이 잠재적인 위반자들에게 지역사회를 방관한다는 메시지를 준다. 곧바로 낙서 · 쓰레기 · 폐차 등에 의해 더 무질서하게 된다. 이를 불안하게 여긴 기존 주민들이 이사를 가고, 대신 무질서한 분위기에 익숙한 새로운 주민들로 대체되면서 점차 우범지대로 변한다. 이 이론은 그러므로 파괴 · 배회 · 구걸 · 만취와 같은 행위에 대한 적극적인 단속과 처벌이 필요하다는 논리로 이어진다. 이를 통해 절도 · 강도 · 마약 등 전형적인 범죄를 획기적으로 줄일 수 있다고 주장한다.

이를 위해 CCTV를 비롯해 일상적인 감시 장비를 대폭 확충하고 감시와 통제 효과를 높이기 위해 경찰력을 대폭 증가시킨다. 또한 주요 도로에서 검문을 확대하고, 교도소를 새로 지어 늘리고, 이른바 '범죄와의 전쟁'을 통해 사회적 분위기를 조성한다.

문제는 과연 단속과 처벌 강화 일변도의 정책이 실제로 범죄를 줄이는 데 큰 효과를 발휘하느냐 하는 점이다. 통제이론과 불관용 정책이 범죄 예방과 감소에 어떤 영향을 주었는가를 놓고 상반된 평가가 나타난다. 무엇보다도 대책은 범죄가 증가하는 원인에 대한 정확한 분석에 기초해야 하는데, 불관용 정책은 번지수를 잘못 찾았다는 비판이 자주 제기된다.

독일 화가 한스 밸러스첵Hans Baluschek의 〈지역 감옥〉은 범죄와 관련하여 1920년대 암울한 독일 사회의 한 단면을 보여준다. 지역 감옥의 여성 방 모습이다. 창문은 촘촘한 쇠창살로 막혀 있고, 나무나 철제로 만들어진 부실한 침대가 보인다. 밸러스첵은 노동자 · 도시빈민을 비롯한 사회적 약자의 입장에 서서 사회 비판적인 작품을 주로 그렸다. 이 그

밸러스첵, 〈지역 감옥〉, 1920년대

림도 그 연장선상에서 이해할 필요가 있다.

1920년대 독일은 경제적으로 극심한 고통 속에 있었다. 무엇보다 초인플레이션 상황이 극심한 고통을 안겨주었다. 전쟁으로 인해 빚이 많았던 독일 중앙은행은 화폐의 금본위제를 폐지하고 무한대로 화폐를 발행하기 시작했고 화폐가치가 폭락했다. 워낙 화폐의 가치 변동이 심해서 1923년 중반까지 노동자들이 하루에 3번씩 임금을 지불받았을 정도였다. 부인들은 중간에 임금을 전달받고 시장으로 달려갔다. 조금이라도 늦게 가면 물건 가격이 엄청나게 올랐기 때문이다. 그나마 일자리라도 있으면 다행이었다. 실업 규모가 상상을 초월할 정도였다. 1924년

초에는 실업자가 150만 명이었고, 2년 후에는 200만 명에 달했다.

덩달아 생계형 범죄가 늘어났으리라는 점을 어렵지 않게 짐작할 수 있다. 한 눈에 보기에도 〈지역 감옥〉 안의 죄수 행색에서 가난이 뚝뚝 묻어난다. 죄수복이 아닌 일상의 복장을 하고 있는 점으로 봐서 형이 확정되기 전의 미결수고, 이들이 있는 곳도 재판 과정에서 임시로 가두어두는 구치소라는 점을 알 수 있다. 당장의 끼니 때문에 벌어진 사소한 일탈이나 범죄도 일단 구속시킨 다음 수사와 재판을 진행하는, 통제와 처벌 위주의 정책을 비판하는 그림이 아닐까?

로랑 베그Laurent Begue는 《도덕적 인간은 왜 나쁜 사회를 만드는가》에서 범죄 대책으로 애용되는 감시와 통제의 효과에 대해 회의적 눈길을 보낸다. 물론 일정 정도의 감시와 통제가 현상적으로 범죄에 대한 진정 역할을 한다는 점 자체는 부인할 수 없다.

> 이층버스의 일층보다는 감시가 없는 이층에서 기물파손이 더 많이 발생한다. 길거리보다는 카페나 역 안에 설치된 공중전화 부스의 파손이 훨씬 적다. 학교에서도 감시가 어려운 공간일수록 파손이 심하다. 감시가 약할수록 규칙을 어겨도 처벌받을 위험이 적다.

어둠 속에 서 있으면 인간의 어두운 본성이 드러나기가 쉽다. 타인의 시선이 발휘하는 시각적 제재효과는 사회규범의 작동에서 핵심적인 역할을 한다. 범죄는 들통 날 가능성이 있으면 줄어들지만 통제가 없으면 급격히 늘어난다. 직접 교수의 눈길이 닿는, 강단에서 가까운 책상이

먼 책상보다 훨씬 깨끗한 현상도 마찬가지 이유로 설명될 수 있다.

하지만 이러한 사실이 감시와 통제가 많을수록 일탈이나 범죄가 줄어든다는 점을 뒷받침하지는 않는다. 일정 정도를 넘어선 과도한 감시와 통제는 오히려 역효과를 불러일으킨다.

> 감시 부재가 범죄 실행의 조건이 될지라도 부정직한 행위의 근본 원인이라고 보기는 어렵다. 규범을 위반하는 가장 큰 이유는 통제가 느슨해져서가 아니다. 게다가 감시는 사회적 행동에 부정적 영향을 미치기도 한다. 부당하게 여겨지는 통제는 되레 바람직하지 못한 행동을 자극하고 역효과를 일으킨다.

로랑 베그가 소개한 연구에 따르면 직원들이 직장 상사의 감시가 과하다고 생각하면 그 상사에게 적대감을 품는다. 또 직장에서 출입 자동기록시스템 같은 인력 감시수단을 늘릴수록 아랫사람이 윗사람에게 반감을 품는 경향이 커진다. 아이에 대한 연구에서도 비슷한 결과가 나타난다. 뉴욕 대학에서 조사한 결과 부모의 아이에 대한 개입은 주로 통제와 처벌이 가장 큰 비중을 차지한다. 협박이나 완력 사용 등의 힘의 행사, 아이를 무시하거나 대화를 거부하는 애정 철회가 주로 사용된다. 연구 결과 도덕원칙의 내면화 수준과 죄의식을 느낄 수 있는 능력에서 힘의 행사는 도덕교육에 오히려 해로운 영향을 미치고 애정의 철회는 별 효과가 없다고 한다.

무엇보다도 어느 사회 집단의 기본적 규제 수단이 강요와 위협이라면 그 집단은 오래 가지 못한다. 단지 현상적으로, 그것도 단기적으로 효과를 보일 뿐이다. 미국이나 한국에서 강력하게 추진된 '범죄와의 전쟁'도 비슷한 과정을 겪었다. 사회 전체에 감시와 통제 분위기를 전면적으로 유포하고, 대대적인 검거 작전과 형량을 대폭 늘린 결과 일시적으로 범죄율이 감소하는 경향을 보였다. 하지만 몇 년이 지난 후에는 다시 범죄율 증가 양상이 나타났다.

대책은 범죄 증가 원인에 대한 정확한 진단에서 나와야 한다. 만약 사회적으로 빈부격차 확대가 범죄 증가의 원인으로 작용했다면 본질적인 대책은 보다 능동적인 재분배 정책에서 찾아야 한다. 전 세계에서 상대적으로 범죄율이 높은 나라 가운데 빈부격차가 심한 경우가 많고, 스위스나 북유럽처럼 빈부격차가 적은 복지국가의 범죄율이 상대적으로 낮다는 점이 이를 뒷받침하는 훌륭한 근거가 된다.

규범의 무정부 상태에서 범죄가 증가한다는 뒤르켐의 주장도 무시할 수는 없다. 급격한 근대화 과정을 겪는 사회에서 범죄율이 가파르게 오르는 경향이 있는 것이 사실이다. 수백 년에 걸쳐서 순차적으로 근대화 과정을 겪은 사회는 전통적인 규범이 무너지고 새로운 자본주의 규범으로 대체되는 과정이 상대적으로 안정화되어 있다. 하지만 서구적 근대화가 위로부터 이식되면서 수십 년 만에 압축적인 근대화를 겪은 나라에서는 규범의 단절상태, 혹은 공백상태가 발생한다. 범죄를 향한 충동을 억제할 도덕적 긴장, 그리고 이를 자신의 실천적 의지로 내면화하는 작용이 약화되면서 범죄성향이 강화되는 면이 있다.

물론 빈부격차가 큰 사회에 살면서 상대빈곤에 시달리고 있다고 해서 곧바로 범죄를 저지르는 것은 아니다. 혹은 규범의 무정부상태로 인한 자아 정체성 혼란이 범죄행위를 자극한다고 해서 누구나 범죄 성향을 드러내는 것도 아니다. 이러한 상황에서 소수는 범죄의 구렁텅이로 빠지지만 대다수는 범죄와 거리를 두거나 혐오한다. 빈부격차나 규범의 무정부상태가 범죄 증가의 매우 중요한 조건으로 작용하는 것은 분명하지만 결국 최종적으로 범죄의 결행은 개인으로 귀착된다.

여기에 범죄에 대한 심리학적인 진단과 대책이 필요한 이유가 있다. 한 사람의 심리적 성격이 형성되는 데 유아기를 포함한 어린 시절 성장과정이 미치는 영향이 크다는 점을 고려할 때 범죄에 대한 사회적 대책 마련에 이와 관련한 내용도 포함되어야 한다. 그렇다고 각 가정에서 아이에 대한 부모의 의식을 개혁하자는 막연한 얘기가 아니다. 협력보다는 권위적인 부모에 의한 일방 통행식의 개입, 통제와 처벌을 통한 훈육은 단지 특정 부모 개인의 성향만은 아니다. 가족 내 구성원 사이의 관계는 그 가족이 속해 있는 사회 체제와 문화 영향에서 자유로울 수 없다. 아이가 경제적인 곤란으로 방치되거나 가부장적인 사회체제와 문화 안에서 억압받는 상황은 사회적 대책 차원에서 모색되어야 할 일이다. 빈부격차를 비롯한 사회구조적인 차원의 개선과 동시에 가족 구성원 사이의 상호 평등한 관계를 정착시키기 위한 법적 · 제도적 조치가 이루어져야 한다.

2장

우리는 왜 지배하고 복종하는가?

호머 〈허리케인 이후〉, 고골 《외투》, 밀그램 《권위에 대한 복종》

호머, 〈허리케인 이후〉, 1899년

지배하고 복종하는 인간

19세기 말 미국을 대표하는 자연주의 화가 윈즐로 호머Winslow Homer는 단순한 자연 모방에서 벗어나려는 경향이 강했다. 헤밍웨이의《노인과 바다》를 연상시키려는 듯 풍랑이 이는 바다에 위태로운 조각배 모습을 즐겨 그렸다. 자연의 웅장한 힘에 매료되어 자다가도 벌떡 일어나 파도가 치는 해안으로 나갔다. 자연의 압도적인 위력 앞에서의 숭고 체험을 중시한 19세기 초기 독일 낭만주의 회화 경향을 다시 보는 느낌이다.

〈허리케인 이후〉를 보면 미친 듯이 바다를 뒤흔들던 허리케인은 이제 잠잠하다. 막 걷히기 시작하는 검은 구름이 긴박했던 순간을 기억할 뿐이다. 하지만 백사장에 끔찍한 흔적을 남겨놓았다. 난파된 배 옆에 흑인이 내던져진 상태다. 태풍을 뚫고 가까스로 해안에 도착한 후 기진맥진하여 쓰러졌는지, 아니면 이미 시체가 되어 쓸려 올라왔는지는 알 수 없다.

호머는 왜 허리케인에 휩쓸린 인물로 흑인을 그려 넣었을까? 농장에서 목화를 따는 흑인 노예를 애잔한 시선으로 종종 그렸던 것으로 봐서 다분히 의도적인 설정이 아닐까 싶다. 미국에서 1862년에 법적으로 노예제도가 폐지되었지만 여전히 흑인은 노예나 다를 바 없는 상태였다. 남부 농장은 물론이고 도시의 구석에는 형식적으로만 자유인일 뿐 실질적으로는 노예였던 흑인이 고통스러운 삶을 이어가고 있었다. 다수의 백인이 흑인을 인간으로 인정하지 않는 미국사회에서 화가는 흑인이 처한 삶의 조건을 허리케인에 무방비로 노출된 조각배에 비유하고자 했던 게 아닐까?

오랜 기간 흑인을 노예로 지배하기 위해 가장 필요한 것은 철저한 복종이다. 복종의 강제를 위해 사용된 일차적 수단은 당연히 무자비한 폭력이다. 하지만 물리적 폭력만으로는 지배와 복종 관계가 오래 지속되기 어렵기 때문에 안정적 지배를 위해 법적 · 제도적 장치를 동원한 복종의 일상적 유지가 필수적이다. 그러나 직접적 폭력이든 제도적 관리든 모두 강제에 기초하기에 반발이 뒤따른다. 보다 안정된 지배를 위해서는 자발적 복종을 이끌어내야만 한다. 미국의 백인 역시 최종적으로는 문화를 통해 흑인 내면으로 스며들어 심리 차원에서 복종을 기꺼이 받아들이도록 온갖 수단을 강구했다.

신분제도가 사라지고 형식적 자유와 민주주의 절차가 보장된 현대사회에서 복종은 아무 쓸모없는 단어일까? 사용되지 않는 죽은 언어처럼, 혹은 진화과정에서 퇴화된 신체기관처럼 의미 없는 개념에 불과한가? 구태여 확인하지 않더라도 대부분의 사람이 현실에서 여전히 맹위를 떨치고 있는 복종을 피부로 느낄 것이다. 복종하는 당사자든, 아니면 지배 위치에 있든, 혹은 복종과 지배의 사슬 중간 어디쯤에 끼어서 양쪽 모두를 수시로 번갈아 이행하든 굴레에서 벗어나지 못하고 있다고 생각할 것이다.

다만 나타나는 양상이 다르다. 신분적인 지배와 복종이 가장 중요하게 의존하던 폭력을 제도나 문화가 상당부분 대신한다. 사회 전체로는 모세혈관처럼 세밀하게 일상의 구석구석까지 연결되어 있는 관료적 장치와 절차가 복종을 유지하는 핵심 역할을 한다. 외적인 규제와 내적인 동의 모두에서 효과적으로 작용한다.

러시아 리얼리즘 문학의 시조로 불리는 니콜라이 고골Nikolai Gogol의 《외투》는 관료 기구와 사고방식이 어떻게 지배와 복종 심리를 뿌리내리도록 만드는지를 잘 보여준다. 주인공 아카키예비치는 만년 9급 관리다. 외투가 너무 낡아 수선할 수도 없게 되자 없는 돈을 다 털어 새 외투를 장만하지만 다음날 강도에게 빼앗긴다. 외투를 되찾으려 경찰서장을 찾아가는 등 필사의 노력을 기울이지만 무시를 당하고 고위 관리를 찾아간다. 자초지종을 말하자 당장 불호령이 떨어진다.

> 일의 순서라는 걸 모르고 있소? 어딜 찾아온 거요? 모든 사무가 어떠한 순서를 밟아서 진행되는지 알고 있을 게 아니오! 우선 창구에 탄원서를 제출해야 하는 법이오. 서류가 계장, 과장을 거쳐 비서관한테 넘겨지고, 비서관이 나한테 가져오게 되어 있단 말이오.

관료제의 대표적 특징 중 하나인 엄격한 절차주의가 나타난다. 주인공에게만 특별하게 보여준 태도가 아니었다. 이 고관은 높은 자리에 오르자마자 자신의 중요성을 강화하기 위해 여러 수단을 다 동원했다. 출근할 때 부하 관리들이 층계까지 나와서 맞도록 했다. 방문하는 사람은 반드시 경비원을 통하고, 14급은 12급에게, 12급은 9급이나 아니면 다른 관등에게 각각 보고를 하여 그 끝에 자신에게 보고가 들어오도록 했다. 모든 일에서 엄격한 규칙과 순서를 가장 중요하게 여겼다.

아카키예비치가 찾아간 날도 마찬가지였다. 게다가 몇 해만에 찾아온 친구가 있어서 더욱 엄격한 절차를 적용했다. 할 얘기를 다 나눠서 침묵만 지키고 있을 뿐임에도 불구하고 친구에게 자기를 찾아오는 관리들이 얼마나 오래 기다려야 하는가를 보여주고 싶었다. 오랜 시간 초조하게 기다린 끝에 들어오자마자 느닷없는 호통을 들어야 했던 것이다.

러시아에 국한된 상황이 아니다. 근대 이후 모든 국가는 사회 전체를 관료기구화 한다. 피라미드의 각 칸마다 엄격한 절차를 두어 아래 칸에 있는 사람에게 무력감을 만들어낸다. 자신을 수많은 절차의 극히 작은 부분에 위치하는 부품으로 생각할 때 전체와 부분의 도식이 적용된다. 자연스럽게 전체를 위한 부분의 복종을 받아들인다.

또한 절차주의라는 수직 체계는 비밀주의를 전제로 한다. 하위 단위의 움직임은 모두 위로 공개되지만 상위 단위에서 어떤 일이 벌어지는지는 알 방법이 없다. 권력 효과는 정보 장악 정도와 아주 깊은 연관을 갖는다. 정보에 접근할 수 있는 길을 차단당한 대다수는 만들어진 전체 구도 안에서 복종을 어쩔 수 없는 현실로 인식하게 된다.

나아가서 관료제 절차주의는 경쟁 구조를 통해 지배와 복종 관계를 자발적으로 받아들이도록 유도한다. 사다리를 오르는 유일한 방법으로 경쟁만이 허용된다. 모두가 경쟁을 통한 상승에 몰두할 때 사다리 절차를 규정하는 규칙은 마치 공정한 게임의 규칙이라도 된 듯이 절대적 권위를 획득한다. 경쟁 규칙에 대한 복종이 절대화되고 이를 수용함으로써 전체 질서에 자발적으로 복종하는 결과가 만들어진다.

절차주의가 순조롭게 자리 잡기 위해, 그리하여 지배와 복종 효과를 극대화하기 위해 전제가 되는 관료제의 또 다른 특징은 권위주의다. 고관이 강조하는 절차를 다 지키지 못한 이유가 중간 관료들의 불확실한 일처리 때문이라고 하자 더 난리가 난다.

> 어디서 그 따위의 정신을 집어넣어 가지고 왔소? 요즘 젊은 사람은 웃어른과 상관에 대한 지극히 불손한 사상이 만연되어 있어 큰일이라니까! … 지금 누구를 상대로 그런 소릴 하는 건지 알고 있소? 지금 당신 앞에 있는 사람이 누군지 알고 있소, 모르고 있소?

누구라도 겁을 집어먹지 않을 수 없을 만큼 언성을 높여 호통을 친다. 아카키예비치의 나이가 이미 50세를 넘었지만 그저 철없이 아이 취급을 당한다. 단 한 칸이라도 위에 있으면 절대적 권위가 보장된다. 한국에서 새파란 나이의 검사나 판사를 '영감'이라고 부르고, 자기보다 나이가 많은 피고인에게 반말을 하는 경우가 적지 않았던 것도 비슷한 맥락이다. 관료적 권위주의는 단지 역할의 우위를 넘어 인격적 우위까지 보장한다. 마치 생사여탈권을 한 손에 거머쥐고 있는 듯한 분위기에서 두려움과 공포감을 느끼도록 한다. 행여 나타날 수 있는, 자발적으로 복종하지 않으려는 시도에 쐐기를 박는 역할을 한다.

더 큰 문제는 애초에 어떤 인간성을 가졌든 관료제라는 틀에 들어가는 순간 인간 자체가 개조된다는 점이다.

> 그도 본심은 착한 인간이어서 친구도 잘 사귀었고 남의 일도 잘 보살펴주었다. 그러나 칙임관이라는 벼슬자리가 머리를 돌게 했다. 칙임관에 임명되자 이성을 잃고 흥분하여, 자기가 어떤 태도를 취해야 좋을지 어리둥절해 버린 것이었다.

고관이 된 것은 최근의 일이다. 그 전까지는 하급 관료에 불과했다. 지금도 아주 중요하고 높은 자리는 아니다. 원래는 마음씨도 따뜻해서 주변의 평판도 좋았다. 하지만 지위를 얻자마자 사람 자체가 변했다. 대등한 사람과 상대할 때는 여전히 의젓한 모습이다. 하지만 단 한 등급이라도 낮은 지위에 있는 사람이라면 대번에 태도가 돌변한다. 아카키예비치를 보자마자 대뜸 물었던, "용건이 무엇이오?"라는 딱딱한 말도 칙임관이라는 관등을 받고 1주일 동안 자기 방에서 거울을 앞에 놓고 일부러 연습한 어조일 정도다.

만약 정말로 관료제가 인간성을 뒤바꿔버린다면 누구나 그러한 위치에 있게 되거나 혹은 비슷한 기분을 갖게 되면 얼마든지 가혹한 행위를 저지를 수 있다는 말이 된다. 관료제 아래 살아가는 한, 인간이라면 누구나 지위의 정도에 따라 비굴하게 복종을 받아들이고, 또한 불특정 다수에게 횡포를 부리게 된다는 심각한 결론에 도달한다.

권력 욕구와 복종 욕구

장 오귀스트 도미니크 앵그르Jean Auguste Dominique Ingres의 〈왕좌에 앉은 나폴레옹 1세〉는 모든 권위를 한 손에 틀어쥐고 모든 사람을 자기 아래 복종시키겠다는 의지를 상징적으로 보여준다. 신고전주의 회화의 거장답게 나폴레옹을 마치 그리스 제우스 조각상처럼 묘사했다. 카펫에 새겨진 고대 로마제국의 독수리 상징은 유럽 전체를 통일해 자기 발아래 두겠다는 의도로 보인다. 옷에 새겨진 벌 문양이 프랑크족을 상징하는 점을 고려할 때 프랑스에 의한 유럽제국의 탄생을 알리는 듯하다.

신고전파 화가들은 제정기에 나폴레옹의 치적을 기념하기 위한 대형 작품을 많이 제작했다. 앵그르의 스승이기도 한 다비드의 유명한 〈나폴레옹 대관식〉도 그 중의 하나다. 프랑스대혁명 정신을 배반한 나폴레옹은 스스로 황제의 자리에 오르고, 다비드는 대관식을 찬양하는 웅장한 그림을 그려 선사한다. 앵그르는 이 그림을 통해 스승의 뒤를 이어 절대 권력의 상징으로 나폴레옹을 치켜세운다.

사회적 · 경제적 차원에서 지배와 복종은 부의 축적이나 사적소유 등과 긴밀하게 연결된 상반관계다. 심리학 관점에서 볼 때 권력을 향한 의지가 중요한 검토 대상이 된다. 복종 욕구는 권력 욕구와 한 몸을 이루고 있는 그림자다. 복종 심리는 권력을 손에 쥐고 싶어 하는 욕구를 반영하기 때문이다. 권력 욕구가 현실에서 실현되지 못할 때 역설적이게도 권위에 복종하는 심리로 나타난다.

상당수 심리학자는 권력 욕구의 화신인 나폴레옹이 사실은 우리 자

앵그르, 〈왕좌에 앉은 나폴레옹 1세〉, 1806년

신일 수 있음을 강조해 왔다. 융은《인간과 상징》에서 권력의지를 무의식 형성의 매우 중요한 요소로 간주한다.

> 권력에의 의지는 대수롭지 않은 일종의 억압증상으로서 이해될 수 있을 것인가? … 막대한 힘의 정체는 에로스가 아니라 자아의 권력이다. 억압된 것은 에로스가 아니라 권력의지였다는 추론을 하지 않을 수 없다.

권력의지는 에로스와 마찬가지로 오래되고 본원적인 것이다. 그가 보기에 프로이트도 권력 충동을 전혀 모르고 있지는 않았으며 가장 중요한 성적 본능 외에 자기보존 본능의 존재를 인정했다. 하지만 프로이트는 자기보존을 위해 권력을 지향하는 경향을 성욕 충동에 비해 매우 부차적으로 여겼다는 점에서 한계가 있다.

심리학자들은 권력 욕구와 복종 욕구가 동전의 양면처럼 연결되어 있다는 점도 지적한다. 즉 "위신 형성은 항상 집합적 타협의 산물이라는 사실, 즉 한쪽에서 위신을 갖고 싶어 하는 사람이 있는 동시에, 위신을 줄 만한 사람을 찾는 대중이 있다는 사실"을 이해해야 한다. 단순히 개인의 권력욕 하나로 권위주의 · 제국주의 권력이 만들어지지는 않는다.

위신 형성은 집합적인 문제다. 집단 전체가 마술적 힘을 발휘할 수 있는 인물을 갖고 싶은 욕구를 가지고 있기 때문에 개인의 권력 욕구와 많은 복종 욕구가 결합되어 권위적 위신을 낳는다. 즉 복종을 통해 집단적 권력 욕구를 실현한다. 집합적 무의식은 이러한 모방 능력에 의해 성립한다. "모방 없이는 대중의 조직화도, 국가나 사회질서도 전혀 불가능하다." 사회질서를 만드는 것은 법률이 아니라 모방이다.

권력 욕구는 두려움과 공포를 통해 대규모의 복종 심리를 만들어냄으로써 스스로를 실현한다. 융은《현재와 미래》에서 공포를 복종의 필수요소로 강조한다.

> 국가도 교회처럼 열정과 자기희생과 사랑을 요구한다. 만일 종교가 '신에 대한 두려움'을 필요로 하거나 전제로 한다면, 독재국가는 필요한 공포를 불러일으키려고 노력한다.

권력 욕구가 인간이 본래 지니고 있는 집합적 무의식이라는 점은 현실에서 대부분의 국가가 보이는 행태를 통해 규명된다. 국가는 구성원의 자발성 형식을 띤 복종을 통해 유지된다. 이를 위해 종교가 지옥의 두려움을 통해 정당성을 구하듯이 국가는 외부의 적에 의한 공포를 조장함으로써 존립 기반을 마련한다. 가장 효과적인 위협이 외부의 적에 의한 전쟁 가능성이기에 국가는 이를 끊임없이 유포한다.

당연히 국가나 인류의 문제와 개인의 무의식을 무리하게 연결시키는 것이 아닌가라는 의문이 제기될 수 있다. 융은 개인과 인류의 특징을 연결하는 논리를 사용하여 해명한다. "일반적으로 인류에게 해당되는 것은 또한 개인에게도 해당된다. 왜냐하면 전 인류는 개인으로 구성되어 있기 때문이다. 인류의 심리학은 개인의 심리학이다."(《인간과 상징》) 권력을 향한 개인의 의지가 여러 국민 사이의 제국주의를 만들어내는 장본인이다.

에릭슨도 《아이덴티티》에서 권력 추구를 인간 본성에서 찾는다. 단순히 권력을 지향하는 정도가 아니라 최대한 권력을 강화하려는 전체주의적 욕구와 연결된다.

> 전체주의란 보편적인 인간의 잠재성에 입각하고 있으며, 따라서 건전하든 병적이든, 성인이든 유아든, 개인적이든 사회적이든 인간 본성의 모든 국면에 관련된다.

전체주의는 무의식적 동기에서 찾아야 한다. 권력의지가 심리적 토대를 형성하고 있다가 통신과 조직에 있어서 기술 진보라는 조건과 맞물리면서 전체주의 국가에 관한 광신적 관념을 불러일으킨 것으로 봐야 한다.

아동기와 청년기 경험이 어떻게 인간을 전체주의에 기울게 하는지에 주목한다. 이 과정에서 융이 강조하는, 권력 욕구와 결합된 복종 욕구 문제의식을 수용한다. 성장 과정에서 형성된 의존상태가 전체주의로의 추종을 낳는다. 아동기와 청년기에 경험하는 성인 대 아동, 남자 대 여자라는 양극화가 중요한 역할을 한다. 양극화된 조건은 인간을 지배 · 피지배 관계, 착취 · 피착취 관계에 익숙한 심리로 이끈다. 의존하는 자에 대한 어린이의 무력감 · 고독감 · 창피함, 양심의 가책이 아이의 버릇을 들이기 위해 체계적으로 이용된다. 이러한 과정을 거쳐 아동기에 지배에 대한 심리적 의존성이 만들어진다. 이를 통해 자유를 철저하게 제한하고 다른 사람들을 무자비하게 착취하도록 허용하는 집단적 심리를 형성한다.

악의 평범성과 복종

독일 표현주의 회화의 선구자 에른스트 루트비히 키르히너Ernst Ludwig Kirchner의 〈샤워중인 포병들〉은 화가의 아픈 경험이 반영되어 있다. 오른쪽에 있는 장교의 감시 아래 포병들이 집단적으로 샤워를 하는 장면이다. 상식적으로 샤워를 하면 기분이 좋을 텐데 왜 아픈 경험일까? 그림의 분위기만 봐도 즐거움과는 거리가 멀다. 하나같이 침울한 표정이고 어딘가 혐오스러운 분위기마저 풍긴다.

키르히너는 제1차 세계대전이 벌어지고 입대했는데 치욕과 공포의 나날이었다. 오직 절대적 권위 아래 무조건 집단적 복종만이 요구되는 상황은 그의 정신을 질식시켰다. 결국 군대에 대한 극심한 혐오감과 전쟁터의 공포에 시달리다 신경증으로 조기 전역했다. 그림은 거칠고 조잡스러워 보이는 선과 강렬한 색채를 통해 자신이 겪은 충격을 표현한다. 장교의 감시 아래 샤워하는 모습을 집단 사육 당하는 가축의 느낌으로 묘사한다. 강요와 복종만으로 이어지는 군대생활에서 오는 무력감을 간접 체험하게 한다.

보통 병영에서 습득된 극단적 복종 심리는 반대로 전쟁 상대에게 공격적인 지배 욕구, 가혹한 파괴 욕구를 통해 돌파구를 찾기 마련이다. 피학 심리와 가학 심리가 동시에 자기 안에서 교차되면서 감정은 출렁댄다. 어느 나라든 비슷한 양상으로 나타날 수밖에 없다. 그렇기 때문에 악한 감정과 잔인한 파괴적 행동은 어느 한쪽의 문제로만 치부하기 어렵다.

키르히너, 〈샤워중인 포병들〉, 1915년

프루스트도 제1차 세계대전을 겪으면서 비슷한 문제의식을 가졌던 듯하다. 《잃어버린 시간을 찾아서》에서 하녀 프랑수아즈의 말을 통해 독일인에 대한 왜곡된 태도를 지적한다.

전쟁의 첫 무렵 독일인이라면 모조리 살인자 · 강도 · 산적 · 악마라고 했지. 나도 모두 곧이들었지만, 시방 우리도 놈들과 똑같이 사기꾼이 아닌가 하는 의심이 나는걸. … 피장파장이야. 우리가 독일에 있다면 역시 놈들과 같은 짓을 할 거야. – 〈되찾은 시간〉

전쟁이 일어나고 나서 프랑스인은 누구라 할 것 없이 독일인의 잔인성에 대해 성토한다. 하지만 곰곰이 생각해보면 독일인이라고 해서 본래 특별히 다른 인간성을 가졌을 리가 없다. 일상생활에서 마음씨 좋은 인간이었을 수 있다. 싸움터에서 최대한 많은 적을 죽이는 병사가 영웅 대접을 받는 현상이 어느 나라나 동일하게 나타난다는 점도 고려해야 한다.

그래서 프루스트는 "개인으로서는 선량한 자들이 양심의 가책 없이 대량 살육에 가담함을 보고 놀라는데, 그런 무지막지한 짓도 그들에겐 십중팔구 당연한 것으로 생각되었던 것"이라고 한다. 전쟁을 통해 독일인에게서 잔인성을 발견했다면 이는 독일인에 국한된 문제가 아니라 인간에게 일반적으로 발견할 수 있는 특징이라는 것이다. 적어도 기록으로 남아 있는 인류의 역사를 보면 타 민족에 대한 대량 살육은 특정 지역이나 집단에 국한된 현상이 아니었음을 발견하게 된다.

프루스트의 문제의식은 그가 죽고 나서 수십 년 후에 한나 아렌트Hannah Arendt에 의해 《예루살렘의 아이히만》에서 제기된 '악의 평범성'에 상당히 근접해 있다. 아렌트는 1961년 예루살렘에서 벌어진, 나치 친위대 고위 장교였던 아이히만Eichmann 재판에 참여하면서 유대인 학살과 같은 극단적 악행조차 지극히 평범한 우리들 모두에게서 발견될 수 있는 성질이라는 점을 밝힌다.

아이히만은 '신 앞에서는 유죄라고 느끼지만 법 앞에서는 아니다.'라고 답했다. 무죄 주장의 이유는 나치 법률체제 하에서는 아무런 잘못도 하지 않았고, 범죄가 아니라 '국가적 공식 행위'이므로 어떤 다른 나라도 재판

권을 행사할 수 없으며, 복종이 그의 의무였고, '이기면 훈장을 받고 패배하면 교수대에 처해질' 행위를 했을 뿐이라는 것이었다.

아이히만은 딱히 유대인을 증오하지 않았으면서도 조직적인 유대인 학살을 주도했다. 아이히만은 증오심과 가학성, 심각한 정신적 장애를 가진 사람이 아니었다. 어떤 면에서는 꽤 성실하고 나름의 양심을 가진 사람으로 볼 수도 있다. 특이한 점은 언제나 똑같은 단어로 표현되는 동일한 말에 있었다. 아렌트는 말의 무능력과 타인의 입장에서 생각할 줄 모르는 무능력함이 매우 깊이 연관되어 있음을 발견한다.

예를 들어 아이히만의 말은 엄격한 '언어규칙'을 따랐다. 제거나 박멸, 또는 학살과 같이 명시적으로 구체적 뜻을 지니는 단어 대신에 '최종 해결책', '소개'와 '특별 취급' 등을 사용했다. 의도적인 회피가 아니라 그의 머릿속에 각인된, 자연스러운 언어구사였다. 아이히만은 예루살렘 법정의 사형 판결이 있던 날에 "나는 괴물이 아니다. 나는 그렇게 만들어졌을 뿐이다."라고 항변했다. 다시 말해서 당시 독일사회의 지배집단 내에서 정상이라고 합의된 사고방식과 행동양식을 성실하게 체화하고 있었을 뿐이다. 달라진 점이 있다면 한때 자기가 국가에 의해 부여된 의무로 여겼던 바가 이제는 범죄로 불리게 되었다는 것이다. 아렌트는 "나는 오류의 희생자"라고 항변하는 그에게서 악의 평범성을 본다.

마치 마지막 순간에 인간의 연약함 속에서 이루어진 오랜 과정이 우리에게 가르쳐 준 교훈을 요약하는 듯했다. 두려운 교훈, 즉 말과 사고를 허용하지 않는 악의 평범성을.

가해자들은 특별히 악한 인간이 아니라 평범한 수백만 인구 중 하나라는 인식이다. 아이히만을 비롯해 나치의 행위가 아무리 흉측할지라도 개인으로서의 각자는 괴물이나 악마 같지도 않다. 문제는 이를 제2차 세계대전을 일으킨 독일인이나 일본인의 고유한 속성으로 볼 수 없다는 점이다. 아이히만에서 볼 수 있듯이 자유로운 말과 사고가 허용되지 않고, 국가 이익이 다른 모든 가치에 우선하며, 전체를 위한 부분의 희생이 무조건적으로 옹호되는 사회라면 어디에서나 나타나는 현상이다.

흔히 볼 수 있는 관료주의자들처럼, 그 역시 명령에 복종하는 관료주의자 중 한 사람이었을 따름이다. 지배와 복종이 극단적으로 내면화될 때 무슨 짓을 하는지 잘 의식하지도 못한 채 악에 휘말린다. 즉 '우리 안의 아이히만'을 발견하게 된다. 그리고 "악이란 특별한 것이 아니라 평범한 것일 때 더욱 파멸적"이라는 점에서 악의 평범성은 인류 문명과 수직적 사회체제에 대한 근본 통찰을 요구한다.

1960년대 초에 예일 대학교 교수 스탠리 밀그램Stanley Milgram은 몇 가지 실험을 통해 대부분의 사람이 특정한 지배와 복종의 조건 속에서 악행에 가담한다는 점을 밝혔다. 《권위에 대한 복종》을 통해 지배와 복종 실험을 만날 수 있다.

자원자로 나선 평범한 주민들에게 창 너머 의자에 앉아 있는 남자를 보여준 다음, 그 남자가 앉은 의자와 그들이 제어하는 다이얼이 전기적으로 연결되어 있음을 알려주었다. 이어서 교수는 자기가 던진 질문에 의자에 앉은 남자가 틀린 대답을 하면 지원자들이 직접 다이얼을 돌려서 전기 충격을 줘야 한다고 주문했다. 또한 의자에 앉아 있는 남자의 대답이 틀린 횟수가 늘어날수록 다이얼을 더 많이 돌려야 한다고 지시했다. 교수의 말은 사실이 아니었다. 의자에 앉은 남자는 배우였다. 하지만 의자에 앉은 남자가 전기 충격 때문에 심하게 고통을 받고 의식을 잃을 정도로 괴로워하는 모습을 보였는데도 참가자들의 65퍼센트는 450볼트까지 다이얼을 돌렸다. 사람을 죽이기에 충분한 강도였다.

여러분이 상부의 명령에 따라 다른 사람에게 잔혹한 행위를 하기 위해서 '권위적인 성격'일 필요는 없다. 명령을 내리는 사람이 공식적으로 '관리, 감독하는' 것처럼 보이면, 우리는 모두 지시받은 대로 기꺼이 따를 것이기 때문이다.

복종은 사회적 삶의 구조에서 기본 요소다. 실험을 '관리하는' 교수가 요구할 때 3분의 2가 넘는 사람이 상대에게 점점 더 치명적인 전기 충격을 가했다. 실험에 수천 명 이상이 참가했고, 이후 여러 대학에서 되풀이되었지만 결과는 별 차이가 없었다. 뮌헨, 로마, 남아프리카공화국, 오스트레일리아에서도 똑같은 실험을 했다. 모든 실험에서 피험자들이 최고치 충격 단계까지 선택하는 비율은 예일 대학교에서 했던 실험 결과와 막상막하였다.

자신이 얼마나 큰 충격을 주는지 정확히 몰랐기 때문이라고 할 수도 없다. 전기 충격기에는 15볼트에서 450볼트까지 15볼트씩 증가하는 30

개의 스위치마다 약한 충격, 보통 충격, 위험, 심각한 충격 등 충격 정도를 알리는 스티커가 붙어 있었다. 결국 심각하게 위험하다는 점을 알면서도, 또한 배우가 285볼트부터 고통스러운 비명을 질렀음에도 450볼트까지 올렸다. 더 놀라운 것은 나머지 피험자들 중에서도 '보통 충격' 수준에서 그만둔 사람은 한 명도 없었고 꽤 많은 이들이 '아주 강한 충격'까지 나아갔다는 점이다. 남녀의 차이도 없었다. 여성 피험자들도 남성 피험자들과 비슷한 비율로 최고치 충격을 주는 버튼을 눌렀다.

실험자인 교수는 단지 그에게 실험을 계속하도록 종용했을 뿐이다. 피험자가 전기 충격을 가하는 것을 주저할 때마다 실험자가 그에게 계속할 것을 요구했다. 피험자는 실험을 거부하고, 시간당 4달러와 주차료 50센트를 포기한 후 자리를 뜨면 그만이었다. 게다가 피험자 대부분이 평범한 직장인이거나 전문직에 종사하는 사람이었다는 점에서 일반적인 판단 능력 이하의 사람도 아니었다. 그러한 면에서 실험 결과는 곧바로 우리 자신에게 적용된다.

결국 아렌트가 주장한 '우리 안의 아이히만'은 과장이라고 볼 수 없다. 우리는 예전에 미국 CBS 방송에서 이라크 포로에 대한 미군의 잔인한 학대 장면을 본 기억이 있다. 화면 속에서 미군은 상습적으로 포로들을 동물처럼 다루었을 뿐 아니라 심지어 사진으로 찍기도 했으며, 그런 일을 완수한 만족감에 웃고 있었다.

고문과 가혹행위만이 아니었다. 포로들을 피라미드처럼 포개놓기도 하고, 포로들끼리 서로 구타하게 했다. 성고문에 가까운 행위도 있었다. 포로의 머리에 가리개를 씌우고 두 손에 전깃줄을 연결해놓고 좁은 상자 위에 서있도록 명령했다. 이 포로는 "만일 상자에서 떨어지면 감전사할 것"이라는 말을 들었다. 나중에 조사 과정에서 미군들은 다음 심문을 대비해 포로들의 '저항을 약화시키라'는 명령을 수행했을 뿐이라고 말했다.

밀그램 실험의 피험자인 평범한 사람들이나 포로수용소를 관리한 미군의 심리에는 양극단처럼 보이는 지배와 복종이 동시에 나타난다. 한편으로 상위 단위의 요구에는 일반적인 양심까지 팽개쳐가며 철저하게 복종한다. 다른 한편으로 그 요구에 따라 하위 단위에 있는 사람에게 잔혹한 행위를 서슴지 않는다. 한 사람 안에서, 그것도 동일한 시간과 공간에서 나타나는 현상이다.

왜 이런 현상이 나타나는가? 밀그램은 지배하고 복종하는 심리와 행위는 위계적인 권위체제의 필연적 산물이라고 한다. 사람들은 혼자가 아니라 위계 구조 안에서 기능한다.

> 권위 구조 안에서 성장했다. … 부모의 명령은 또한 도덕적 명령의 원천이다. 아이가 권위적 명령 자체에 순응하도록 훈련시킨다. … 가족의 보호에서 벗어나자마자, 학교라는 제도적 권위 체계로 옮겨진다. 구체적 교과과정뿐만 아니라, 조직의 틀 안에서 행동하는 법을 배운다.

우리 모두는 수직적 권위 구조 안에서 살아간다. 하나의 권위체계에서 다른 권위체계로 옮겨가고, 시간이 지날수록 여러 권위체계가 중첩되는 방식으로 내면을 지배한다. 제일 먼저 만나는 것은 가족이다. 오랜 성장과정에서 아이는 부모의 절대적 권위에 따르는 법을 배운다. 이어서 학교를 통해 보다 체계적으로 권위에 순응하도록 훈련받는다. 교사는 학생을 통제하고, 학생은 교사도 교장의 명령과 요구의 지배를 받는다는 것을 알게 된다. 복종만이 권위자에 대한 적합하고 충분한 반응이라는 점을 깨닫는다.

졸업으로 끝나지 않는다. 직장생활이나 군복무를 통해 보다 체계적 위계질서로 편입된다. 특히 직장은 여러 층으로 위계 구조를 세분화한다. 각 하위 요소가 더 하위 요소를 지배하도록 함으로써 보다 강고한 지배와 복종 구조를 만든다. 관료제 절차가 복잡하게 계열화될수록 효과는 증대한다. 사다리 위로 오르려는 행위만을 인생의 중요한 가치로 삼게 만든다. 직장의 위계는 승진을 통해 자발적인 복종 동기를 부여함으로써 권위 구조를 영속화시키는 기능을 한다.

그나마 밀그램 실험에서는 피험자가 불복종한다고 해도 아무런 처벌을 받지 않는다. 모두 실험에 자원했고 원하면 언제든 실험을 거부하고 나갈 수 있다. 하지만 현실의 가족 · 학교 · 군대 · 직장에서는 불복종에 대해 불이익이 뒤따른다. 처벌이 뒤따르면 복종은 더욱 분명하게 나타난다.

전쟁을 통한 지배와 복종의 강화

간단한 위계 구조와 이에 기초한 지시만으로도 강력한 지배와 복종 관계가 만들어진다. 적절한 불이익과 처벌이 결합되면 효과의 강도와 지속성이 커진다. 여기에 전쟁 상황이 결합되거나 최소한 전쟁 가능성이라는 위협이라도 연결되면 복종 심리는 광기를 띠며 보다 극단적인 양상으로 치솟는다.

앙투안 장 그로Antoine-Jean Gros의 〈에일로 전장의 나폴레옹〉은 나폴레옹의 정복 전쟁을 찬양하기 위한 목적으로 그려졌다. 나폴레옹이 1807년 러시아의 쾨니히스베르크 시 근교에서 러시아와 프러시아 연합군을 격파하여 승리를 거둔 장면이다. 중앙에 말을 탄 나폴레옹이 있고 오른편으로 상대편 전사자와 부상자들이 널브러져 있다. 단순히 승리를 자축하는 분위기가 아니다. 승리 후에 전쟁터를 시찰하며 부상당한 러시아 병사들에 대한 각별한 간호를 지시하는 장면이다. 말 아래에는 나폴레옹의 조치에 감동한 러시아 장교가 치료받은 팔로 다가가 감사의 마음을 표현하고 있고, 오른 편에는 프랑스 병사가 러시아 병사를 부축하는 모습이 보인다. 나폴레옹의 인간미를 부각시킴과 동시에, 침략 전쟁이 아니라 공화주의를 통한 유럽의 해방이라는 주장을 정당화하는 내용을 담고 있다.

전쟁은 지배체제에 대한 저항을 전적인 복종으로 단번에 전환시키는 마법을 발휘한다. 프랑스대혁명은 지배체제에 대한 민중 저항의 격렬한 분출이었다. 혁명 분위기를 등에 업고 권좌에 오른 나폴레옹은 혁명으로 나타난 저항 열기를 복종으로 전환시켜야만 권력을 유지 · 강화할 수 있었다. 국가 내부의 지배세력에 대한 불만을 국가 외부의 적으로 돌려야 했다. 정복 전쟁은 이를 효과적으로 실현할 가장 좋은 방법이었다.

전쟁터에서 프랑스인이 실제로 벌인 행위는 그로의 그림과는 전혀 딴판이었다. 국가에 대한 복종 심리는 전쟁 상대 국민에 대한 잔인한 지배 욕구 형태로 바뀌었다. 나폴레옹 군대가 스페인에서 저지른 학살은 잘 알려져 있다. 1808년에 시가전을 벌인 후 대규모로 마드리드 시민을 학살했다. 이 학살은 스페인을 대표하는 화가 고야Goya의 〈1808년 5월 3일의 학살〉을 통해 우리에게 잘 알려져 있다. 1809년 가을에도 프랑스군은 마드리드까지 잔인한 행진을 벌이면서 아무런 저항도 하지 않는 마을까지 모조리 약탈하고 불태웠다.

프로이트는 지배 욕구를 인간의 공격 본능, 파괴 본능에 기인하는 것으로 주장한다. 특히 공격 본능이 문명과 결합되면서 초래할 위험성 문제에 대해 각별히 주의를 기울인다.

> 인류에게 숙명적인 문제는, 문명 발달이 인간의 공격 본능과 자기 파괴 본능에 의한 공동생활의 방해를 억누르는 데 성공할 것이냐, 성공한다면 어느 정도나 성공할 것이냐 하는 문제인 듯싶다. – 《문명 속의 불만》

경건한 영혼의 소유자들은 우리의 본성이 사악하고 비열한 것과는 거리가 멀다고 믿고 싶어 한다. 그들은 살인하지 말라는 계율이 일찍부터 등장했으며 강력한 강제력을 갖고 있다는 점을 근거 삼아, 우리 마음에 깊이 뿌리박혀 있을 게 분명한 도덕적 충동의 힘에 대해 만족스러운 결론을 내린다. 그러나 불행히도 이 주장은 오히려 정반대의 견해를 입증해준다. 강력한 금지는 똑같이 강력한 충동에 대해서만 작용할 수

그로, 〈에일로 전장의 나폴레옹〉, 1807년

있기 때문이다.

아무도 하고 싶어 하지 않는 일이라면 강력하게 금지할 필요도 없다. 그런 일은 저절로 배제되기 마련이다. '살인하지 말라'는 계율의 강조 자체가 우리는 먼 옛날부터 대대로 이어져 내려온 살인자들의 자손이며, 조상들이 피 속에 갖고 있던 살인에 대한 욕망을 오늘날의 우리 자신도 갖고 있으리라는 점을 확인해준다. 윤리적 노력의 효과와 중요성을 깎아내릴 필요는 없지만, 그것은 인류가 역사 과정 속에서 후천적으로 획득한 것이다.

특히 전쟁이 문제가 된다. 인류는 과학기술 발전을 통해 꾸준히 자연력을 지배해 왔으며, 이제는 별 어려움 없이 최후의 한 사람까지 서로 죽일 수 있을 정도의 무기를 개발했기 때문이다. 전쟁은 인류를 끊임없이 괴롭혀왔고, 현대사회에서도 거대한 재앙에 해당한다. 프로이트는 1933년에 아인슈타인과 전쟁 문제에 대한 견해를 담아서 편지를 교환했다. 이 내용이 《왜 전쟁인가?》에 담겼다. 프로이트에 의하면 전쟁 문제를 이해하기 위해 먼저 대부분의 사람이 가지고 있는 착각에서 벗어나야 한다.

> 오늘날 정의와 폭력은 정반대처럼 보인다. 그러나 정의가 폭력에서 생겨났다는 것은 쉽게 증명할 수 있다. … 인간 사이에 이해관계가 충돌할 때는 폭력으로 문제를 해결하는 것이 일반 원칙이다.

흔히 정의로운 사회를 만들면 전쟁 상태에서 벗어날 수 있다는 기대를 갖는다. 하지만 먼 옛날로 돌아가서 살펴보면, 정의는 폭력에서 생겨났음을 알 수 있다. 작은 군집을 이룬 초기 공동체에서 누가 물건을 소유하고 누구의 뜻에 따를 것인지를 결정해준 것은 강한 근육의 힘이었다. 그러다 곧 도구 사용이 근육의 힘을 보완하고 대신했다. 상대보다 성능이 좋은 무기를 가진 사람이 승자가 됐다. 야만적 폭력이나 지적 능력의 뒷받침을 받은 폭력이 지배하는 상태였다.

사회에 정의를 실현함으로써 전쟁을 없앨 수 있다는 믿음은 근거가 없다. 정의의 뿌리에 갈등과 전쟁의 근원인 폭력이 자리를 잡고 있기 때문이다. 문제는 폭력이 본능에 해당한다는 점이다. 폭력은 파괴 본능으로부터 나오기에 회피할 수 없다. 생명체는 외부 대상을 파괴함으로써 자기 생명을 보존한다. 그렇기 때문에 공격적 성향을 제거하려고 애써 봤자 소용이 없다. 전쟁 회피란 불가능한 계획이다. 우리가 할 수 있는 일이란 전쟁에의 호응이 파괴 본능의 결과이기에 "파괴 본능의 적수인 에로스로 하여금 저항하도록 하는 것" 정도다.

프로이트에 의하면 공격적 태도가 본능에 해당하고 파괴 본능에 의해 전쟁에 호응하는 이상 지배와 복종은 인간에게 불가피한 숙명이 된다. 현실에서 나타나는 억압과 재앙을 해결하기 위한 능동적 문제의식은 아니다. 사회의 다양한 위계질서가 만들어내는 지배와 복종 관계를 분석한 밀그램의 문제의식이 보다 전향적이다. 권위 구조가 문제라면 이를 보다 수평적인 관계와 운영원리로 개선함으로써 구체적인 해결 방안을 모색해야 한다.

한편 전쟁을 파괴 본능의 결과로 설명하는 프로이트의 입장에 대한 문화인류학자 마빈 해리스Marvin Harris의 반론에 주목할 필요가 있다. 그는《문화의 수수께끼》에서 다음과 같이 반박한다.

> 전쟁이 살해 본능 때문이라면, 전쟁 방지를 위해 할 수 있는 일은 그리 많지 않다. 반면 전쟁이 삶의 실제적 조건과 이해관계 때문에 일어난다면, 우리는 생존 조건과 이해관계를 변화시킴으로써 전쟁의 위협을 줄일 수 있을 것이다.

해리스에 의하면 전쟁의 원인을 본능에서 찾는 순간 인류가 도달할 곳은 오직 모두의 파멸뿐이다. 히로시마에 투하되었던 것보다 수백 배

위력을 지닌 핵무기가 전 세계에 배치되어 있는 현실에서 전쟁의 불가피성을 주장할 때 재앙은 필연이다. 전쟁은 본능이 아닌 조건의 문제다. 전쟁이란 특수한 기술조건, 지형학적 조건, 생태학적 조건 등에 적응하기 위한 전략의 한 부분이다. 조건의 문제로 이해하면 우리는 무력을 사용하는 전쟁이 인류 역사에 보편적인 것으로 항상 존재해왔던 이유를 이해하기 위하여 본능이 어떻다느니 전쟁의 동기에 괴팍스러운 어떤 것이 있다느니 하는 말을 할 필요가 없다. 그러면 인류는 전쟁을 통해 얻는 것보다 더 좋은 다른 수단을 찾아낼 수 있다는 희망을 가질 충분한 이유를 갖게 된다.

3장

다중인격을 어떻게 볼 것인가?

키르히너 〈밤거리 풍경〉, 스티븐슨 《지킬박사와 하이드》, 리타 카터 《다중인격의 심리학》

키르히너, 〈밤거리 풍경〉, 1927년

여러 개의 인격으로 살다

키르히너Kirchner의 〈밤거리 풍경〉은 현대인에게 익숙한 생활의 한 부분을 보여준다. 독일을 상징하는 베를린 거리 모습이다. 그는 북적북적한 번화가에 위치하고 있는 포츠다머 광장, 놀렌도르프 광장을 비롯해 도심 곳곳을 캔버스에 담았다. "현재와 미래를 잇는 다리 역할"을 자임하며 다리파 그룹을 결성한 키르히너는 급격한 산업화와 도시화, 전쟁의 소용돌이 속에서 파괴되는 인간의 실존적 현실을 암울하게 그려냈다.

〈밤거리 풍경〉은 상점이 즐비한 도심의 밤을 배경으로 한다. 짙은 어둠이 깔린 길거리에 자동차와 사람이 가득하다. 인도는 걷거나 대화를 나누는 사람으로 붐빈다. 해가 자취를 감춘 지 이미 오래지만 인공 불빛이 자연의 빛을 대신하며 도시의 밤은 새롭게 태어난다. 밤거리에서 사람은 빽빽하게 들어찬 상점이 토해내는 전등 불빛을 통해 실루엣으로 존재한다. 본래의 고유한 색을 상실하고 사방에서 달려드는 온갖 화려한 색으로 갈아입는다. 그림자도 자연히 자기 자리를 잡지 못하고 전등 방향에 따라 이리저리 춤을 추어야 한다. 화가는 밤이 찾아오면 변신하는 현대 도시인의 모습을 자연의 빛과는 거리가 먼 생경한 색을 통해 보여준다.

밤이 되면 이미지만 바뀌는 것이 아니다. 내면에서 다른 인격이 고개를 든다. 낮의 세계는 공식적인 인간관계가 지배한다. 각자 자신에게 기대하는 역할에 맞추어 살아간다. 비록 삐걱거리는 일이 종종 발생하지만 그럭저럭 큰 틀에서는 벗어나지 않으려 한다. 밤에는 공식적 관계에서 벗어나 타인의 시선과 거리를 둘 수 있는 공간이 생긴다. 그 틈새를 뚫고 낮에는 드러내지 못했던 또 다른 욕구가 기어 나와 다른 사람처럼 행동하는 때가 있다.

소설가들은 시간과 조건에 따라 낯선 인격이 나타나는 현상에 누구보다도 관심을 가져 왔다. 인간 내면에서 눈을 떼지 않는 섬세한 시선을 가졌기에 미묘한 변화를 감지했으리라. 한 사람 안에서 나타나는 서로 다른 인격을 가장 극단적으로 묘사한 소설로 스티븐슨Stevenson의 《지킬 박사와 하이드》를 꼽는 데 주저할 사람은 거의 없을 것이다.

지킬 박사는 의학박사, 민법박사, 법학박사, 왕립협회회원 등의 직함을 가진 저명인사다. 쉰 살의 건강하고 균형 잡힌 체형에 수염을 기르지 않은 얼굴에다, 포용력과 친절함을 풍기는 사람이다. 이에 비해 지킬의 변신 인격인 하이드는 창백하고 왜소하다. 사람을 불쾌하게 하는 웃음을 짓고 인간이라기보다는 야만인 같은 느낌을 준다. 온갖 난폭한 행위를 서슴지 않는다. 길을 묻는 노신사에게 갑자기 불같이 화를 내며 달려들어서는 지팡이로 때려 바닥에 쓰러뜨려 발로 마구 짓밟아 죽여 버리기도 한다.

하지만 정작 가장 중요한 내용, 즉 지킬의 고백이 담긴 뒷부분의 편지 내용을 기억하는 사람은 드물다. 추리소설을 연상시키는 앞부분 이야기가 긴박한 사건을 통해 흥미를 돋운다면, 편지 내용은 인격 분열상에 대한 진지한 고민을 담고 있다. 왜 자신이 약물을 개발해 하이드라는 전혀 새로운 인격을 만들어냈는지를 설명한다.

> 나의 가장 큰 단점은 쾌락을 탐하는 성향이었다. 쾌락은 많은 사람을 행복하게 하지만, 고고한 자긍심으로 대중 앞에서 철저하게 근엄한 모습을 보이고 싶다는 오만한 욕망을 가진 내게 쾌락은 양립하기 어려운 것이었다. 그래서 내 욕망을 감추었다.

하이드는 약물을 개발하기 전부터 이미 지킬의 내면에서 자라나고 있었다. 평판에 맞추어 살아가는 근엄하고 도덕적인 모습 이면에 남들에게 보여서는 안 되는 쾌락이 숨어 있다. 전자가 낮의 자신이라면 후자는 밤의 자신이었다. 이중적인 생활을 운명처럼 짊어지고 살았다. 뿌리 깊이 이중적이긴 하지만 위선적인 것은 아니었다. 두 가지 모두 그에게는 진실한 모습이었다.

환한 태양 아래 열심히 일하며 존경을 받는 자신 만큼이나 자제심을 버리고 부끄러운 일에 뛰어드는 밤의 자신 역시 진지한 욕구의 산물이었기 때문이다. 이중적으로 살아가는 삶에서 인간은 진정 하나가 아니라 둘이라는 진실을 깨닫는다. "인간은 결국 여러 개의 모순되면서도 각기 독립적인 인자들이 모인 집합체"에 불과함을 확인한다. 의식 속에는 서로 갈등하는 두 개의 본성이 있으며 어느 하나로만 전적으로 자신을 설명할 수 없다는 결론에 도달한다.

만약 각 본성을 별개의 개체에 담을 수 있다면, 참을 수 없는 것으로부터 자유로울 수 있지 않을까? 부조리한 존재는 고결한 쌍둥이의 열망과 자책에서 해방되어 그만의 길을 가고, 정의로운 존재는 흔들림 없이 확고하게 높은 곳을 향한 길을 가면 될 것이다.

한 개체 안에서 두 인격의 충돌은 고뇌를 낳는다. 한편으로 충동적 쾌락을 찾는 인격 때문에 도덕적 죄의식을 갖고, 다른 한편으로 명예와 평판에 매달린 인생에 숨 막혀 하며 살아야 한다. 지킬이 보기에 "극과 극인 쌍둥이가 계속 갈등하며 함께 지내야 한다는 것은 인류가 받은 저주"다. 하지만 아예 완전히 독립된 두 개체로 서로 다른 인격을 담으면 한 쪽의 선택 때문에 다른 쪽에서 불편하거나 괴로울 일이 없다는 결론이다. 서로에 대한 부담 없이 각각이 원하는 바를 마음껏 누리면 될 일이다.

이 둘을 분리할 실질적인 방법을 찾는다. 의학적 지식을 총동원해 새로운 약물을 개발하는 작업이다. 어느 날 드디어 개발에 성공한다. 약을 마셨을 때 나타난 개체는 마음속의 또 다른 인격이었던 충동적 쾌락의 특성을 그대로 갖는다. 육체는 더 젊어지고 관능적 이미지로 가득하다. 도덕적 책임감이 사라지고, 온갖 절제로부터 자유로워진다. 하이드가 이 세상에 모습을 드러낸 것이다.

결국 하이드는 갑자기 생겨난 괴물이 아니다. 우연한 기회에 먹게 된 이상한 물질 때문에 벌어진 사건도 아니다. 오랜 기간 내면에서 발생한 두 인격 사이의 갈등으로 인해 스스로 만들어낸 또 다른 자신이다. 특별한 성격을 가진 사람에게만 나타나는 예외적인 갈등도 아니다. 그래서 작가는 이러한 문제가 "사실 인간의 존재만큼이나 오래되고 진부한 것"이라고 한다. 그 유혹의 공격 앞에 굴복한 것은 다른 누구도 아닌 그저 평범한 사람이다.

프루스트도 《잃어버린 시간을 찾아서》를 통해 한 사람 안에 존재하는 매우 상반된 인격 특징을 곳곳에서 보여준다. 화자는 우연한 기회에 뱅퇴유라는 이름을 가진, 평소에 온순한 성격의 한 소녀의 극단적인 양면성을 엿보게 된다.

그녀가 친구인 다른 소녀와 나누는 동성애 장면을 몰래 본다. 강렬한 육체적 쾌락에 떨다가 친구는 얼마 전에 죽은 뱅퇴유의 아버지 사진에 침을 뱉고 싶다고 속삭인다. "어머, 네가 설마 그런 짓을."이라고 했지만, 정작 오로지 딸만을 위해 살아 온 아버지 사진에 친구가 침을 뱉는 행위를 보면서 더욱 강한 쾌감을 느낀다. 프루스트는 이 충격적인 장면을 본 후 사디즘에 대한 어떤 관념을 가지게 된다.

> 뱅퇴유 양 같은 사디스트들은 아주 감상적이고 천성적으로 고결하다. 관능적 쾌락 탐닉도 잠시나마 소심하고 다정한 영혼에서 탈출했다는 환상에 빠지려고, 악인 껍질을 쓰고 공범자와 함께 쾌락의 비인간적 세계로 들어가려고 한 것이다. – 〈스완네 집 쪽으로〉

그녀가 일상에서 겉으로 드러내는 삶의 태도는 완벽할 정도로 고결했다. 그녀의 행위는 분명 모독 행위를 통한 광적인 쾌락의 실현이다.

하지만 사디즘에서 모독 행위가 쾌락으로 느껴지기 위해서는 상대에 대한 애정이 전제되어야 한다. 미덕이나 고인에 대한 기억, 자식으로서 부모에 대한 사랑을 찬미하지 않는 이상 모독하는 데서 오는 불경한 기쁨도 느끼지 못하는 법이다. 그래서 프루스트는 "우리 삶에서 멜로드라마의 미학에 근거를 제공하는 것은 사디즘밖에 없다."라고 한다. 현상적으로는 격한 증오처럼 보이지만 그 이면에 깔린 애정을 주요 기법으로 사용하는 멜로드라마의 근저에 사디즘 발상이 스며들어 있다는 것이다.

사디즘에서의 악덕은 악덕 자체가 아니다. 쾌락에 몰두할 때마다 평소에는 고결한 영혼에서 찾아볼 수 없던 사악한 상념이 동반된다. 악덕은 평소에 지켜야 하는 수많은 의무적인 예의범절의 다른 모습이다. 충동 덩어리인 하이드가 도덕적인 지킬의 다른 모습이었듯이 말이다. 사디즘을 매개로 현상적으로 상반되어 보이는 두 인격이 공존하는 상황을 발견한다. 그는 도스토예프스키에게서도 같은 경향을 본다.

> 도스토예프스키의 경우는 매우 깊은 우물, 인간 영혼의 외딴 지점에 파진 우물이 여러 개 있지. 참으로 위대한 작가야. … 그에게는 애정과 제 정신을 잃은 증오, 선량과 배신, 겁과 방약무인, 이런 게 한 성격의 양면에 지나지 않는 것 같아. – 〈갇힌 여인〉

프루스트는 자신이 사랑했던 여인들, 특히 알베르틴을 통해 도스토예프스키 이해에 도달한다. 그녀는 마치 다양하게 빛나는 영사기 조명에 따라 색깔이나 모양, 성격이 무수히 바뀌는 어느 발레리나의 출현처럼 완전히 다르게 보인다. 질투하는 사람, 무관심한 사람, 관능적인 사람, 우울한 사람, 분노하는 사람으로서의 모습이 공존한다. 마치 연이어 나타나면서도 한 번도 같았던 적이 없는 바다와 같다. 또한 그녀와 사랑 속에서 시간과 공간을 공유했던 자신의 내면에서도 동일한 경향을 본다. "나는 알베르틴을 생각했던 각각의 내 자아에 다른 이름을 붙여야 했다."(〈꽃핀 소녀들의 그늘에서〉) 특히 자기 내면 안에서도 매우 상반되어 보이는 경향이 일상적으로 뚜렷하게 그 모습을 드러낸 경험으로부터 도스토예프스키의 특징에 공감한다.

단일한 인격이라는 신화

알브레히트 뒤러Albrecht Dürer의 자화상은 프루스트나 스티븐슨이 보여준 문제의식과 전혀 다른 인상을 준다. 두 자화상은 7년이라는 격차를 두고 있음에도 불구하고 나이만 조금 더 들고 옷차림만 달라졌을 뿐, 마치 같은 순간의 동일한 감정과 정신을 보여주는 느낌이다. 경건한 마음과 곧은 의지, 합리적 사고방식, 농담을 허용하지 않을 진지함, 작가로서의 고집스러운 인상이 판에 박은 듯하다. 심지어 뒤러의 처음 자화상이라 할 수 있는, 1484년에 13세 소년의 모습을 그린 자화상에서도 동일한 분위기다. 여러 개의 인격은커녕 감정이나 성격조차 별 변화 없이 안정된 상태를 줄곧 유지하는 사람처럼 보인다.

〈엉겅퀴를 든 자화상〉은 도제 수련을 마치고 화가로서 더 넓은 시야

뒤러, 〈엉겅퀴를 든 자화상〉, 1493년

뒤러, 〈모피코트를 입은 자화상〉, 1500년

를 얻기 위해 떠난 여행 중의 그림이다. 술이 달린 모자에 주름 잡힌 상의를 입고 막 청년기에 들어선 모습이다. 약혼녀에게 선물하기 위해 그린 것으로 추측되는데, 손에 들고 있는 엉겅퀴는 정절을 의미한다. 한결같은 사람이라는 점을 보여주려는 의도가 묻어난다. 〈모피코트를 입은 자화상〉은 화가로서의 이름을 얻고 자신감과 자부심이 가득한 표정이다. 마치 성화에서 볼 수 있는 그리스도처럼 신성한 분위기를 자아낸다. 옆에는 라틴어로 "나 뒤러는 28세의 나이에 지워지지 않는 물감으로 내 모습을 그렸다."라고 씌어있다. 변함없이 스스로의 정신을 유지하고 화가로서 자신에 대한 높은 평판을 놓치지 않겠다는 듯하다.

뒤러는 실제 삶에서, 적어도 외적으로 드러난 바에 의하면 늘 진지하고 확신에 찬 모습을 견지했다. 충동에 휩싸이지 않는 이성적 · 합리적인 정신을 중시했으며 스스로의 작업을 통해 구현했다. 화가란 교양 있는 신사이자 학자여야 한다고 강조했다. 다수의 이론서를 집필했는데 여기에는 미술뿐만 아니라 고도의 지식이 필요로 되는 기하학 연구도 포함된다. 나아가 기하학 원리를 건축, 공학, 인쇄 및 서체에 적용하고자 했다. 진지한 학구열과 통찰력에 근면한 태도까지 결합되면서 일관된 삶의 태도를 지녔다.

어찌 보면 단일한 인격이라는 신화를 주장하는 관점에서 보면 가장 훌륭한 모범을 보이는 인물이 바로 뒤러다. 전통적으로 서양 사상에서는 정상적인 인간의 인격은 단일하다고 믿어왔다. 만약 한 사람 내에 서로 다른 인격이 있다면 비정상적인, 치유나 격리가 필요한 경우라고 생각했다. 우리의 상식에도 깊이 뿌리내리고 있는 생각이기도 하다. 흔히 지인의 어떤 행동이나 말에 대해 "그래야 너 답지!"라거나 "그가 할 법한 말이네."라는 표현을 사용한다. 특정한 사람의 정체성을 고정된 시각으로 바라본다.

특히 전통사회에서는 자연스럽게 단일하고 고정적인 인격이 형성되었다고 주장한다. 반 퍼슨Van Peursen은 《몸 · 영혼 · 정신》에서 전통사회 인격의 특징을 다음과 같이 설명한다.

> 원시사회 인간은 홀로 있는 것만으로는 '완성된 존재'가 아니었다. 살고 있는 사회 구조 안에서 비로소 자기 자신이 된다. … 이 관계가 없이, 곧 개인으로서는 아무 것도 아니다. 그의 행동거지는 사회적 · 신화적 공간 안에서 결정된다.

전통사회에서 정체성은 고정성과 안정성을 지닌다. 종교적인 요소나 사회의 도덕률이 개인을 강하게 규정한다. 개인의 사고방식이나 행동이 미리 규정된 사회적 역할 속에서 한정된다. 전통사회는 대부분 신분사회였으니 말이다. 주어진 신분에서 벗어난 정체성을 갖고 삶을 사는 것은 거의 불가능하다. 서구사회의 경우 신분제와 기독교 문화의 강제가 강력해서 만약 여기에서 벗어나려고 할 경우 위험에 처했다. 그러니 개인이 자신의 정체성을 선택하거나 수정하는 것은 거의 불가능에 가까웠다는 내용이다.

데카르트Descartes는 《방법서설》에서 인간 정신의 실체성과 자유의지에 근거하여 보다 분명하고 확고한 정신적 정체성을 주장한다.

> 나는 내가 하나의 실체요, 그 본질은 오직 생각하는 것이요, 존재하기 위해 어떠한 장소나 물질적인 것에도 의존하지 않음을 알았다. 따라서 이 '나', 즉 나를 나 되게 하는 정신은 신체와 전혀 다르고 … 어디까지나 온전히 스스로를 보존한다.

정신은 막연하고 추상적인 그 무엇이 아니다. 정신은 신체와는 다른 독립적 실체다. 인간의 생존과 감각은 물체로서의 신체를 전제로 한다. 하지만 정신은 신체에 의해 작동하지 않는다. 정신을 통해 다른 것의 진리성을 의심하고 있다는 사실 자체에서 나의 존재가 아주 명백하고 확실하게 귀결된다. 인간에게 가장 중요한 요소는 정신, 즉 이성일 따름이다. 또한 확실성을 지닌 정신으로부터 본질이 규명될 수 있다면,

인간은 자기 활동의 자유 원인이 될 수 있고, 의도하거나 의도하지 않거나 하는 절대적 능력도 가질 수 있는 존재, 즉 자유의지를 지닌 존재일 수 있다. 그 결과 정신과 자유의지를 근거로 삼아 확실하고 안정적인 정체성을 정하고 유지하게 된다.

산업화와 도시화로 인해 복잡해진 현대사회에 접어들어 확고하고 안정된 정체성은 의심을 받기 시작한다. 사회 각 방면으로 분업화가 확대되면서 개인에게 서로 다른 각 단위에서 여러 역할이 요구된다. 또한 급격한 변화 속에서 과거에는 미처 접해보지 못한 새로운 사회적 상황을 맞이한다. 이에 따라 정체성도 혼란스러움에 처하고 불안하게 변동하거나 여러 인격이 혼재되는 현상이 확대된다.

하지만 현대사회를 대표하는 지식인 중의 한 사람인 기든스Giddens는 안정된 자아를 유지하기 힘든 조건들 속에서도 자아의 통합을 강조한다. 그는《현대성과 자아정체성》에서 다음과 같이 주장한다.

> 자아정체성은 개인이 소유하는 어떤 독특한 특성이 아니며 특성들의 집합도 아니다. 전기의 견지에서 성찰적으로 이해되는 자아다. 여전히 시간과 공간을 가로지르는 연속성을 전제한다. 그러나 자아정체성은 행위자에 의해 성찰적으로 해석되는 연속성이다.

기든스는 현대사회에서 자아정체성 개념 자체에 대한 재검토가 필요하다고 한다. 기존 사회로부터 일방적으로 주어지거나 개인의 특정한 성격에 의해 만들어진 특성이 아니다. 왜냐하면 세계화가 진전되면서 지역적인 것과 지구적인 것이 뒤섞이는 현상이 벌어지기 때문이다. 자신의 의도와는 무관하게 개인적 삶의 내밀한 측면의 변화가 아주 넓은 범위의 사회적 요소와 직접 연결된다. 자아와 사회가 지구적 환경 속에서 상호 관련되는 현상이 발생한다.

근대사회에서는 개인이 지역사회나 국가 안에서 영향을 주고받으며 정체성에 대한 선택과 판단을 하면 됐다. 그러나 이제는 단위 국가와는 비교도 할 수 없을 정도로 확장된 세계화 조건 속에서 지구적 요소가 개인의 내밀한 측면에 이르기까지 광범위하게 영향을 미친다. 경제뿐만 아니라 정치 · 문화 · 예술 등은 물론 개인의 의식에 이르기까지 영향을 준다. 개인의 정체성도 한층 더 복잡해졌다.

그렇더라도 기든스는 정체성을 상황에 휘둘리게 해서는 안 된다는 문제의식을 드러낸다. 정체성이 시간과 공간을 가로지르는 연속성을 갖지 못할 때 불안하게 부유하는 존재가 되기 때문이다. 현대사회는 온갖 우연적 요소에 직면하고 있기 때문에 끊임없이 상황에 대한 판단에 기초하여 정체성을 확립해야 한다. 성찰을 통해 자칫 분열되기 쉬운 자아를 통합하려는 노력이 필요하다.

분열된 자아로 사는 인간

근대 사실주의 회화의 거장인 귀스타브 쿠르베Gustave Courbet의 〈자화상〉은 뒤러의 자화상과 아주 다른 느낌을 준다. 뒤러의 자화상은 안정

쿠르베, 〈자화상〉, 1843년

적 · 고정적인 표정과 자세다. 마치 정지한 듯한 모습이다. 하지만 쿠르베의 자화상은 순간적 동작을 스냅사진처럼 잡아낸다. 이 자세와 표정을 그대로 유지하도록 기대하기는 어렵다. 뒤러의 자화상이 오랜 지속성을 갖는 이성적 태도를 보여준다면, 쿠르베의 자화상은 지극히 격정적이고 출렁이는 감정이 그대로 묻어난다.

쿠르베의 꽤 많은 자화상 가운데 표정이나 자세가 겹치는 경우는 찾아보기 어렵다. 비슷한 시기에 그려졌음에도 〈검은 개를 데리고 있는 자화상〉은 혼화하고 평안한 미소로 아래쪽을 내려다보고 〈파이프를 물고 있는 자화상〉은 권태로운 분위기를 풍긴다. 다른 자화상들에도 저마다의 독특한 감정을 담는다. 그러한 의미에서 뒤러의 자화상이 안정된 자아를 상징한다면, 쿠르베의 자화상은 상대적으로 한곳에 머물지 못하는 자아 양상을 보여준다고 해도 무리한 비교는 아닐 것이다.

리타 카터Rita Carter는 《다중인격의 심리학》에서 여러 개의 인격을 인간의 불가피한 속성으로 제시한다. 전통사회에서 단일한 자아를 지녔다가 현대사회에 와서 다중인격을 가지게 된 것도 아니다. 정도의 차이가 있지만 단일한 인격은 신화에 불과하다.

> 주변을 돌아보면 자아의 복수성을 지지하는 증거가 예나 지금이나 지천에 널렸음을 깨달을 수 있다. … 우리가 어떤 연기를 할 때나, 어떤 특별한 역할을 맡을 때, 어떤 기대에 부응하고자 자기를 바꾸려 할 때도 마찬가지다.

흔히 인생은 극본이 없는 연극과 같다고도 한다. 셰익스피어에 따르면 "이 세상은 무대이며 모든 남자와 여자는 배우들이다. … 사람은 한평생 동안 여러 가지 역을 담당한다." 인간은 삶의 과정에서 자신의 역할을 연기하며 살아간다. 개인적인 것은 물론이고 사회적으로도 일정하게 한정된 영역에서 제한된 역할을 수행한다. 생각이나 감정을 그대로 다 드러내고 살아가기란 어려운 노릇이다. 그만큼 개인에게 허용된 선택의 폭이 넓지 않다.

자연적인 성장, 삶의 조건 변화에 적응하면서 불가피하게 여러 개의 역할을 바꾸고 어느 단계에서는 동시에 수행하며 살아가야 한다. 심한 경우에는 다중인격장애나 해리성정체장애라는 용어로 널리 알려진 병적 증상으로 나타난다. 여러 인격이 항상 동일한 비중으로 나타나는 것은 아니다. 상황과 조건에 따라, 개인의 성장과정에 따라 다른 양상으로 결합된다.

> 주 인격은 사고 · 욕구 · 의도 · 감정 · 야심 · 신념 등을 완전하게 갖춘 인격이다. 보조 인격은 그보다 덜 복잡한 인격으로서 특별한 상황에서만 나온다. 미시 인격의 인격이 구성 요소로서, 하나하나의 반응 · 사고 · 개념 · 습관을 가리킨다.

문제는 주 인격이 그리 안정적이지 않다는 점이다. 또한 주 인격이 두 개인 경우도 적지 않다. 그나마 두 개의 인격 사이에서 균형을 잡고 한 의식 상태에서 다른 의식 상태로 순차적으로 슬쩍 미끄러져 들어가면 큰 문제는 없다. 하지만 하나 이상의 인격을 동시에 인지하는 상태를 경험하는 경우가 적지 않다.

이처럼 여러 인격 사이에서 전전긍긍하는 상태는 대개 부정적으로 생각하기 쉬운데, 불확실함에서 오는 불편함, 그리고 내적 갈등을 유발하기 때문이다. 그래서 하나의 주 인격을 중심으로 하고 나머지 보조 인격은 억누르려 한다. 하지만 보조 인격은 의식에 의해 쉽게 진압되지 않는다. 게다가 보조 인격도 항상 하나에 머물지 않으며, 여러 보조 인격이 서로 경쟁하는 경우도 무시할 수 없다. 이 경우 보조 인격의 진압은 더욱 억누를 수 없는 상태가 된다.

미시 인격까지 이러한 영향이 미치게 되면 상황은 더욱 복잡해진다. 미시 인격이 하나하나의 반응 · 사고 · 개념 · 습관이기 때문에 그리 비중이 크지 않다고 치부할 수는 없다. 실제 생활에서는 미시 인격을 구성하는, 몸짓이나 말투에서 드러나는 버릇, 혹은 사람의 평소 행동에 어울리지 않아 더욱 도드라져 보이는 반복적인 강렬한 생각 · 감정 · 욕구 등이 한 사람을 이해하고 평가하는 데 매우 중요하게 작용할 수 있기 때문이다.

한 사람이 성장하는 과정 전체를 볼 때 여러 개의 인격을 가질 수밖에 없는 상황이 있다. 무엇보다도 아이가 제일 먼저 맞닥뜨리는 가정과 일정한 기간 후에 접하는 사회에서 요구하는 바가 일치하지 않기 때문이다.

> 부모로부터 얻은 미시 인격은 학습된 반응 레퍼토리에 필연적으로 숨어든다. 하지만 자라면서 새로운 존재 방식을 찾아 나서고, 부모의 모방을 적극적으로 거부한다. 그러나 부모로부터 흡수한 작은 자아 조각들을 거부해도, 다 없어지지는 않는다.

아기는 인격을 가지고 태어나지는 않는다. 유전적 요인이 성격에 미치는 영향을 전적으로 부정하기는 어렵다 할지라도 일부에 불과하고, 그나마 성장과정에서 변형 과정을 겪는다. 당연히 아기에게 인격 형성에 영향력을 발휘하는 일차적인 모범은 가까운 사람일 수밖에 없다. 아기가 태어나서 제일 먼저 하는 학습은 모방이다. 아기는 타고난 흉내쟁이다. 모방을 통해 바로 흡수된 반응 · 사고 · 개념 · 습관 등이 미시 인격을 형성한다. 처음에는 일회적이거나 단절적으로 이루어지던 모방이 일정한 정도로 마음과 행위에서 안정되면서 점차 그 나이의 보조 인격, 주 인격을 만들어나간다.

자발적인 모방만이 아니라 명시적이든 암묵적이든 강제도 결합된다. 직접적인 강제도 있지만 훨씬 더 교묘하고 지속적인 방식의 강제가 아이에게 효과적으로 사용된다. 질 들뢰즈Gilles Deleuze는 특히 언어 작용을 통한 부모의 강제에 주목한다.

> 기표에 대해 오직 한 가지만 말할 수 있다. 즉 기표는 잉여성이고, 잉여적인 것이다. 여기에서 기표의 믿기 힘든 전제주의와 성공이 생겨난다. -《천 개의 고원》

기표는 청각적인 형태로 나타나는 단어의 소리를 의미한다. 기의는 용어에 의해 전달되는 의미다. 기호형태와 기호내용의 관계에서는 기표를 통해 기의가 강제된다. 들뢰즈는 이를 전제주의에 비유한다. 기표의 전제적 지배는 어린 시절부터 시작된다. 언어활동의 기초 단계에서부터 '됐어?' '예' '계속 해' 등 매우 짧은 문구로 이루어진 명령어를 통해 길들여진다. 남성-여성, 단수-복수 등 문법의 이원론적 기초가 머리에 각인되고 그 틀 안에서 사고하도록 강제된다. 정보는 소통과 믿음이 아니라 복종을 위해 사용되고 체화된다.

하지만 10대 초반을 지나면서 이른바 사춘기가 찾아온다. 야스퍼스는 사춘기를 맞이하며 인격이 변화하는 느낌을 다음과 같이 설명한다.

> 전혀 이해되지 않는 막막함 속에서 다양한 자극과 새로운 종류의 체험이 떠오르는 이 시기에 고통스럽게, 또는 환호하는 것으로, 마비시키는 것으로, 또는 고무적으로 다른 사람과 새로운 사람이 되려는 어떤 강력한 의식을 체험하게 된다. -《정신병리학 총론》

이 시기에 아이는 스스로를 부모와 다르다고 느낀다. 단순히 부모만이 아니라 기성세대 전체에 대한 반감이 급격하게 자라난다. 인격의식이 불확실하고 흔들린다는 느낌을 갖는다. 두 가지 측면에서 부모 영향으로 형성된 아동기의 인격이 흔들린다. 먼저 부모와는 다른 특성을 가진 다양한 사람과의 접촉면이 늘어나면서 기존의 반응 · 사고 · 개념 · 습관의 변형이 찾아온다. 또한 제도교육을 통해 흡수된 사회적 가치가 상대적으로 가족이기주의 경향이 강한 개별 가정의 가치와 충돌한다. 다음으로 사춘기의 반항적 경향도 한 몫을 한다. 단순히 바뀐 환경이 주는 인격 변동을 수동적으로 받아들이기만 하는 것이 아니라 사춘기 성향을 반영하면서 부모의 모방을 적극적으로 거부한다.

문제는 자연스럽게 하나의 인격에서 다른 인격으로의 이동이 이루어지지 않는다는 점이다. 물론 생의 첫 몇 년 동안 습득한 마음의 습관은 지하로 숨어들곤 한다. 그래서 어떤 것들은 평생 휴면 상태로 있게 된다. 하지만 어떤 방식이로든, 어느 정도로든 태어나서 아동기까지 흡수된 인격 형성 요인은 다 사라지는 것이 아니다. 의식의 수면 바로 아래서 끊임없이 부글거린다. 평생 간직할 보조 인격의 기틀이 되고, 후에 주 인격으로 발달할 인격의 핵이 되기도 한다. 상이한 요인이 주 인격과 보조 인격, 미시 인격에 섞이면서 두 개 이상의 인격이 자기 안에 공존할 근거가 마련된다.

학교생활을 끝내고 사회로 나가면서 인격 형성은 다시 새로운 상황을 맞이함으로써 사회가 개인에게 부과하는 일반적인 기대와 만난다. 가부장제 사회가 남성과 여성에게 서로 다르게 부여하는 가치나 습관이 폭넓게 적용된다. 가정이나 학교와 전혀 다른 특성을 지닌 직장 생활은 다시 한 번 단절이나 변형을 요구한다. 남자라면 폐쇄적 생활 조건에서 국가주의와 권위주의가 그 어느 곳보다도 집중적으로 강제되는 군대의 영향에서 자유로울 수 없다.

태어나서 서른 살 즈음에 이를 때까지 몇 차례의 계기를 거치는 동안 여러 겹으로 중첩된 조건에서 두 개 이상의 인격을 갖지 않는다면 오히려 이상한 일이다. 리타 카터는 둘 이상의 인격이 마음 사이에서 전전긍긍하는 상태를 부정적으로 생각할 필요가 없다고 한다. 주 인격에 의한 보조 인격의 억압은 오히려 내적 갈등을 증폭시키고 자신의 변화 가능성을 스스로 제한한다. 우리에게 여러 마음이 존재하는 것 자체를 문제로 볼 필요가 없다. 오히려 다중성을 제대로 인식하고 유리하게 활동하는 법을 배워야 한다.

다중인격을 권하는 현대사회

조지 벨로우즈George Bellows의 〈뉴욕〉은 대도시에서 살아가는 현대인의 삶을 보여준다. 100여 년 전의 뉴욕만이 아니라 현재 산업화된 국가의 대도시라면 어디에서나 흔히 볼 수 있는 혼잡스러운 광경이다. 뒤편으로 끝을 모를 정도로 빽빽하게 늘어선 고층건물이 숲을 이룬다. 괴물처럼 서 있는 건물 아래로 자동차와 마차, 인간이 뒤섞여 어떤 일이 벌어지고 있는지를 분간하기 어려울 정도다. 출퇴근 시간인지 도로를 가득 메운 사람들이 분주해 보인다. 개인의 특성은 사라지고 대도시에서 살아가는 도시인의 군상만이 거칠게 묘사되어 있다.

현대사회는 대폭 확장된 도시의 규모만큼이나 사회적 관계도 복잡해졌다. 다양한 영역에서 수많은 관계를 매일 마주치며 살아간다. 더군다나 자율적 의지와는 상관없이 관리자의 요구, 심지어 기계의 타율적 작용에 몸을 맡겨야 하는 현실이다. 고도로 기계화 · 자동화된 자본주의 사회의 생산기능과 조절기능 아래서 기계의 명령에 따라야 한다. 그러므로 어떤 자아도 독립적인 섬으로 존재할 수 없다. 관계의 그물망 안에서만, 관계의 규칙과 사회적 조절 기능 안에서만 자신을 확인한다.

복잡해진 관계의 그물망 안에서 현대인은 동시에 여러 역할을 담당해야만 한다. 혈족이나 지역집단에 한정되지 않는 다양한 관계의 망 속에서 살아가야 하는 처지이다. 어디 그 뿐인가? 복잡한 관계의 망 속에서 다양하고 중첩된 역할을 해야만 한다. 직장에서는 위로 상사가 있고 옆으로는 동료가 있고 밑으로는 부하 직원이 있다. 혹은 생산자로서의

벨로우즈, 〈뉴욕〉, 1911년

정체성과 소비자로서의 정체성이 충돌하기도 한다.

그나마 기존 제조업 중심의 산업 단계에서는 한정된 작업 라인에서 정년퇴직에 이르기까지 거의 대부분의 기간을 상대적으로 고정된 관계에서 동일한 작업을 반복해야 하는 경우가 많았다. 하지만 이미 20세기 후반부터 전혀 다른 조건이 만들어졌다. 직장의 불안정성이 높아지면서 직장은 물론이고 직종조차 여러 차례 바꿔야 하는 경우가 많다. 또한 서비스 산업의 특징상 다양한 고객의 필요에 맞춰 감정노동을 해야 한다. 더군다나 다문화적 성격이 강화되면서 다양한 가치가 혼재되는 방식으로 나타난다.

최근에는 정보화라는 조건에서 오프라인과 온라인을 넘나들면서 정체성의 줄타기를 해야 하는 처지다. 제러미 리프킨Jeremy Rifkin은 《소유의 종말》에서 정보화 사회를 살아가는 현대인이 맞닥뜨린, 전혀 새로운 인격 형성의 조건을 다룬다.

> 접속의 시대는 새로운 유형의 인간을 몰고 온다. … 그들은 문화경제를 구성하는 수많은 시뮬레이션 세계에 척척 적응한다. 그들에게 익숙한 세계는 이념적 세계가 아니라 연극적 세계다.

정보화 사회에서 성장한 세대는 전자 상거래와 사이버스페이스 세계에서 이루어지는 활동에 아무런 거부감이 없다. 가상공간의 관계에 적극적이고 그 안에서 자신을 실현하려는 경향이 강하다. 특히 인터넷 매체의 특성상 이념적 세계에서 스스로를 분리한다. TV나 신문을 비롯한 기존의 전통적 매체는 비교적 안정된 서사적 구조와 특정한 사회적 가치관을 전제로 하기에 이념적 세계에 해당한다. 하지만 가상공간은 일정한 줄거리를 갖는 글이나 말이 아니라 단편적 이미지를 중심으로 한다.

또한 익명성이라는 공간의 특징을 반영하며 있는 그대로가 아니라 연출된 자신을 표현한다. 연극적 세계, 그것도 지극히 짧은 단막극이 수시로 교차되는 연극적 세계다. 이러한 특징을 반영하면서, 인쇄기가 지난 수백 년 동안 인간의 의식을 바꾸어놓았던 것처럼 컴퓨터 역시 의식에 커다란 영향을 미친다. 컴퓨터 화면 앞에서 자라면서 많은 시간을 채팅과 전자오락에 쏟아 붓는 정보화 세대는 보다 강하게 다중 인격 경향을 흡수한다.

> 심리학에서 말하는 '다중 인격자'에 가까워지고 있다. 그들의 의식은, 특정한 시간에 자신이 몸담았던 가상 세계나 네트워크와 어울리기 위해 이용했던 짧은 토막의 파편들로 이루어져 있다.

인터넷의 특징상 상이한 성격을 갖는 다양한 공간을 넘나들게 된다. 시간과 공간의 구분이 무의미해진 조건에서 거의 동시적으로 서로 다른 대응을 요구받는다. 익명성을 보장하기에 상이한 공간에서 동시에 서로 다른 인격을 수월하게 내보일 수 있다. 산업사회에서 상당한 제한이 따랐던, 자신의 보조 인격을 세상에 내보내는 일이 지극히 수월해진 나머지 아바타를 통해 여러 개의 가상 인격까지 보유할 수 있게 되었다. 심지어 사이버 세계가 점점 현실에 가까워지고 복잡해지면서 가상 인격과 현실 인격 사이의 경계도 갈수록 희미해진다.

현대사회는 우리로 하여금 다중인격을 받아들이도록 강하게 압박한다. 당연히 다중 인격화 경향의 확대를 비판적으로 보는 시각도 자주 접할 수 있다. 주위 세계에 적응하고 주변 사람을 이해하려면 일관된 참조의 틀로서 안정된 인격이 필요한데, 다중 인격이 이를 결정적으로 방해한다는 비판이다.

하지만 다중 인격을 옹호하는 해석도 만만치 않다. 정보화 사회에서 사람들이 실제로 접하는 현실 세계는 빠르게 움직이고 정신없이 바뀐

다. 예를 들어 스마트폰이 이 세상에 나온 것은 아주 최근의 일이다. 하지만 그 짧은 기간에 세상을 온통 바꿔놓았다 해도 과언이 아니다. 대도시의 현대인에게는 신체의 일부처럼 되었고, 세상과 만나는 가장 중요한 통로 역할을 한다. 기존의 직접 접촉에 근거한 인간관계를 급속하게 접속 중심의 관계로 재편하는 중이다. 사회적 소통 방식과 개인의 가치 실현 방식에도 상당한 변화를 초래한다. 일 년이 멀다 하고 급격하게 변화하는 현실을 제대로 수용하려면 의식도 협소한 굴레에서 벗어나 좀 더 유연하고 심지어는 찰나적으로 변할 필요가 있다고 주장한다.

분명한 것은 우리의 의도나 의지와는 무관하게 현실은 이미 다중 인격 경향의 확대 방향으로 가고 있다는 점이다. 전통적 인간상을 회복하자는 권고나 윤리적 차원의 교육을 통해 안정된 인격 방향으로 물꼬를 되돌릴 가능성이 그리 커 보이지도 않는다. 하나의 고정된 주 인격만으로 살아가는 인간의 모습이 오히려 낯설 뿐만 아니라 그 상태로는 사회적인 역할을 제대로 수행하기도 어려운 실정이다. 적어도 단일하고 고정된 인격이라는 구태의연한 신화에서 벗어날 필요는 있다. 여러 인격이 더 현실적이고 나아가서는 실질적이기도 한 현실적 상황을 냉정하게 직시하고 인정한 위에서 모색이 이루어져야 하지 않을까?

참고문헌

게일 살츠, 박정숙 옮김, 《비밀스런 삶의 해부》, 에코리브르, 2008.

그레고리 하틀리 · 마리안 카린치, 김상태 옮김, 《거짓말의 비밀》, 북노마드, 2011.

김태형, 《싸우는 심리학》, 서해문집, 2014.

니콜라이 고골, 조주관 옮김, 《뻬쩨르부르그 이야기》, 민음사, 2002.

대니얼 네틀, 김상우 옮김, 《성격의 탄생》, 와이즈북, 2009.

로랑 베그, 이세진 옮김, 《도덕적 인간은 왜 나쁜 사회를 만드는가》, 부키, 2013.

로버트 루이스 스티븐슨, 박찬원 옮김, 《지킬 박사와 하이드》, 펭귄클래식코리아, 2008.

루쉰, 이민수 옮김, 《아Q정전》, 혜원출판사, 1994.

르네 데카르트, 소두영 옮김, 《방법서설 · 성찰 · 철학의 원리 · 정념론》, 동서문화사, 2009.

리처드 도킨스, 홍영남 옮김, 《이기적 유전자》, 을유문화사, 2002.

리타 카터, 김명남 옮김, 《다중인격의 심리학》, 교양인, 2008.

마빈 해리스, 박종렬 옮김, 《문화의 수수께끼》, 한길사, 1998.

마르셀 프루스트, 김희영 옮김, 《잃어버린 시간을 찾아서》 1~4권, 민음사, 2013.

마르셀 프루스트, 김창석 옮김, 《잃어버린 시간을 찾아서》 5~11권, 국일미디어, 2000.

몰리에르, 김익진 옮김, 《몰리에르 3부작》, 아카넷, 2014.

미셸 드 몽테뉴, 손우성 옮김, 《수상록》, 동서문화사, 2007.

반 퍼슨, 손봉호 · 강연한 옮김, 《몸 · 영혼 · 정신》, 서광사, 1985년.

샤를 보들레르, 박철화 옮김, 《악의 꽃 · 파리의 우울》, 동서문화사, 2013.

쇠렌 키에르케고르, 강성위 옮김, 《불안의 개념》, 동서문화사, 2010.

스탠리 밀그램, 정태연 옮김, 《권위에 대한 복종》, 에코리브르, 2009.

스튜어트 서덜랜드, 이세진 옮김, 《비합리성의 심리학》, 교양인, 2012.
스티븐 핑커, 김한영 옮김, 《마음은 어떻게 작동하는가》, 동녘사이언스, 2007.
시몬 드 보부아르, 조홍식 옮김, 《제2의 성》, 을유문화사, 2004.
아리스토텔레스, 최명관 옮김, 《니코마코스 윤리학》, 을유문화사, 1994.
아쿠타가와 류노스케, 진웅기 옮김, 《나생문 · 덤불 속 외》, 범우사, 2001.
앙드레 콩트-스퐁빌, 조한경 옮김, 《미덕에 관한 철학적 에세이》, 까치, 1997.
알랭 드 보통, 정영목 옮김, 《불안》, 은행나무, 2011.
알렉산드라 카플란, 김태련 외 옮김, 《성의 심리학》, 이화여자대학교출판부, 1994.
알베르 카뮈, 이정림 옮김, 《시지프의 신화》, 범우사, 1999.
알프레드 아들러, 정명진 옮김, 《삶의 과학》, 부글북스, 2014.
________, 김문성 옮김, 《심리학이란 무엇인가》, 스타북스, 2011.
앙리 베르그송, 이희영 옮김, 《도덕과 종교의 두 원천》, 동서문화사, 2008.
앤서니 기든스, 권기돈 옮김, 《현대성과 자아정체성》, 새물결, 2001.
어빙 고프먼, 진수미 옮김, 《상호작용 의례》, 아카넷, 2013.
에리히 프롬, 원창화 옮김, 《자유로부터의 도피》, 홍신문화사, 2012.
________, 오태환 옮김, 《프로이트 심리학 비판》, 선영사, 2010.
에릭슨, 이부영 · 조대경 옮김, 《아이덴티티》, 삼성출판사, 1997.
웨인 다이어, 오현정 옮김, 《행복한 이기주의자》, 21세기북스, 2013.
윌리엄 셰익스피어, 최종철 옮김, 《햄릿》, 민음사, 2001.
임마누엘 칸트, 백종현 옮김, 《실용적 관점에서의 인간학》, 아카넷, 2014.
자크 라캉, 민승기 옮김, 《욕망이론》, 문예출판사, 2009.
장 폴 사르트르, 최석기 옮김, 《자유의 길》, 고려원, 1996.
________, 정소성 옮김, 《존재와 무》, 동서문화사, 2010.
제러미 리프킨, 이희재 옮김, 《소유의 종말》, 민음사, 2001.
존 그레이, 김경숙 옮김, 《화성에서 온 남자, 금성에서 온 여자》, 동녘라이프, 2010.
존 네이시, 강미경 옮김, 《이너프-불만족의 심리학》, 예담, 2009.
존 썰, 김용관 옮김, 《심리철학과 과학》, 소나무, 1990.
지그문트 프로이트, 서석연 옮김, 《꿈의 해석》, 범우사, 2003.

________, 김석희 옮김, 《문명 속의 불만》, 열린책들, 1997.
________, 임홍빈 · 홍혜경 옮김, 《새로운 정신분석강의》, 열린책들, 1997.
________, 황보석 옮김, 《억압, 증후 그리고 불안》, 열린책들, 1997.
________, 정장진 옮김, 《예술과 정신분석》, 열린책들, 1997.
________, 임홍빈 · 홍혜경 옮김, 《정신분석강의》, 열린책들, 2004.
________, 박성수 옮김, 《정신분석운동》, 열린책들, 1997.
________, 박찬부 옮김, 《쾌락원칙을 넘어서》, 열린책들, 1997.
질 들뢰즈, 서동욱 · 이충민 옮김, 《프루스트와 기호들》, 민음사, 2004.
질 들뢰즈 · 펠릭스 가타리, 김재인 옮김, 《천개의 고원》, 새물결, 2001.
최인훈, 《광장 · 구운몽》, 문학과 지성사, 2010.
칼 구스타프 융, 설영환 옮김, 《무의식 분석》, 선영사, 1997.
________, 김세영 옮김, 《무엇이 개인을 이렇게 만드는가?》 부글북스, 2013.
________, 김양순 옮김, 《인간과 상징》, 〈무의식에 나타난 접근〉, 동서문화사, 2013.
칼 야스퍼스, 송지영 외 옮김, 《정신병리학 총론》, 아카넷. 2014
크리스토퍼 레인, 이문희 옮김, 《만들어진 우울증》, 한겨레출판, 2009.
토마스 볼핀치, 손명현 옮김, 《그리스로마 신화》, 동서문화사, 2012
파트릭 르무안, 이세진 옮김, 《유혹의 심리학》, 북폴리오, 2005.
폰 프란츠, 김양순 옮김, 〈개성화 과정〉, 《인간과 상징》, 동서문화사, 2013.
표도르 도스토예프스키, 이철 옮김, 《죄와 벌》, 범우사, 2003.
프란츠 카프카, 김재하 옮김, 《성 · 변신》, 혜원출판사, 2002.
프리모 레비, 이현경 옮김, 《이것이 인간인가》, 돌베개, 2007.
프리츠 리만, 전영애 옮김, 《불안의 심리》, 문예출판사, 2007.
플라톤, 박종현 옮김, 《국가》, 서광사, 2009.
________, 이상인 옮김, 《메논》, 이제이북스, 2009.
한나 아렌트, 김선욱 옮김, 《예루살렘의 아이히만》, 한길사, 2006.
헤로도토스, 박현태 옮김, 《역사》, 동서문화사, 2008.

미술관에서 만난 심리학
–미술과 문학에 숨은 심리학 코드 읽기

1판 1쇄 펴냄 | 2015년 9월 10일
1판 4쇄 펴냄 | 2017년 4월 17일

지은이 | 박홍순
펴낸이 | 김정호
펴낸곳 | 북스코프

출판등록 | 2006년 11월 22일(제406-2006-000184호)
주소 | 10881 경기도 파주시 회동길 445-3 2층
전화 | 031-955-9515(편집) · 031-955-9514(주문)　팩스 | 031-955-9519
책임편집 | 김일수
www.acanet.co.kr

Printed in Seoul, Korea

ISBN 978-89-97296-53-8 03180

이 도서의 국립중앙도서관 출판예정도서목록(CIP)은 서지정보유통지원시스템 홈페이지(http://seoji.nl.go.kr)와 국가자료공동목록시스템(http://www.nl.go.kr/kolisnet)에서 이용하실 수 있습니다. (CIP제어번호 : CIP2015023430)

▪ 북스코프는 아카넷의 대중 교양 브랜드입니다.
▪ 책값은 뒤표지에 있습니다.